应用型高等院校经管类系列实验教材·信用管理

企业信用管理系统实验

唐明琴/主编 成蓉晖 何 南/副主编

QiYe XinYong GuanLi XiTong ShiYan

经济科学出版社

Economic Science Press

图书在版编目（CIP）数据

企业信用管理系统实验／唐明琴主编．—北京：
经济科学出版社，2010.11（2017.1 重印）
应用型高等院校经管类系列实验教材·信用管理
ISBN 978 - 7 - 5141 - 0081 - 5

Ⅰ.①企…　Ⅱ.①唐…　Ⅲ.①企业管理 - 信息管理
系统 - 高等学校 - 教材　Ⅳ.①F270

中国版本图书馆 CIP 数据核字（2010）第 215619 号

责任编辑：白留杰　张占芬
责任校对：王肖楠
技术编辑：李　鹏

企业信用管理系统实验

唐明琴　主编

成蓉晖　何　南　副主编

经济科学出版社出版、发行　新华书店经销
社址：北京市海淀区阜成路甲 28 号　邮编：100142
教材编辑中心电话：88191354　发行部电话：88191540
网址：www.esp.com.cn
电子信箱：bailiujie518@126.com
北京密兴印刷有限公司印装
787×1092　16 开　14 印张　340000 字
2011 年 1 月第 1 版　2017 年 1 月第 2 次印刷
ISBN 978 - 7 - 5141 - 0081 - 5　定价：24.50 元

总 序

实践教学是高等教育本质的必然要求，是践行应用型人才培养的必经之路，是地方行业性教学型本科院校办学的重要特征。近几年来，各高校经济与管理类专业实验教学已经逐步开展，把实验教学作为教学改革的抓手、知识融合的平台以及联系社会的桥梁，然而如何进一步完善实验教学体系、提高实验实践教学水平与质量已经成为各高校亟待解决的问题。应用型高等院校经管类系列实验教材以提高高等院校经济与管理类专业实验教学的建设水平为目的，以实验教材建设为突破口，探讨高等院校经济与管理类实验教材的新方向、新思路、新内容、新模式。

本系列实验教材的编写紧紧围绕"知行合一，能力为尚，积淀特色，共享协作"的地方行业性教学型经济与管理类实验教学理念，贯彻以现代教育技术为基本手段，以实验资源共享与应用为条件，强化理论教学与实践教学互动与互补，"实践与理论相结合"和在"做中学"的指导思想，强调实验教材建设与实验课程建设、实验项目建设、实验教师队伍建设以及深化实验教学改革相结合，力图通过系列教材建设规范实验教学内容和实验项目，促进实验教学质量的提高。

（一）本系列实验教材内容与教学方式符合实验教学规律和要求。具体表现在以下几个方面：

1. 实验教材以实验项目为章节，按如下体例编写：实验目的和实验要求；实验的基本原理；实验仪器、软件和材料或实验环境；实验方法和操作步骤；实验注意事项；数据处理和实验结果分析；实验报告。当然，对于不同的课程，根据其本身的学科特点，实验教材的编写体例并不完全一致。

2. 增加综合性、设计性、创新性实验项目的比例，并逐步将科研成果项目转化为教材的实验项目。

3. 与当前流行的实验平台软件或硬件及教材内容紧密结合，符合一般软件要求。

4. 充分体现以学生为主体，明确实验教学的内涵。实验教学过程体现以学生操作为主，教师辅导为辅，少量时间教师讲解，大部分时间学生操作的特点。

5. 按实验教学规律分配学时，并且有多余的实验项目供学生利用开放实验室自主学习。

6. 内容精练，主次分明，详略得当，文字通俗易懂，图表与正文密切配合。

（二）本系列实验教材遵循实验教学规律，体现时代特色，总体来说，具有以下四个特点：

1. 与现代典型案例相结合。以培养应用型人才为原则，根据实验教学大纲，注重理论联系实际，教材具有较强的实践性、新颖性、启发性和适用性，有利于培养学生的实践能力和创新能力。

2. 建设形式新颖。实验教材分为纸质实验教材和网络资源的形式；纸质教材实验报告尝试做成活页形式，或做成可撕下的带切割线形式；在纸质教材出版，配套建有供学生实验前和实验后学习使用的网络资源。

3. 实验内容创新。对于实验教材编写内容上的创新，一是凸显应用型人才培养特色实验项目，提高了综合性、设计性、创新性实验项目的比例；二是将教师的科研成果转化为本科学生实验教学项目。

4. 编写程序严格。对实验教材的申请立项的实验教材经由学院领导及专家进行立项审查；实验教材初稿经由相关同行专家给出鉴定，最终审核后，送交出版社评审出版。

本系列教材得到各方面人士的指导、支持和帮助，尤其是得到中国经济信息学会实验经济学与经济管理实验室专业委员会的专家，广东金电集团等多家业界人士，以及各高校同行老师们的支持和帮助，我们在此表示由衷的感谢。本系列实验教材尚处于探索阶段，作为一种努力和尝试，存在诸多不足之处，竭诚希望得到广大同行及相关专家的批评指正。

应用型高等院校经管类系列实验教材编委会
2009 年 12 月

前　言

　　随着市场经济的发展，信用销售（即赊销）已逐渐成为企业的主要销售方式。有信用销售，就有信用风险。当前，我国绝大多数企业都面临"销售难、收款更难"的双重困境。一方面，市场竞争日益激烈，利润越来越薄；另一方面，客户拖欠账款，销售人员催收不力，产生了大量呆账、坏账，使本已单薄的利润更被严重侵蚀，这一切，都源于企业经营管理上的一项严重缺陷——缺乏适当的"信用风险管理"。信用风险管理问题越来越成为影响和制约我国企业发展的一个突出问题。如何确保在扩大赊销的同时防范、规避、控制、转移信用风险，是摆在各类企业面前的重要课题。

　　企业信用管理系统（SCMEone）就是在这种环境下应运而生的，产品的大背景是买方市场的逐渐成熟，赊销方式成为市场竞争中的主要方式，成为大部分企业不得不面对的经营风险。同时由于国内信用体系的不完善，缺乏权威的第三方信用管理体系的强力支持，企业必须从自身出发，开展赊销应收账风险的防范管理工作。要实现完善的赊销管理，第一步是要建立起完善的赊销客户信用信息档案和信息数据库，清晰地把握企业自身的赊销动态；第二步是结合企业自身情况，在客户信用信息档案的基础上建立起客户的信用评价体系，进行科学的信用评估和客户授信；第三步是与企业销售、财务、库管、售后流程紧密结合，规范出货、合同、收款、冲销、统计分析和账款逾期管理各环节，建立起企业的赊销全过程管理流程。企业信用管理系统，正是按照上述步骤，为企业建立有效的赊销管理体系，从计算机平台辅助管理上提供了有力的作业工具，填补了国内企业信用管理专业软件的空白。

　　企业信用管理系统（SCMEone）是企业管理系统中的重要组成部分，具有举足轻重的地位。它通过对企业赊销过程中的数据进行采集、加工、整理、传输、分析，系统地、连续地、综合地反映企业赊销活动的全过程，实现对交易双方的赊销账务数据的全面、准确、及时的管理，以及对赊销账务回收的有序管理。

　　为了帮助信用管理专业学生及企业信用管理人员更好地了解企业信用管理系统的结构和功能，更好地运用企业信用管理系统，提升学生和企业信用管理人员的实操能力和管理水平，我们组织编写了《企业信用管理系统实验》一书。

　　《企业信用管理系统实验》为读者全景式地展现了企业基础信息管理、客户信用档案的建立和管理、货品和业务员的管理、资信报告的设计与制作、授信管理、应收账款管理及对逾期账款的催收技巧和方法等信用管理的理论和实务技巧。本书的特点：一是实用性，本书通俗、实用，既可以作为高等院校信用管理专业和其他财经类相关专业的实验教材，也可供广大从事企业信用管理工作的在职人员、财务人员以及企业其他高级管理人员作为更好地掌握《企业信用销售与应收款管理》软件操作的参考教材；二是实践性，本书模拟工业企业实际发生的销售业务和各种原始资料，使学生置身于一个全真的企业信用管理环境中；三是全面性，本书内容涵盖了企业信用管理所有主要业务，使读者通过实验可以熟悉企业信用管理的全部流程。

本书由唐明琴老师提出编写大纲并经成蓉晖、何南、蔡赛男老师及深圳佳信隆企业管理咨询有限公司董事长王纯红女士共同商讨后编写定稿。编写分工为：第一章由唐明琴老师编写；第二章由蔡赛男老师编写；第三章由深圳佳信隆企业管理咨询有限公司董事长王纯红编写；第四章实验一至实验六由何南老师编写；第四章实验七至实验十二由成蓉晖老师编写。

在本书编写过程中得到了中国人民银行广州分行副行长徐诺金先生及征信处处长王昌南先生、岑丹青女士、深圳佳信隆企业管理咨询有限公司副总经理韩晓光先生、深圳深港产学研数码科技有限公司工程师王建学先生、深圳市天音通信发展有限公司信控经理董勇女士、佳能（中国）有限公司广州分公司财务部信用管理科 Supervisor 的梁华女士、中国石化广东省石油企业集团南方石油化工有限公司风控部经理黄燕女士、景旺电子（深圳）有限公司信贷管理部袁瑞娟女士、深圳市东尔油品化工有限公司财务经理陈俊雄先生、广州确信乐思化学贸易有限公司信控经理张丽蓉女士、中国联合网络通信有限公司深圳市分公司信控账务室主任罗永梅女士、广东省信用担保协会副秘书长陈文先生、中信保（孙俊竹）、深圳市香榭里保险经纪有限公司总经理王微女士、中兴速贷董事长唐侠先生等专家的大力支持和帮助，同时得到了广东金融学院及教务处各位领导与经济贸易系主任黄河清教授及信用管理教研室全体老师所给予的协助支持和鼓励，在此表示诚挚的谢意！

由于本实验教材属于原创教材，水平有限加之时间仓促，书中难免有疏漏不妥之处，敬请同行、专家提出宝贵意见！

编者

2010 年 6 月

目　　录

第一章

企业信用管理系统概述

　　企业信用管理系统是企业管理系统中的重要组成部分，它通过对企业赊销过程中的数据进行采集、加工、整理、传输、分析，系统地、连续地、综合地反映企业赊销活动的全过程，是对交易双方的赊销账务数据进行全面、准确、及时和有序的管理。

一、企业信用管理系统的产生背景

　　当前，信用风险管理问题越来越成为影响和制约我国企业发展的一个突出问题。我国绝大多数企业都面临着"销售难、收款更难"的双重困境。一方面，市场竞争日益激烈，利润越来越薄；另一方面，客户拖欠账款，销售人员催收不力，产生了大量呆账、坏账，使本已单薄的利润更被严重侵蚀，这一切，都源于企业经营管理上的一项严重缺陷——缺乏适当的"信用风险管理"。

　　目前国内同类管理软件中，大多是基于会计角度开发的，其中比较有影响力的是用友、金蝶财务软件（如用友 ERP – U8. 72 版），以一个企业单位的经济业务为原型，重点介绍了ERP财务管理系统中最基础的总账、报表、薪资管理、固定资产、应收款管理和应付款管理等几个子系统的基本功能和以上模块的使用方法。以上这些软件虽然部分涉及了应收款的管理，是会计信息子系统的一个附属部分，但都是从会计的角度对应收款的账务处理过程进行描述，侧重于事后管理，没有将应收款管理单列为独立的模块，现实中进销存软件和财务软件各自独立为政，没有一个很好的衔接，造成无法预见信用不良客户的恶意拖欠行为，致使企业相关工作人员手中没有很好的工作利器，全部用手工制作信用报表，实验设计也缺乏针对性，远远不能适应信用管理专业学生的实验教学需要。

　　从企业信用管理的战略高度看，对应收款管理不应只是简单的事后账务处理，事实证明，这种事后管理往往是滞后管理，导致大量债务拖欠和坏账，给企业造成巨大损失。而应当将信用风险管理的重心前移，侧重于赊销之前的资信调查、信用分析和授信等事前管理，这样才能从根本上改变大多数企业"销售难、收款更难"的双重困境。因此，有必要将应收款管理从单纯的会计账务处理中独立出来，从信用管理的角度强化信用销售与应收款管理的实务操作。

企业信用管理系统（全称企业信用销售与应收款管理系统，简称 SCMEone）就是在这种环境下应运而生的，产品的大背景是买方市场的逐渐成熟，赊销方式成为市场竞争中的主要方式，成为大部分企业不得不面对的经营风险。同时由于国内信用体系的不完善，缺乏权威的第三方信用体系的强力支持，企业必须从自身出发，由自己做起，开展赊销应收账风险的防范管理工作。要实现完善的赊销管理，第一步是要建立起完善的赊销客户信用信息档案和信息数据库，清晰地把握企业自身的赊销动态；第二步是结合企业自身情况，在客户信用信息档案的基础上建立起客户的信用评价体系，进行科学的信用评估和客户授信；第三步是与企业销售、财务、库管、售后流程紧密结合，规范出货、合同、收款、冲销、统计分析和账款逾期管理各环节，建立起企业的赊销全过程管理流程。企业信用管理系统，正是按照上述步骤，为企业建立有效的赊销管理体系，从计算机平台辅助管理上提供了有力的作业工具，填补了国内企业信用管理软件的空白。

二、企业信用管理系统的特点

企业信用管理系统（SCMEone）具有如下几个特点：

1. 时效性：能够对企业赊销活动进行适时有效的计算机管理，能协助企业制定合理的赊销政策，准确评估客户赊销风险，合理确定赊销额度。

2. 灵活性：相对于 ERP 等管理系统，SCMEone 系统提供了灵活、优化的销售业务模型，允许企业依据自身原有的业务流程，制作单据，这就意味着，SCMEone 系统作为企业管理工具软件，可以在很短的时间内，导入到企业，成为企业赊销管理的好助理。

3. 兼容性：SCMEone 可安装运行于 Windows 98、Windows 2000、Windows XP 等不同操作系统上，数据库选用市场最常用的小型数据库，对计算机硬件配置要求不高。

4. 通用性：SCMEone 的功能设计，充分吸取了不同行业、不同规模、不同体制、不同地区的企业的共通特性，概括了企业赊销流程中的各种不同变化，功能通用性很强。

5. 扩展性：SCMEone 的数据流接口标准化，便于业务管理的功能扩展、数据共享。

6. 专业化：SCMEone 系统提供了众多专业化的赊销管理查询和统计功能，例如，计算 DSO（应收货款销售天数）可以帮助用户了解客户回款信用和协助用户评估账款风险、账龄分析，有助于用户了解自身账款的分布和组成。

7. 智能化：在用户制定了催款策略以后，SCMEone 系统会根据催款策略和当前账期和进度，自动生成催款任务，主动提示操作员进行账款催收。

通过"企业信用管理系统"，可以促使企业熟悉应收账款监控和催收的规范化操作流程，逐步建立全面的信用风险管理体系。

三、企业信用管理系统的模块构成

企业信用管理系统主要有如下几个模块：系统设置、基础信息、信用管理、业务处理、催款管理、统计查询、数据管理。模块构成如图 1－1 所示。

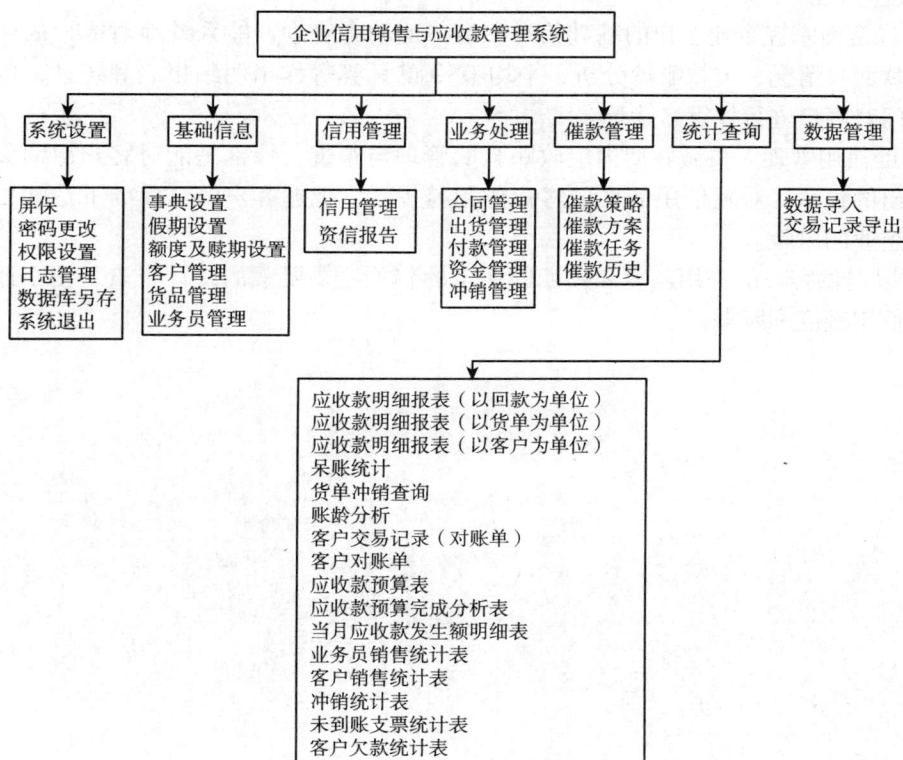

```
                    企业信用销售与应收款管理系统
    ┌────────┬────────┬────────┬────────┬────────┬────────┬────────┐
  系统设置   基础信息   信用管理   业务处理   催款管理   统计查询   数据管理

  屏保       事典设置   信用管理   合同管理   催款策略            数据导入
  密码更改   假期设置   资信报告   出货管理   催款方案            交易记录导出
  权限设置   额度及赊期设置        付款管理   催款任务
  日志管理   客户管理             资金管理   催款历史
  数据库另存 货品管理             冲销管理
  系统退出   业务员管理
```

应收款明细报表（以回款为单位）
应收款明细报表（以货单为单位）
应收款明细报表（以客户为单位）
呆账统计
货单冲销查询
账龄分析
客户交易记录（对账单）
客户对账单
应收款预算表
应收款预算完成分析表
当月应收款发生额明细表
业务员销售统计表
客户销售统计表
冲销统计表
未到账支票统计表
客户欠款统计表

图 1－1　企业信用管理系统

四、企业信用管理系统的优势

1. 为企业提供专业化的赊销管理和账款催收工具。企业信用管理系统（SCMEone）功能简单、容易使用，用户不需要改变现有的工作方式，只要将数据输入或导入到 SCMEone 系统，系统将产生诸多专业的报表和催收任务，有利于赊销管理工作快速、顺利地的开展和执行。

2. 补充物流系统和财务系统之间的盲区。这里所说的物流系统是指目前市面上到的 ERP、MRP 或进销存系统等管理型软件，这类软件以物流管理为主线索提供全面的企业级管理功能，但由于用户企业千差万别，管理方式复杂，为了保证物流控制或适应企业业务流程，系统做得庞大复杂，即使这样，对金额的统计和管理，仍然容易存在很大误差，金融数据无法使用。面向赊销管理的要求，更无从谈起。

财务系统主要包括总账、报表系统功能，财务系统属于核算型软件，这类软件以金额管理为准，可以很好地保证金额的准确性，但财务系统采用复式记账法，一般只提供财务人员使用，对于业务人员来说，他们需要一个简单易用的系统，协助他们管理客户和追收账款。SCMEone 系统正好填补了这项空白，为企业的重要环节——赊销管理提供了许多专业的功能，通俗、易用，适合财务部门、销售部门使用，可以与物流系统和财务系统协同运作，有助于企业按时收回货款。

3. 可以全面掌握企业客户的基础信息和客户的动态管理，能系统地对客户的业务往来情况、货款回收情况、欠款账龄分析、平均 DSO 的计算等作出明细报表和统计，以便于信用管理部门对客户进行评审、筛选。

4. 帮助信用管理人员做好期内应收账款的管理与跟进，特别是能对客户逾期欠款的催收每天作出的提示，对超信用额度的客户的预警提示，把握客户的订单的下达和出货的控制，降低企业的风险。

5. 可以提供客户的信用额度和赊期的评定的相关主要要素的统计报表，便于评定和修订客户的信用额度和赊期。

第二章

系统功能介绍

一、系统主要功能模块

系统主要功能模块如图 2 – 1 所示。

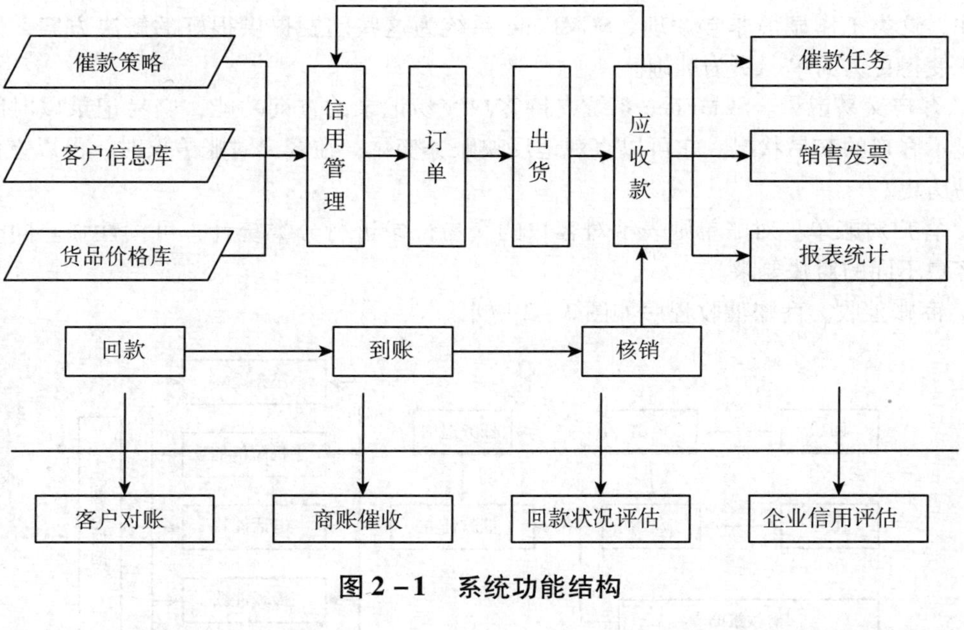

图 2 – 1　系统功能结构

在企业信用管理系统诸多模块中，最主要是以企业赊销和客户欠款管理为主线的业务管理功能模块。

二、重点功能描述

1. 以客户欠款管理为主线的业务管理。企业信用管理系统针对的目标是企业的赊销应收款，因此一切的操作管理都围绕客户的欠款。这也是有别于常规的进销存软件或一般的财务软件的一个重要原因。该系统无需周密的审核和控制流程，用户只需要输入基本数据和单据，软件的使用可适合公司的决策层，财务部门和业务部门，只要软件功能得到发挥，就可以系统地把握应收款状况，大大节省人力和财力，使管理质量上一新台阶。

2. 支持现结、月结、定期结算等多种结算方式。企业信用管理系统提供了灵活的支付方式，以适应现有商贸交易中的结算方式。

（1）现结结算，又为出货指定，即出货时当天结算。

（2）月结结算，即规定月中某一天作为结算日。

（3）定期结算，又为货到模式，即出货 n 天后付款，一笔货款可分几期付款。

3. 支持跨币种冲销。多币种存在，往往会造成币种间数据分离，不能形成一个有机的整体，这给企业的账务管理造成了麻烦。而跨币种冲销，则是多币种管理的一个重要单元。

SCMEone 系统支持多币种处理，针对客户资料，分币种设立预留金账户，支持不同币种账户间汇率兑换功能、支持跨币种账款冲销。

4. 客户对账处理。许多企业每到月底或预定收款时间，需要出具相应报表与客户对账，在以往，这类工作显得非常烦琐，SCMEone 系统为这些问题提供很好的解决方案，使得客户对账变得更为简单、更为准确。

5. 客户交易记录。SCMEone 系统支持客户交易记录的查询功能，交易记录以时间为序列，显示客户的交易状况。它可以直观地反映账务变化；在客户对账争议时，可以方便地查询交易历史。

6. 客户对账单。对账单则表示对客户的交易记录进行分类统计，可读性强。同时也满足了客户不同的对账要求。

7. 商账催收。商账催收程序如图 2 - 2 所示。

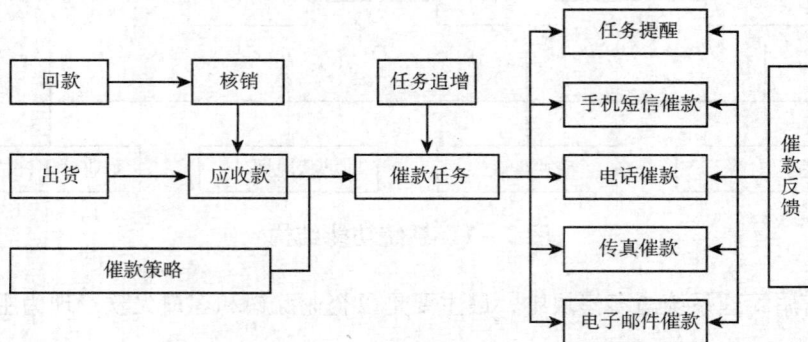

图 2 - 2　商账催收示意

SCMEone 系统将随时根据订单或发货单相应的付款条款和催款策略自动产生催款任务，引导或协助业务人员进行商账催收工作，体现了 SCMEone 系统赊销管理的专业性。

8. 催款策略。催款策略是指针对不同业务需要，为跟踪欠款而制订的一组催收计划。按时间次序，设置某一段时间里执行相对应的催收任务。

销售订单和发货单的都可以绑定催款策略。当欠款发生后，系统可以根据相应的催款策略生成催款任务。

催款策略有助于企业催收工作系统化、标准化。

9. 催款任务及电子化催收。传统人工催款对催款人员而言，记录催收细节及流程不仅耗时费力，亦不易对债务催收状况做全面性的掌控与了解。对主管上层而言，又不易得知下属催收执行处理状况，亦无法对企业的整体业务状况做完全的管理控制。在"信息化"的时代，人工催收作业自然难以符合时代的发展要求，电子化作业不仅仅是潮流的趋势，更多的是提高公司营运业绩的得力武器，这样公司的发展才能更好把握先机，与时俱进！

催款任务即是出货单根据欠款依照催款策略所产生的任务，催款任务将以报表或提示板的方式自动分发给相应的业务人员。

系统支持以下催款任务执行方式：

（1）任务提醒：系统自动提示当天催款任务。

（2）手机短信催款：把当天的催款任务汇总后，自动将任务以手机短信的方式发送给欠款的客户负责人和相关业务员。

（3）电话催款：把当天的催款任务汇总后，自动将任务以电话留言或短信的方式发送给欠款的客户负责人和相关业务员。

（4）传真催款：把当天的催款任务汇总后，自动将任务以传真的方式发送给欠款的客户负责人和相关业务员。

（5）电子邮件催款：把当天的催款任务汇总后，自动将任务以电子邮件的方式发送给欠款的客户负责人和相关业务员。

10. 账龄分析。企业信用管理系统能将客户欠款分期内和期外分时段统计，账龄段的间距大小可以随意更改，从而可以系统分析应收账的分布；账龄分析添加了 DSO 项，可更系统把握客户的回款能力。

11. 多层次多角度的应收款统计。提供了合同应收账统计、货单应收账统计、发票应收账统计、责任人应收账统计和客户应收账统计等，不同的统计模块偏重点也有所不同，从而可以多角度多层次地统计客户的欠款，对应收款状况可掌握得更透彻明了，以满足客户的需要。

12. 应收款的预算与完成分析。对将来某个时间段应收款的预算，可以把复杂烦琐和将来发生的业务数据通过算法统计，变成简明清晰的数据报表，把难以预知数据变成可预知的数据。这对应收款的控制就可运筹帷幄，对货款回笼游刃有余！对应收款预算的完成分析，可进一步强化跟踪货款回笼管理，有利于下一步工作进一步展开，使计划更具周密性，有利于公司业务运转的良性循环。

13. 数据接口。本软件提供了功能强大的数据接口，轻松实现各种数据的导入导出以及与外部市场的无缝连接，可方便导入导出文档。确保客户以最少投资获得最好的应用效果。

Excel 标准导入接口。

业务员信息：其格式如图 2-3 所示。

图 2-3 业务员信息

客户信息：其格式如图 2-4 所示。

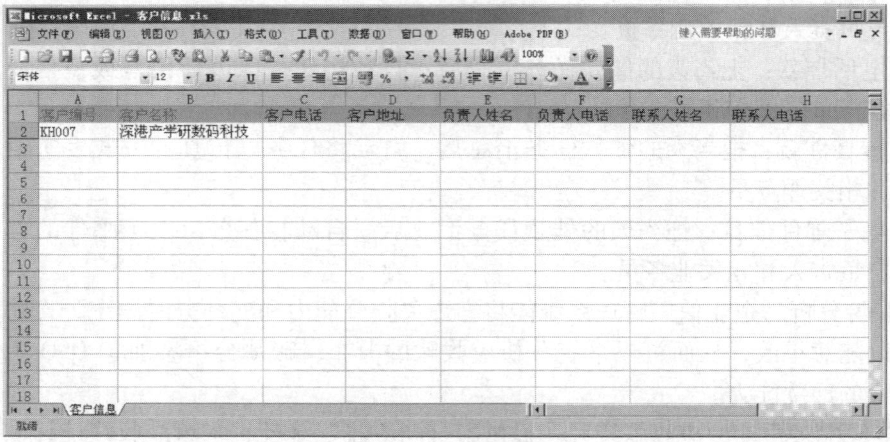

图 2-4 客户信息

货品信息：其格式如图 2-5 所示。

出货单据：其格式如图 2-6 所示。

14. 信用评估。信用评估采用数据挖掘技术，对客户进行评估。数据挖掘，顾名思义就是从大量的数据中挖掘出有用的信息。数据挖掘可粗略地理解为三部曲：数据准备（Data Preparation）、数据挖掘，以及结果的解释评估（Interpretation and Evaluation）。在软件发展规划里，将采用一定数据挖掘方法（如统计方法、机器学习方法、神经网络方法和数据库方法）对客户数据进行信用分析评估。在赊销风险控制方面上会更上一个台阶。

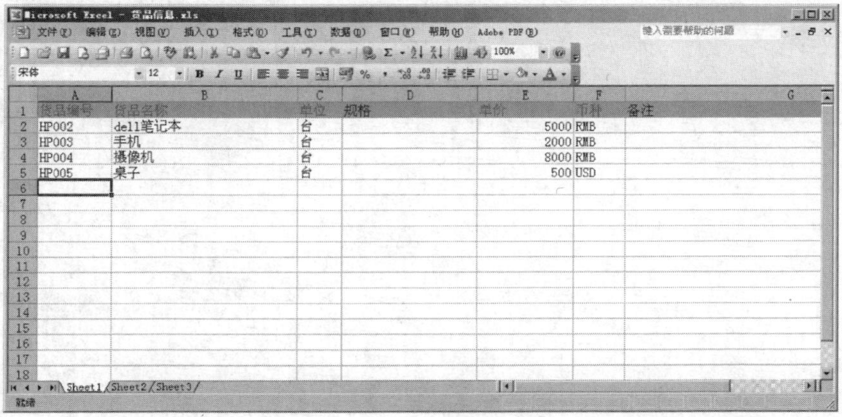

图 2-5 货品信息

货品信息.xls 表格内容：

	A 货品编号	B 货品名称	C 单位	D 规格	E 单价	F 币种	G 备注
1	货品编号	货品名称	单位	规格	单价	币种	备注
2	HP002	dell笔记本	台		5000	RMB	
3	HP003	手机	台		2000	RMB	
4	HP004	摄像机	台		8000	RMB	
5	HP005	桌子	台		500	USD	

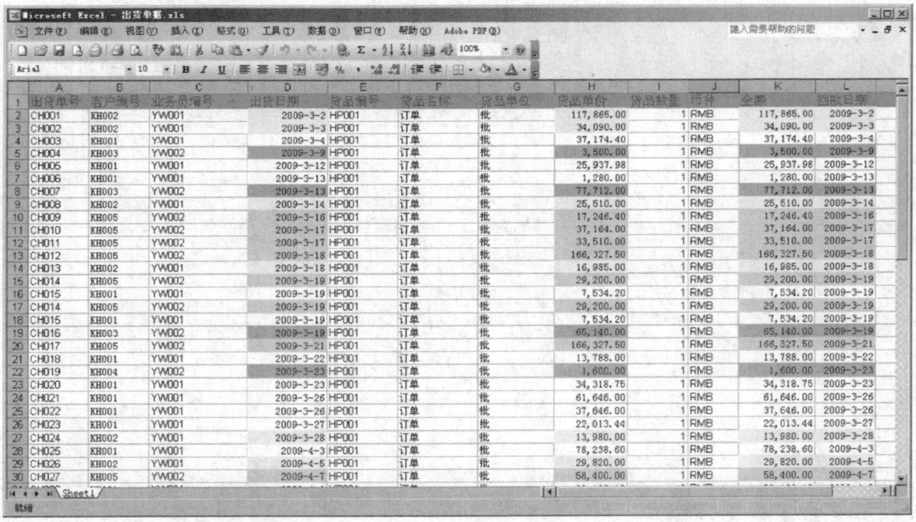

图 2-6 出货单据

出货单据.xls 表格内容：

	A 出库单号	B 客户编号	C 业务员编号	D 出货日期	E 货品编号	F 货品名称	G 货品单位	H 货品单价	I 货品数量	J 币种	K 金额	L 回款日期
2	CH001	KH002	YW001	2009-3-2	HP001	订单	批	117,865.00	1	RMB	117,865.00	2009-3-2
3	CH002	KH002	YW001	2009-3-3	HP001	订单	批	34,090.00	1	RMB	34,090.00	2009-3-3
4	CH003	KH001	YW001	2009-3-4	HP001	订单	批	37,174.40	1	RMB	37,174.40	2009-3-4
5	CH004	KH003	YW002	2009-3-9	HP001	订单	批	3,600.00	1	RMB	3,600.00	2009-3-9
6	CH005	KH001	YW001	2009-3-12	HP001	订单	批	25,937.98	1	RMB	25,937.98	2009-3-12
7	CH006	KH001	YW001	2009-3-13	HP001	订单	批	1,280.00	1	RMB	1,280.00	2009-3-13
8	CH007	KH003	YW002	2009-3-13	HP001	订单	批	77,712.00	1	RMB	77,712.00	2009-3-13
9	CH008	KH002	YW001	2009-3-14	HP001	订单	批	25,510.00	1	RMB	25,510.00	2009-3-14
10	CH009	KH005	YW002	2009-3-16	HP001	订单	批	17,246.40	1	RMB	17,246.40	2009-3-16
11	CH010	KH005	YW002	2009-3-17	HP001	订单	批	37,164.00	1	RMB	37,164.00	2009-3-17
12	CH011	KH005	YW002	2009-3-17	HP001	订单	批	33,510.00	1	RMB	33,510.00	2009-3-17
13	CH012	KH005	YW002	2009-3-18	HP001	订单	批	166,327.50	1	RMB	166,327.50	2009-3-18
14	CH013	KH002	YW001	2009-3-18	HP001	订单	批	16,985.00	1	RMB	16,985.00	2009-3-18
15	CH014	KH005	YW002	2009-3-19	HP001	订单	批	29,200.00	1	RMB	29,200.00	2009-3-19
16	CH015	KH001	YW001	2009-3-19	HP001	订单	批	7,534.20	1	RMB	7,534.20	2009-3-19
17	CH014	KH005	YW002	2009-3-19	HP001	订单	批	29,200.00	1	RMB	29,200.00	2009-3-19
18	CH015	KH001	YW001	2009-3-19	HP001	订单	批	7,534.20	1	RMB	7,534.20	2009-3-19
19	CH016	KH003	YW002	2009-3-19	HP001	订单	批	65,140.00	1	RMB	65,140.00	2009-3-19
20	CH017	KH005	YW002	2009-3-21	HP001	订单	批	166,327.50	1	RMB	166,327.50	2009-3-21
21	CH018	KH001	YW001	2009-3-22	HP001	订单	批	13,788.00	1	RMB	13,788.00	2009-3-22
22	CH019	KH004	YW002	2009-3-23	HP001	订单	批	1,600.00	1	RMB	1,600.00	2009-3-23
23	CH020	KH001	YW001	2009-3-23	HP001	订单	批	34,318.75	1	RMB	34,318.75	2009-3-23
24	CH021	KH001	YW001	2009-3-26	HP001	订单	批	61,646.00	1	RMB	61,646.00	2009-3-26
25	CH022	KH001	YW001	2009-3-26	HP001	订单	批	37,646.00	1	RMB	37,646.00	2009-3-26
26	CH023	KH001	YW001	2009-3-27	HP001	订单	批	22,013.44	1	RMB	22,013.44	2009-3-27
27	CH024	KH002	YW001	2009-3-28	HP001	订单	批	13,980.00	1	RMB	13,980.00	2009-3-28
28	CH025	KH001	YW001	2009-4-3	HP001	订单	批	78,238.60	1	RMB	78,238.60	2009-4-3
29	CH026	KH002	YW001	2009-4-5	HP001	订单	批	29,820.00	1	RMB	29,820.00	2009-4-5
30	CH027	KH005	YW002	2009-4-7	HP001	订单	批	58,400.00	1	RMB	58,400.00	2009-4-7

第三章

常用操作

一、菜单使用

1. 系统设置：其格式如图 3 – 1 所示。

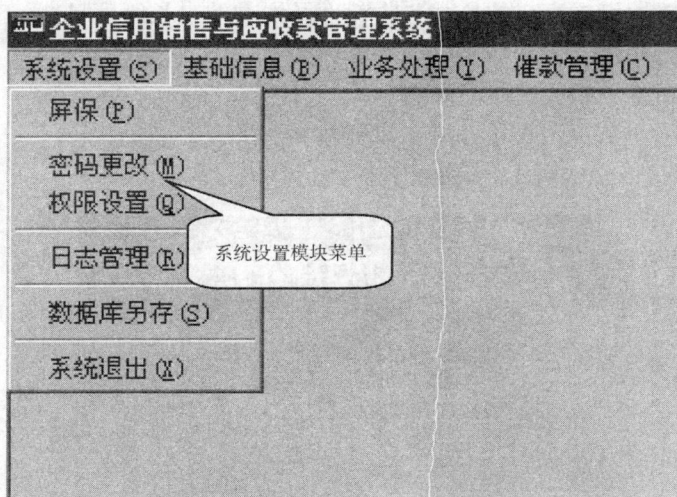

图 3 – 1　系统设置模块

　　系统基本设置，包括密码的修改，权限的设置，以及系统运行日志的追踪和数据库文件的备份。在权限设置里，新增一操作用户，密码默认为空。

2. 基础信息：其格式如图 3 – 2 所示。

下设：

事典设置：设置系统运行的基本设置，如开户银行，币种，业务组别，企业类型等。

假期设置：设置一年中的休假时间，即非工作日，以方便催款时把工作日排除掉。

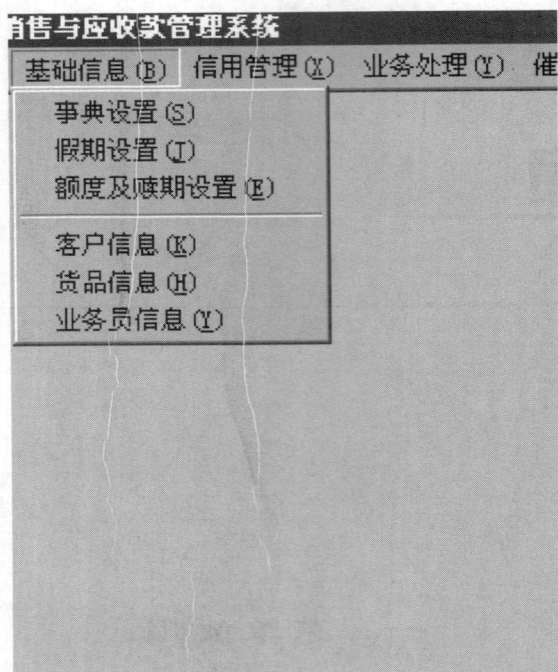

图 3 – 2　基础信息模块

额度及赎期设置：设置客户的最高欠款额度及回款的最长跨度日期。

客户信息：与公司建立业务往来的客户资料。

货品信息：公司生产销售的货品资料。

业务员信息：公司负责催收业务员个人资料。

3. 信用管理：其格式如图 3 – 3 所示。

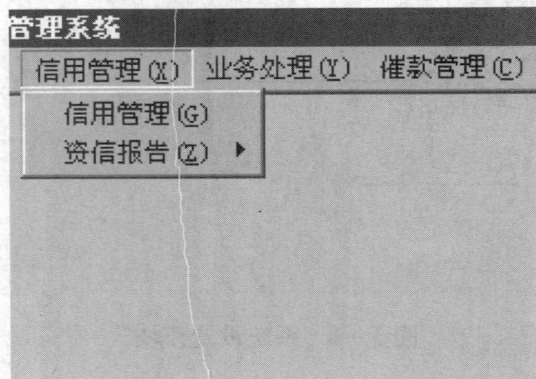

图 3 – 3　信用管理模块

下设：

信用管理：管理客户的信用资料。

资信报告：管理企业资质信用报告的模块，该模块独立。暂与赊销应收账无关联。

4. 业务处理：其格式如图 3 – 4 所示。

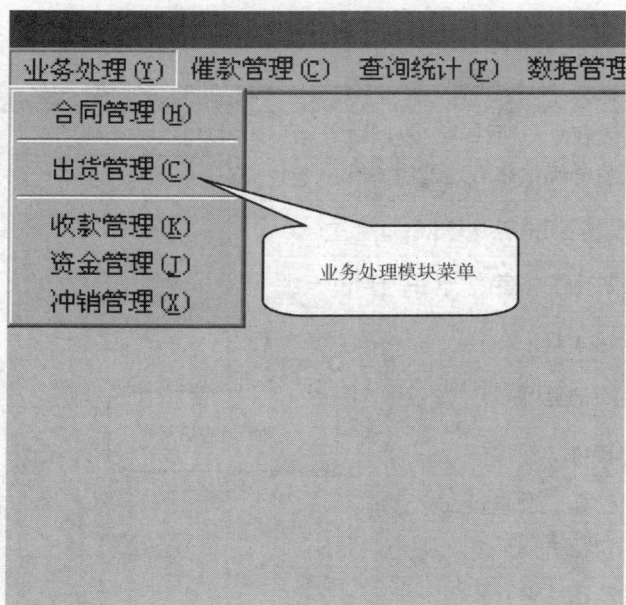

图 3 - 4　业务处理模块

下设：

合同管理：签订销售合同。

出货管理：办理合同出货或直接出货。

收款管理：指客户回款记录的管理。所回的款项进入资金管理模块该客户的账下，用以冲销货单。

资金管理：管理客户的资金状况。

冲销管理：客户资金的货单冲销明细。

5. 催款管理：其格式如图 3 - 5 所示。

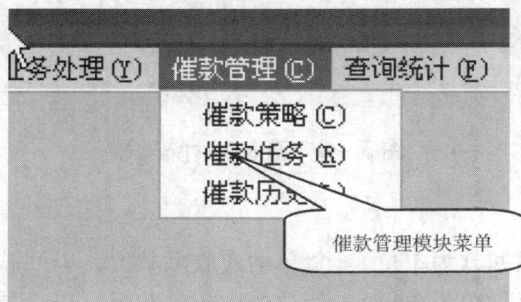

图 3 - 5　催收管理模块

下设：

催款策略。

催款任务。

催款历史。

6. 查询统计：其格式如图 3-6 所示。

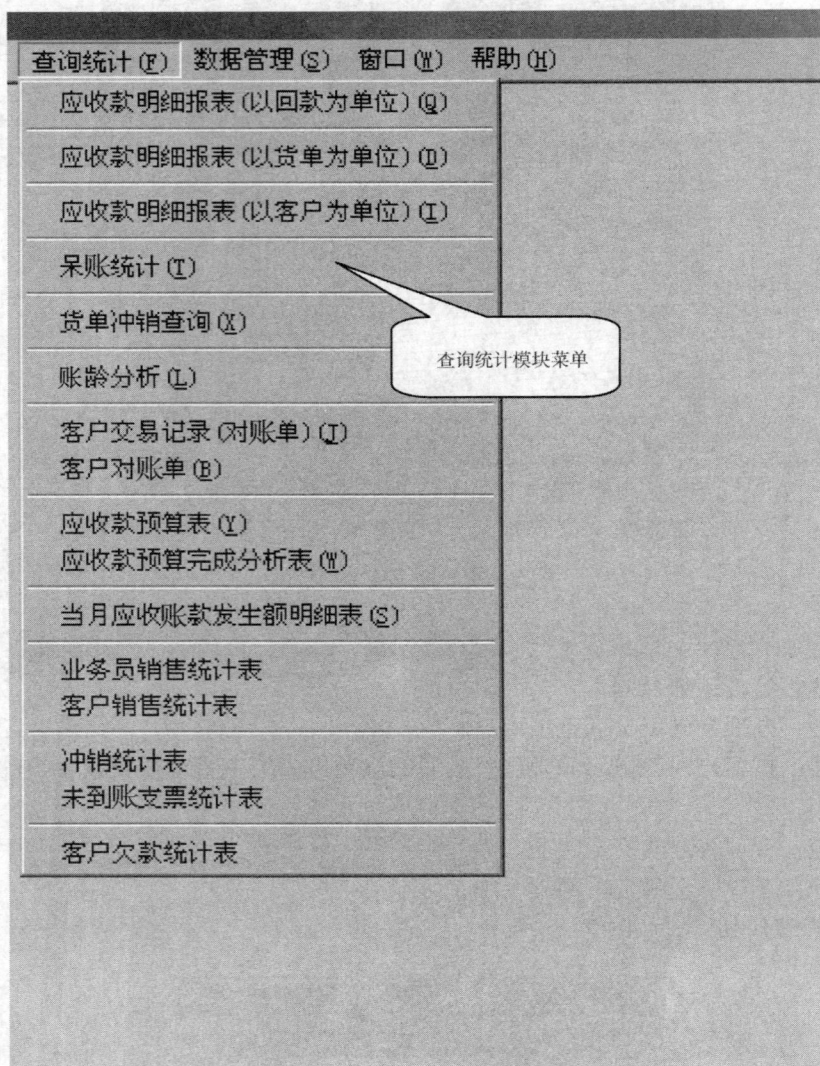

图 3-6　查询统计模块

下设：

应收款明细报表（以回款为单位）：货单的应收款状况，以回款期来统计应收款明细。

应收款明细报表（以货单为单位）：货单的应收款状况，以货单来统计应收款明细。

应收款明细报表（以客户为单位）：货单的应收款状况，以客户来统计应收款明细。

呆账统计：统计呆账货单项下的呆账。

货单冲销查询：货单的冲销明细。

账龄分析：以客户为单位，分析客户的应收账账龄。

客户交易记录（对账单）：以客户交易流水而生成的对账单。

客户对账单：以时间段作为统计分析的对账单。

应收款预算表：生成预算某月份的应收款。

应收款预算完成分析表：分析某月份预算应收款的回款状况。

当月应收款发生额明细表。

业务员销售统计表。

客户销售统计表。

冲销统计表。

未到账支票统计表。

客户欠款统计表。

二、工具条使用

1. 刷新。由于数据库承担了比较重的数据运算，有时数据一时难以及时更新出来。点击【刷新】就可重新提取数据。

2. 新增。点击【新增】，弹出新增编辑窗体，用来新增记录。

3. 编辑。点击【编辑】，弹出编辑窗体，用来更新数据。

4. 删除。删除一条所选记录。

5. 保存。新增或编辑后，用以保存当前所编辑的数据。

6. 取消。取消已编辑的操作。不对当前的数据进行保存，恢复之前的原始数据。

7. 过滤。对当前的数据，按照输入的条件，进行过滤查找。其格式如图3-7所示。

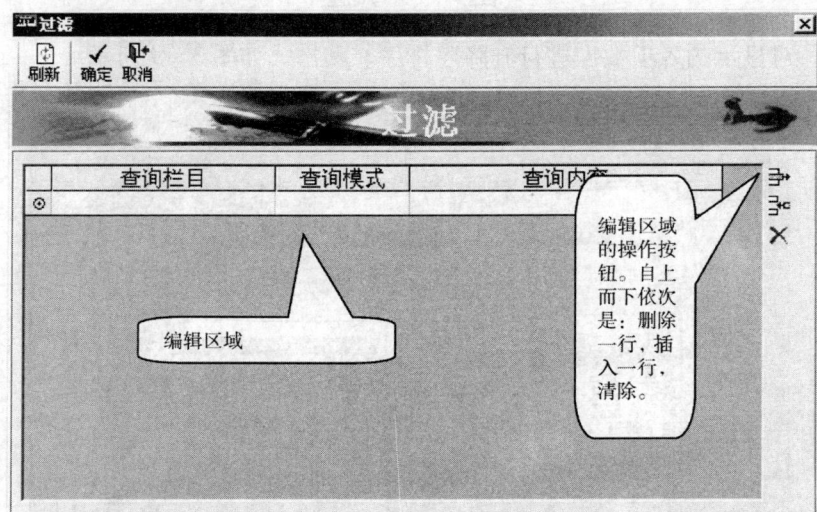

图3-7　过滤

按钮功能。

删除一行：删除选中的一行记录。

插入一行：在编辑区域的当前行之前，插入一行空记录。

清除：清空编辑区域的所有数据。

如何编辑过滤的组合条件。

查询栏目：鼠标移到所在位置，下拉选择所需要的字段名或栏目。

查询模式：鼠标移到所在位置，下拉选择所需要的操作符。

查询内容：直接输入文本。

8. 筛选。筛选要显示的数据列项。其格式如图3-8所示。

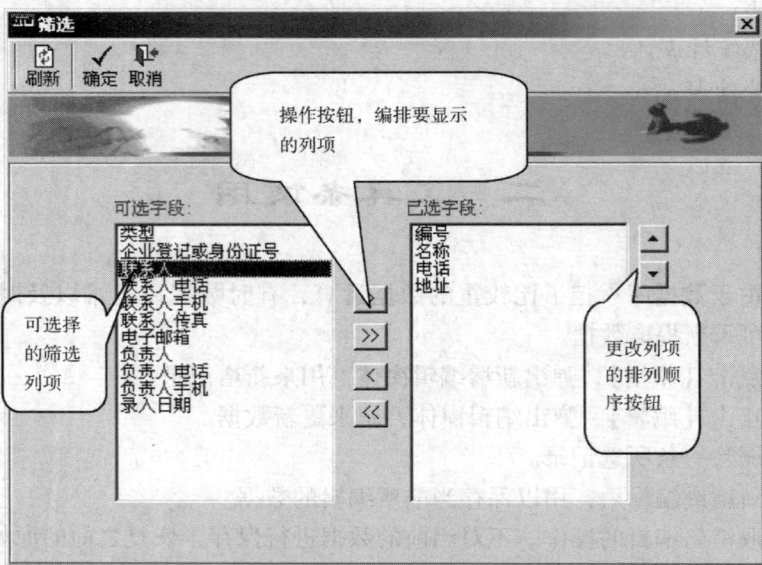

图3-8 筛选

9. 排序。对显示的各项数据进行升降序排序。其格式如图3-9所示。

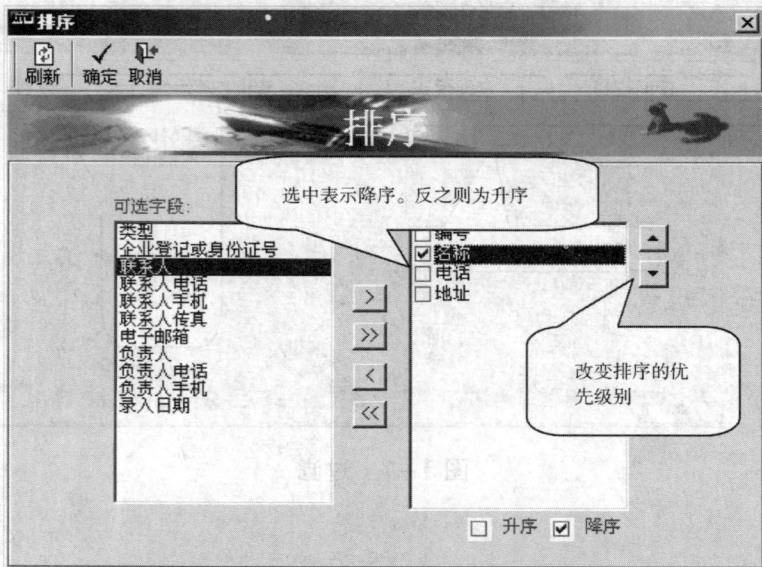

图3-9 排序

10. 打印。打印当前显示的数据。
11. 退出。关闭此模块。

三、切换中英文输入法

热键 Ctrl + 空格键切换中文/英文输入。
热键 Ctrl + Shift 切换输入法。
注意：若用户自定义了热键，按自定义热键操作。

四、焦点位置切换

热键 Tab 切换焦点位置。
在数据编辑窗体按回车键可改变焦点位置。

五、系统退出

1. 单击系统主窗体右上角的【关闭】按钮：其格式如图 3 – 10 所示。

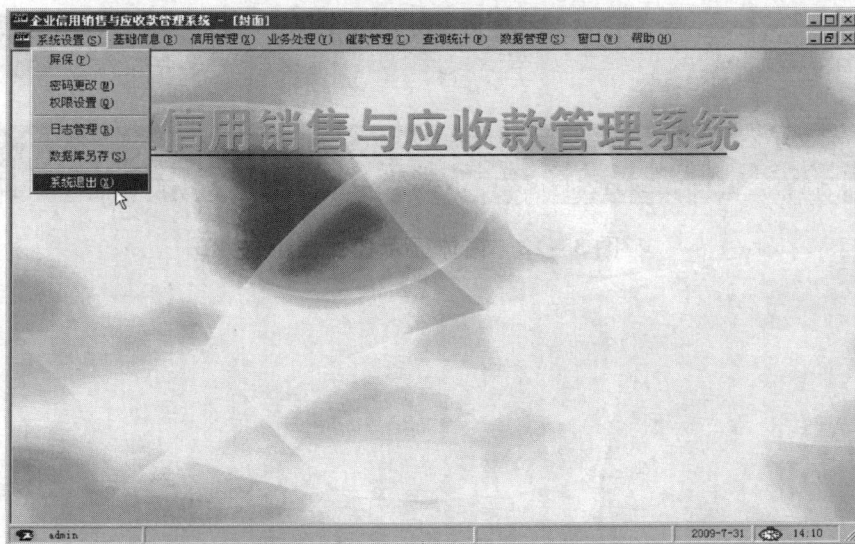

图 3 – 10　系统退出

2. 在系统主窗体中选择菜单【系统】、【退出】。
3. 按热键 Alt + F4。
4. 在任务栏中关闭。

5. 窗体显示模式正常时：其格式如图 3 – 11 所示。

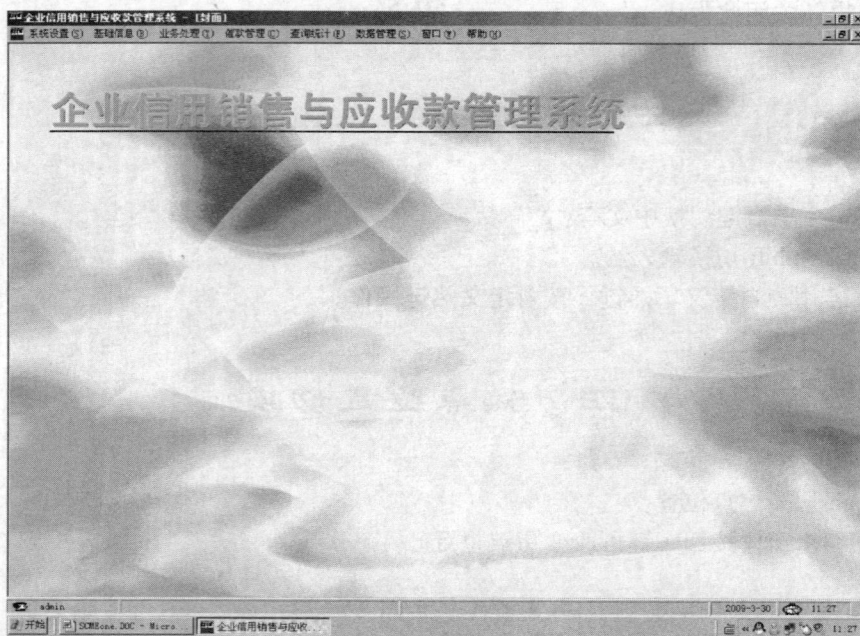

图 3 – 11　窗体显示模式正常

窗体显示模式最小化时：其格式如图 3 – 12 所示。

图 3 – 12　窗体显示模式最小化

第四章

模拟实验的具体操作

实验一

系统设置和基础信息管理
（设计性实验）

（一）实验目的

1. 明确系统设置和基础信息的功能。
2. 熟悉系统设置和基础信息的内容。
3. 熟练掌握系统设置、相关基础信息的设置。
4. 为企业信用管理做好基础准备工作。

（二）实验原理

1. 信用管理部门对于权限的界定。

2. 企业基本资料。

包括：开户银行、收款方式、币种、业务组别、企业类型、信用等级。

3. 假期资料。

节假日内不产生催款任务。

4. 客户额度及赎期的审核。

给不同的信用等级，设置统一的赎期和额度。

根据上述资料进行系统设置，初始设置包括密码更改、事典设置和假期设置。

（三） 实验内容

1. 设置账套、密码、权限。
2. 进行事典设置、假期设置、额度及赎期设置。
3. 根据系统对业务员进行假期、额度、赎期的提醒。

（四） 实验步骤

1. 设置空账套。打开程序进入如下对话框，格式如图 4-1-1 所示。

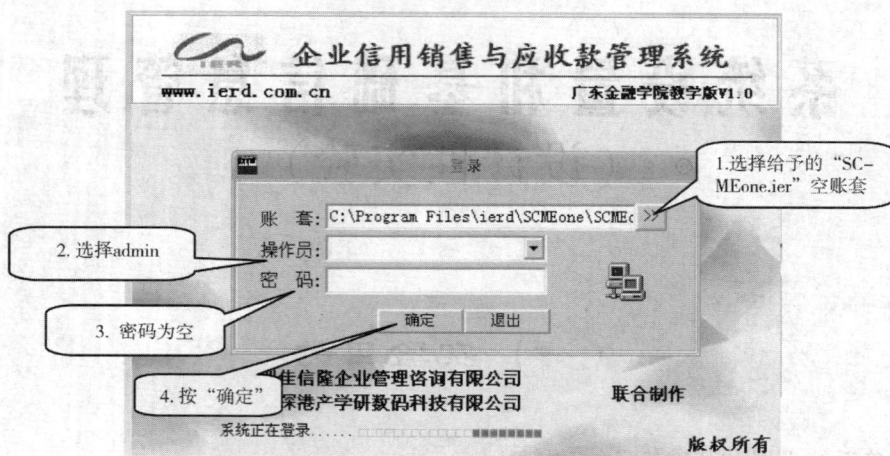

图 4-1-1 设置账套

2. 设置权限。

A. 上步按【确定】后弹出的对话框中选择【系统设置】下的【权限设置】，则出现如下对话框，其格式如图 4-1-2 所示。

B. 按【新增】，出现如下对话框，其格式如图 4-1-3 所示。

C. 在"用户"选择刚设置的本人姓名→全选【用户权限】→【保存】→确认【保存成功】；格式如图 4-1-4 所示。

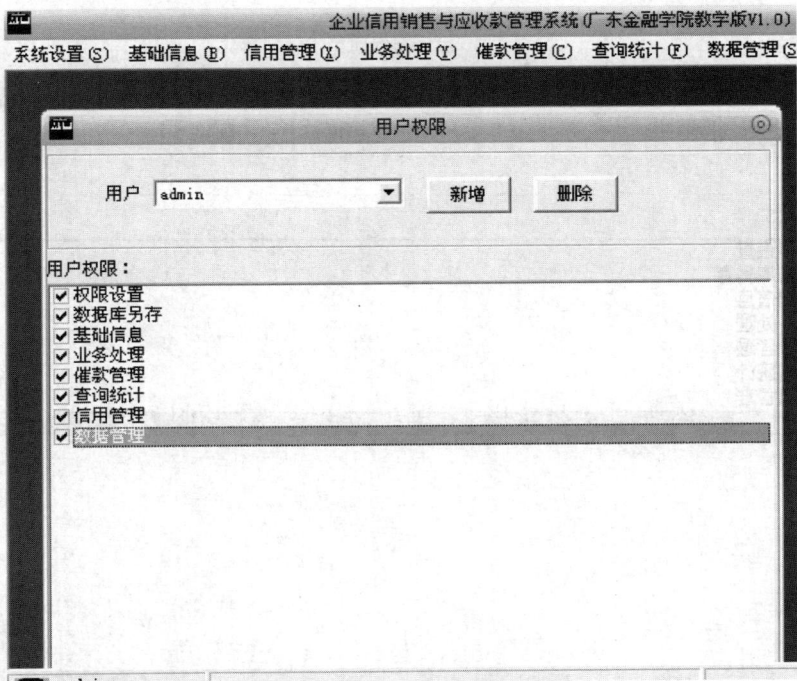

图 4 - 1 - 2　设置权限

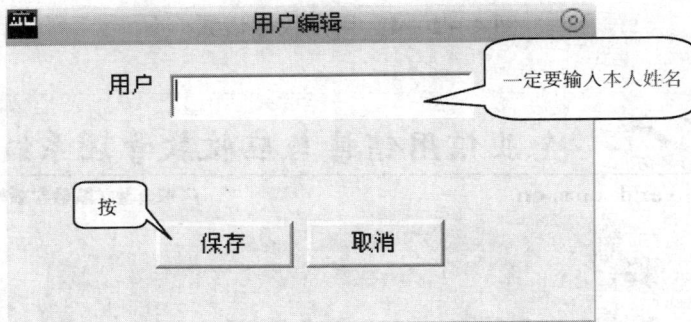

图 4 - 1 - 3　新增

D. 退出系统。

3. 设置密码。

A. 重新登录系统，格式如图 4 - 1 - 5 所示。

B. 上步按【确定】后弹出的对话框中选择"系统设置"下的"密码更改"，则出现如下对话框，格式如图 4 - 1 - 6 所示。

C. 上步按"确定"后弹出的对话框如下，其格式如图 4 - 1 - 7 所示。

输入新密码→【确定】→再次确认新密码→【确定】→确定【更改成功】。

4. 事典设置。软件运行所必需的信息设置。格式如图 4 - 1 - 8 所示。

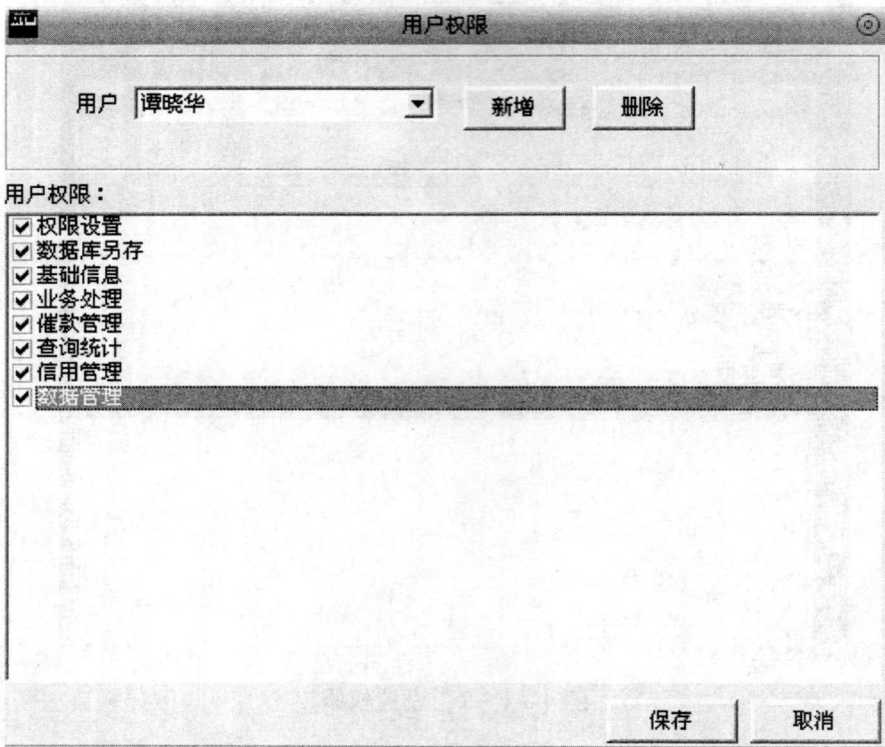

图 4 - 1 - 4　用户权限设置

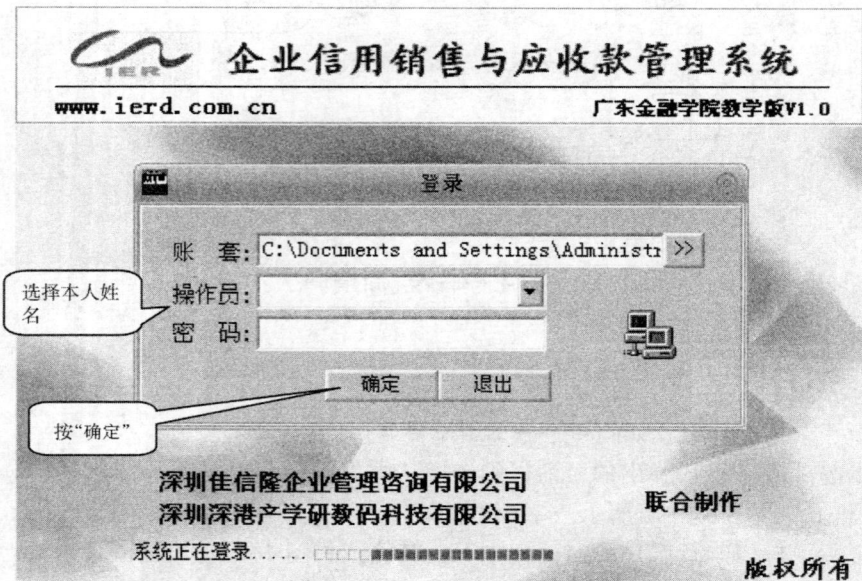

图 4 - 1 - 5　密码设置

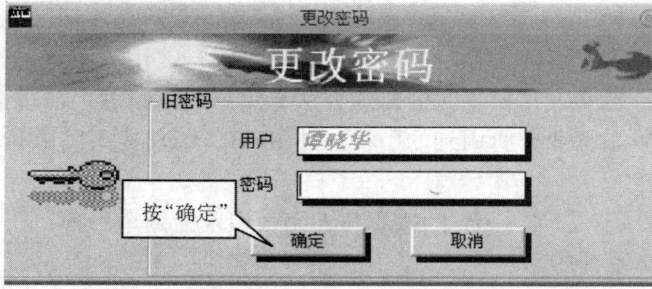

图4-1-6 密码修改

图4-1-7 密码修改

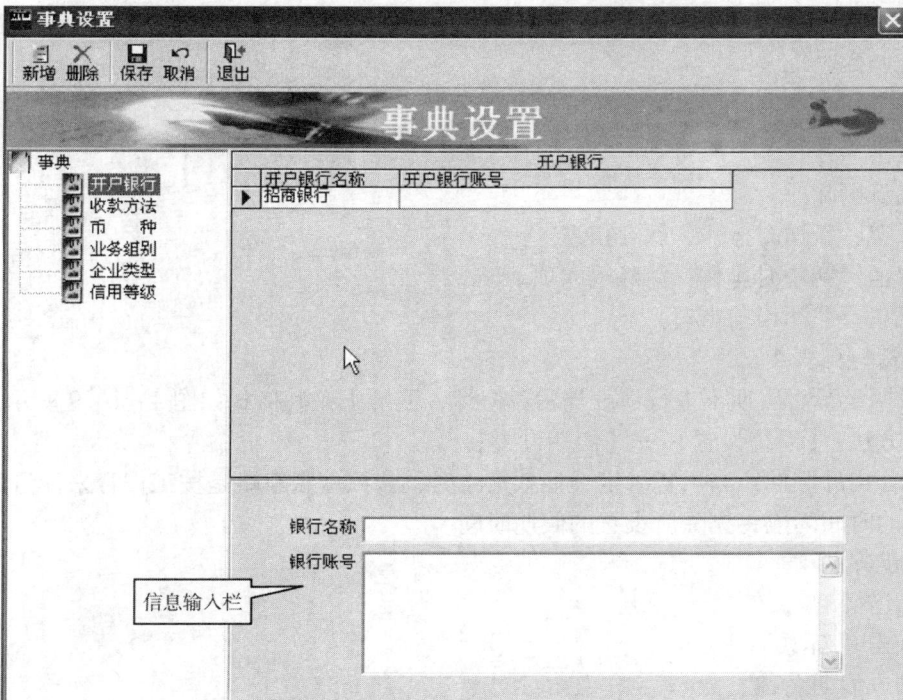

图4-1-8 事典设置

设置一些系统常用的变量。包括开户银行、付款方法、币种、业务组别、企业类型和信用等级。

（1）开户银行：定义客户付款时一些常用的到账银行，用以跟踪付款。

（2）付款方式：定义客户付款时的付款方法，用以跟踪付款。如现金、支票等。

（3）币种：设置系统业务所用到的币种。如 RMB、USD 或人民币、美元等。

注意事项：

币种显示格式要统一，本系统将 RMB 与人民币识别为两个币种。

新增一个币种对系统的影响：

当新增一币种，每个客户资金库就会增加相对应的资金账，原始金额为零。

若业务流程中已用到某币种，该币种不能随意删除。若想强制删除，系统将不允许。

（4）业务组别：定义业务员的分组类别，这样就可对业务员进行分组管理。

（5）企业类型：设置系统业务所用到的企业类型。

（6）信用等级：用于信用管理模块，对客户进行信用评级。自定义级别及级别描述内容。

① 新增操作步骤：

- 点击 新增 ，信息输入栏内容清空。
- 填写内容。
- 保存。

② 删除操作步骤：

- 选中删除项。

- 点击 删除 。
- 确认删除。

③ 保存：新增时操作，保存信息。

④ 取消：新增时操作，清除输入项。

⑤ 退出：关闭当前窗口。

实验资料见表 4－1－1。

5. 假期设置。假期不进行催款提示，但计入账龄中。其格式如图 4－1－9 所示。

进入方法：【系统设置】→【假期设置】。

设置公司的假期。当出货绑定一催款策略时，若该催款策略是按工作日来计量的，那么催款任务的时间间隔将剔除所设置的假期时间。

操作步骤：

① 新增。

- 点击"新增"。
- 输入假期名称。
- 手动填写假期日期或选择假期日期。
- 保存，系统提示"保存成功"。

表 4 - 1 - 1　　　　　　　　　　　　　　　　企业基本资料

项目名称	填写内容		功能说明
开户银行	银行名称	账号	
	招商银行	95555111222333	
	建设银行深圳分行	95533000999000	
收款方法	现金		
	支票		
币种	USD		系统支持多币种，但对 RMB 与人民币识别为不同币种
	RMB		
业务组别	销售一部		
	销售二部		
企业类型	公司		
	个人		
信用级别	信用等级	等级备注	
	CR1	风险极低/可作优惠条件的信贷安排 大额	
	CR2	风险低/可作迅速的信贷安排 中大额	
	CR3	风险普通/可按正常程序安排信贷 中额	
	CR4	风险较高/对信贷安排要加倍监察 小额定期监督	
	CR5	风险颇高/要在担保下才可考虑信贷 小额	
	CR6	风险极高/暂不考虑信贷安排 现金交易	
	NR	缺乏足够数据和资料 不予评估	

② 删除。

- 选中假期。
- 点击"删除"。
- 系统提示"删除一个假期"。

③ 设置周六、周日为假期。

　　　　　　　　　　　　　　　　　　　☑ 周六　　　☐ 周日

- 点选周六日前的复选框，勾选上的设为假期。
- 保存。

实验资料见表 4 - 1 - 2。

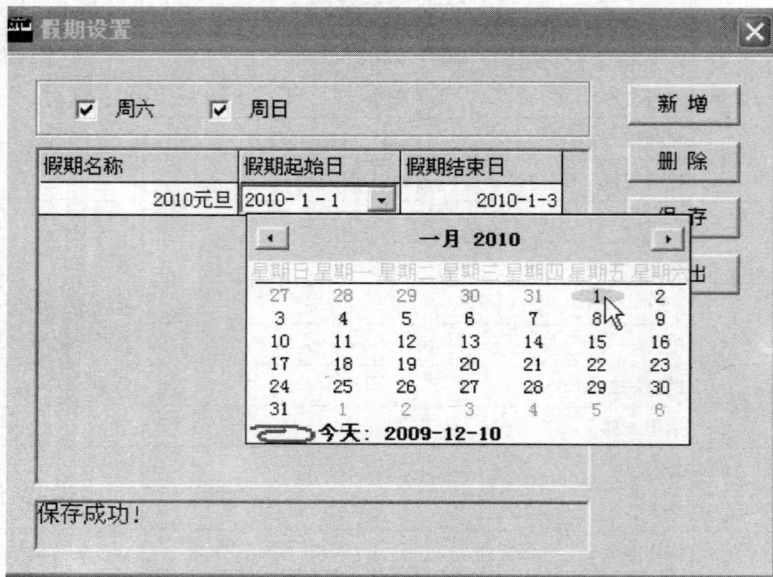

图 4 - 1 - 9　假期设置

表 4 - 1 - 2　　　　　　　　　　　假期资料

填 写 内 容		
假期名称	假期起始日	假期结束日
元旦	2010 年 1 月 1 日	2010 年 1 月 3 日
春节	2010 年 2 月 13 日	2010 年 2 月 19 日
清明	2010 年 4 月 3 日	2010 年 4 月 5 日
五一劳动节	2010 年 5 月 1 日	2010 年 5 月 3 日
端午	2010 年 6 月 14 日	2010 年 6 月 16 日
中秋	2010 年 9 月 22 日	2010 年 9 月 24 日
十一国庆	2010 年 10 月 1 日	2010 年 10 月 7 日

6. 额度及赊期设置。其格式如图 4 - 1 - 10 所示。

给不同的信用等级设置统一的赊期和额度。多币种可分别设置不同的赊期和额度。

概念：

赊期——出货日期与预计付款日期的间隔天数。单位为天。

额度——客户所能赊销的最大金额。

操作步骤：

● 选择信用等级。

● 设置该币种的赊期和额度，系统自动保存。

实验资料见表 4 - 1 - 3。

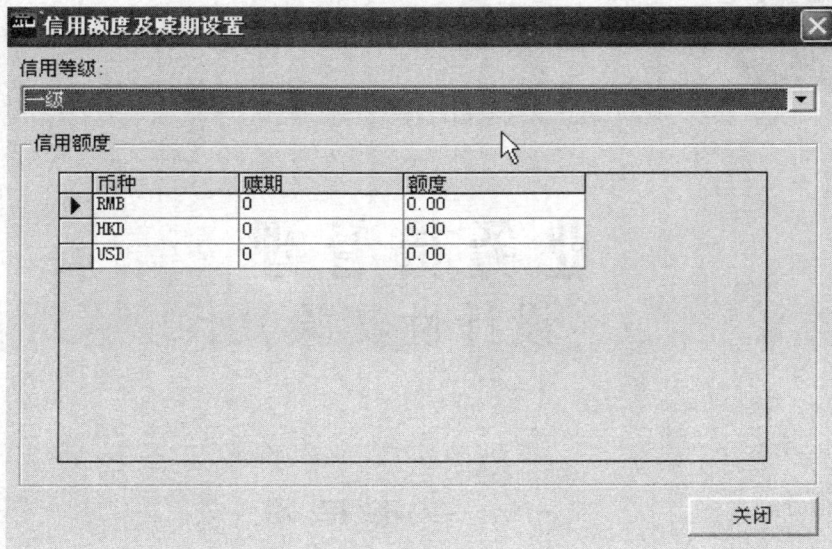

图 4 − 1 − 10　额度及赎期设置

表 4 − 1 − 3　　　　　　　　　　额度及赎期资料

信用等级	额　　度	赎　　期	币　　种
CR1	100 000 000	710	RMB
CR2	50 000 000	360	RMB
CR3	10 000 000	200	RMB
CR4	1 000 000	150	RMB
CR5	5 000	60	RMB
CR6	0	0	RMB
NR	0	0	RMB
CR1	10 000 000	710	USD
CR2	5 000 000	360	USD
CR3	1 000 000	200	USD
CR4	100 000	150	USD
CR5	5 000	60	USD
CR6	0	0	USD
NR	0	0	USD

实验二

业务员管理
（设计性实验）

（一） 实验目的

1. 建立业务员档案，为更好地评价业务员的销售业绩提供基础。
2. 对业务员进行集中管理。
3. 加强业务员的监控。

（二） 实验原理

1. 业务员管理的必要性。对赊销企业来说，扩大信用销售的前锋人员主要是业务员，业务员的工作就是为企业销售产品，不断扩大企业产品市场份额，做好市场分析和市场调研工作，时刻注意消费者需求并积极收集各种市场信息，为企业决策提供依据。因此，通过利用企业信用管理系统对业务员进行有效管理，可以把业务员信息、客户信息和货品信息实现有效对接，避免因业务人员的流动而导致客户资源的流失，有助于提高信用管理的效率。

2. 业务员的权限管理。在业务员销售商品时，为了保护赊销企业整体的利益，防止业务员内部竞价，企业信用管理系统对每个业务员都必须设置一定的权限。在一定时间内，系统不允许两个业务员同时跟进一个客户的情况。业务员用自己的用户名登录系统，做客户登记，客户来电后，在业务员的电脑上系统会自动弹出客户的资料，其他相关的工作人员可以看到该客户是属于该业务员，但看不到客户的详细信息。避免了业务员之间的"撞单"现象。同时，业务员只可以看到自己的客户资料，管理员可以查看所有业务员的客户资料。

3. 业务员管理的主要内容：编号、姓名、性别、身份证号、手机号码、邮箱、家庭电话、家庭住址、入职时间、所在组别等。

4. 业务员输入注意事项，见表 4 – 2 – 1。

表 4 - 2 - 1   **业务员输入注意事项**

字段名称	字段范围	必填	事 项 说 明
业务员编号	20	是	业务员编号和业务员名字可以相同，但编号不能想重复
业务员名称	50	是	
性别	20	否	
身份证号	20	否	
手机号码	20	否	
邮箱	40	否	
家庭电话	20	否	
家庭住址	50	否	
入职时间	日期格式	否	如果日期输入错误，自动填写当天日期
所在组别	50	否	新的组别，导入时自动添加到事典中的组别

（三） 实验内容

1. 输入业务员基本信息。
2. 根据系统生成业务员信息表。

实验资料见表 4 - 2 - 2。

表 4 - 2 - 2   **业务员信息**

业务员名称	性别	身份证号	手机号码	邮箱	家庭电话	家庭住址	入职时间所在组别
徐葱	男	360458198907123071	15854239413	r 678@ 163. com	83942758	深圳福田爱庭	2000 - 9 - 22 销售一部
周志阳	男	110105196501024852	13562495555	yang434@ 163. com	83405057	深圳沙尾村	2002 - 3 - 3 销售一部
陈国伟	男	220202197810214873	13526848482	cgw333@ 163. com	83442572	深圳金地花园	2001 - 8 - 24 销售一部
李娜	女	510327196908292644	13552005829	nana2222@ 163. com	67581442	深圳龙岗	2001 - 5 - 4 销售二部

（四） 实验步骤

进入方法：【基础信息】 → 【业务员信息】。其格式如图 4 - 2 - 1 所示。

维护业务员的信息模块。

主界面：

图 4 – 2 – 1　业务员信息

1. 新增业务员。其格式如图 4 – 2 – 2 所示。

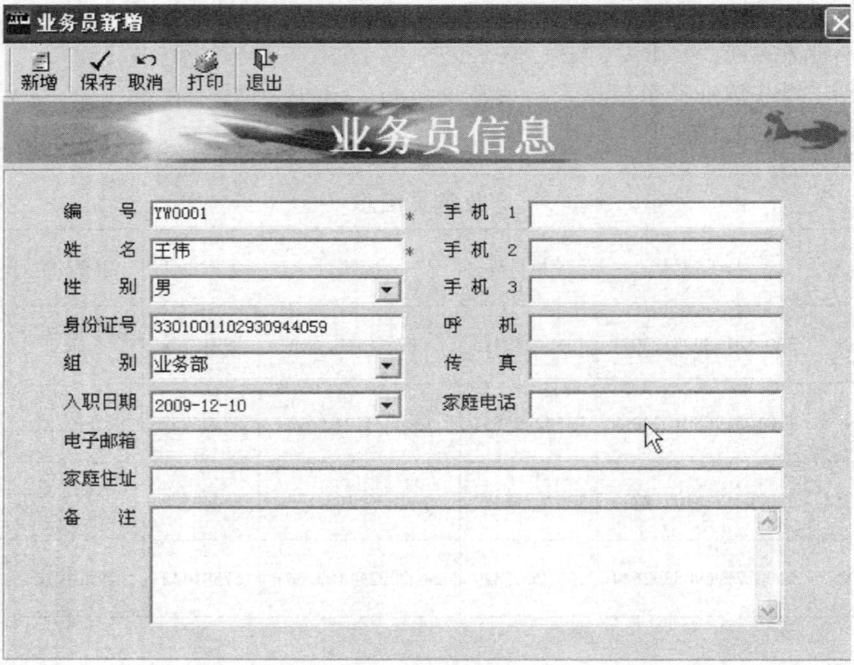

图 4 – 2 – 2　新增业务员

操作步骤：

- 输入相应信息，红色 * 号为必须填写字段。
- 保存，提示【保存成功】，关闭窗体。
- 退出，关闭本窗体。

- 取消，清空所填信息。
2. 编辑。操作步骤：
- 选中要编辑的对象，点击【编辑】。鼠标双击该记录也可以直接进入编辑界面。
- 修改信息。
- 保存，提示【保存成功】，关闭窗体。
3. 删除。对与该业务员负责的客户有发生业务记录的，该业务员被强制不能删除。其格式如图 4 – 2 – 3 所示。

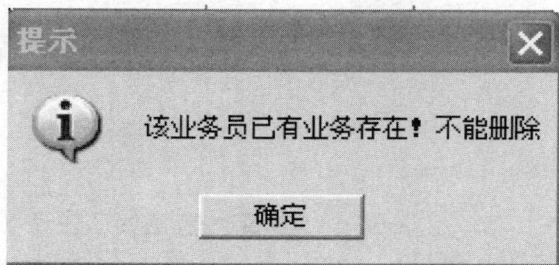

图 4 – 2 – 3　删除

示例解释。
- 在基础信息——业务员管理中添加即可。
- 选择组别时，如果事典设置中没有组别的，将要去事典设置添加组别才可选择。但通过数据导入，则会自动添加该组别到事典中。

（五）　评价标准

1. 能正确输入业务员信息。
2. 根据系统能生成业务员数据信息。

客户信用档案的建立和管理
（设计性实验）

（一） 实验目的

1. 明确信用管理的客户对象。
2. 对信用客户进行分类管理。
3. 对信用客户进行动态管理。
4. 为客户信用评估和授信提供依据。

（二） 实验原理

1. 信用管理部门对于客户的界定原则。凡对企业构成经济损失或潜在经济损失的风险者，不论法人还是个人都是信用管理部门的客户。

2. 客户信用档案管理的导向。以保证货款的回收和防范企业风险为导向。

3. 客户信用档案的功能。建立一套信息完整、设计科学和检索方便的客户信用档案，并能在企业信用管理系统软件的支持下实现高效率的客户信用档案管理和内部服务，既能为各部门提供足够的信息，有效支持信用管理人员做好授信所需的客户信用价值评估工作，又能方便信用管理人员对企业内部的相关部门提供客户信用信息服务，以支持各部门做管理决策时的信息需求。

4. 客户信息档案的内容。客户的地址和名称、客户的法定代表人、经济性质、注册资本与变迁、经营者及其人事变动、关联企业、经营范围与业务变迁、财务信息等。

5. 客户信用信息的审核。

真实性审核：包括对客户财务状况真实性核实和经营成果真实性核实。

合法性审核：包括对客户提供的信用信息是否符合相关文件和法律的规定，以及财务会计政策稳健性的核实。

公允性审核：包括客户在重要方面公允地反映企业的财务状况、经营成果和资产变动情况。

对矛盾信息进行处理：对于信用管理人员来说，获得的信用信息并不是完全可靠和完全精确，即使获得了完全可靠和精确的信息，对数据的处理和分析也是一种个人主观解释的过程，信用管理人员应该根据自身经验，对客户的信息进行一些必要的调整和修订。

6. 客户信息的动态更新。

定期更新：通常是年度或半年度，如果客户的情况变化很快，则需要加快信用信息的更新频次。

临时更新：客户有时会出现一些异常或突发的情况，如管理层的异常情况、组织形式发生变化、财务上付款习惯突然改变、违背关于付款的承诺、设备拍卖或频繁的资产处理、购买习惯发生重大变化等，信用管理人员必须实时更新这些异常和突发情况，据此作出客户信用风险判断。

（三） 实验内容

1. 输入客户基本信用信息。
2. 核实客户信用信息。
3. 处理客户欠缺信用信息。
4. 根据系统生成客户信用档案。

实验资料见表 4 - 3 - 1。

表 4 - 3 - 1   客户信息资料

客户编号	客户名称	客户电话	客户地址	负责人姓名	负责人电话
KH0052	广东红鲤鱼数码科技有限公司	020 - 28045209	广东省广州市广州大道北端高新技术区	张胜利	15904000000
KH0056	东莞高森电子有限公司	0769 - 88600000	广东省东莞市虎门镇北湾第一工业园	王立峰	18943540000
KH0065	东莞贝特利电子有限公司	0769 - 87725501	广东省东莞市长平镇冈田第五工业区	万维刚	18722120000
KH0211	深圳市天地光电科技有限公司	0755 - 89801880	广东省深圳市深南大道1711 号	刘长文	13954320000

联系人姓名	联系人电话	联系人邮箱	省市		注册号或身份证号	企业性质	所属行业
余文乐	020 - 22346987	ywl@ redfish. com	广东	广州	675100004001333	生产型	电器
韦苏秦	0769 - 76663212	suqing@ sis. com	广东	东莞	449809989232093	生产型	电器
王伟	0769 - 76788211	kingwei@ yahoo. com	广东	东莞	441900402219579	贸易型	信息
白天	0755 - 89832276	baitian@ sohu. com	广东	深圳	654300400003247	国家扶持	电信

注册资金	网址	年产值	年销售额	主营业务	采集人	业务员	催款策略
6 000 万元	www. redfish. com	1.2 亿元	1 亿元	自营和代理电子产品及技术的进出口（国家禁止或限制类商品和技术除外，涉及配额许可证管理、专项规定管理的商品按国家有关规定办理）；电子器材的研发、生产和销售；智能大厦及综合布线系统工程，包括安全技术防范工程及楼宇自动化工程的设计及施工及其设备、器材的销售；电子计算机的培训与服务（法律、法规禁止经营的不得经营，法律、法规规定需提交前置审批的凭许可证经营）	吴越	陈国伟	正常策略

注册资金	网址	年产值	年销售额	主营业务	采集人	业务员	催款策略
15 000 万港元	www.gaoshen.com	200 万元	200 万元	印制线路板制造，硬性线路板，软/硬线路板及软性线路板的制造和销售	吴越	李娜	正常策略
12 000 万港元				生产和销售电子玩具、电子表、计算器、电子闹钟、塑胶玩具及其配件	白龙潭	周志阳	正常策略
3 000 万元				生产、开发、销售自产的液晶显示器和模块等电子产品		徐葱	正常策略

（四）实验步骤

1. 客户管理。

进入方法：【基础信息】→【客户管理】。其格式如图 4 - 3 - 1 所示。

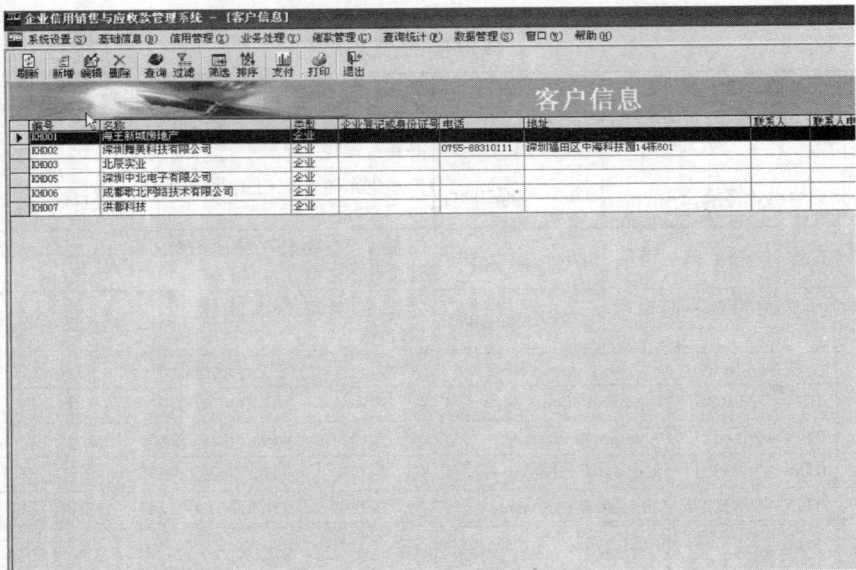

图 4 - 3 - 1　客户信息和管理

维护客户档案的模块。客户信息是系统必备信息，有了客户才有客户其他相关信息，比如客户的合同、出货、资金库和付款等信息。即所有的信息都围绕客户运转。

2. 新增客户信用信息。其格式如图 4 - 3 - 2 所示。

步骤 1：点击工具条中的【新增】按钮，弹出新增窗体。

步骤 2：在新增窗体中输入客户信息。其格式如图 4 - 3 - 3 所示。

步骤 3：点击工具条中的【保存】按钮即可。

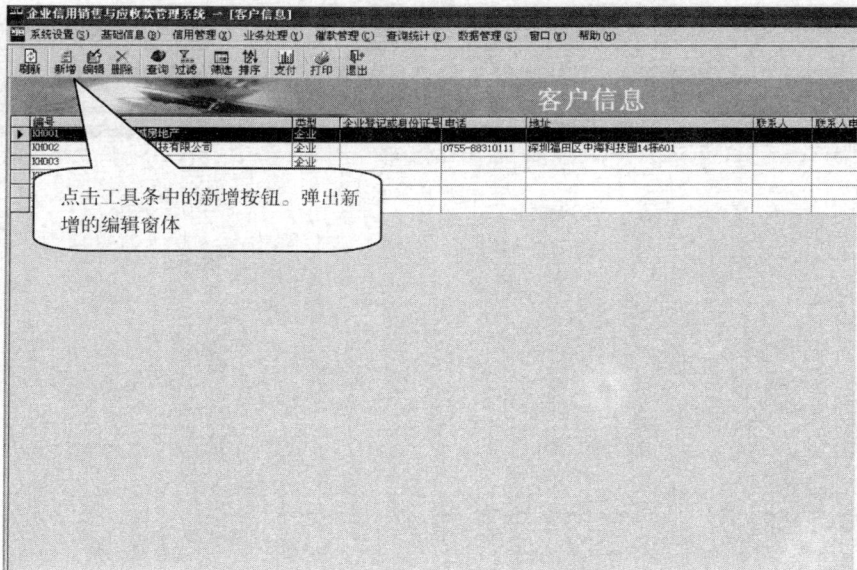

图4-3-2 新增客户信用信息

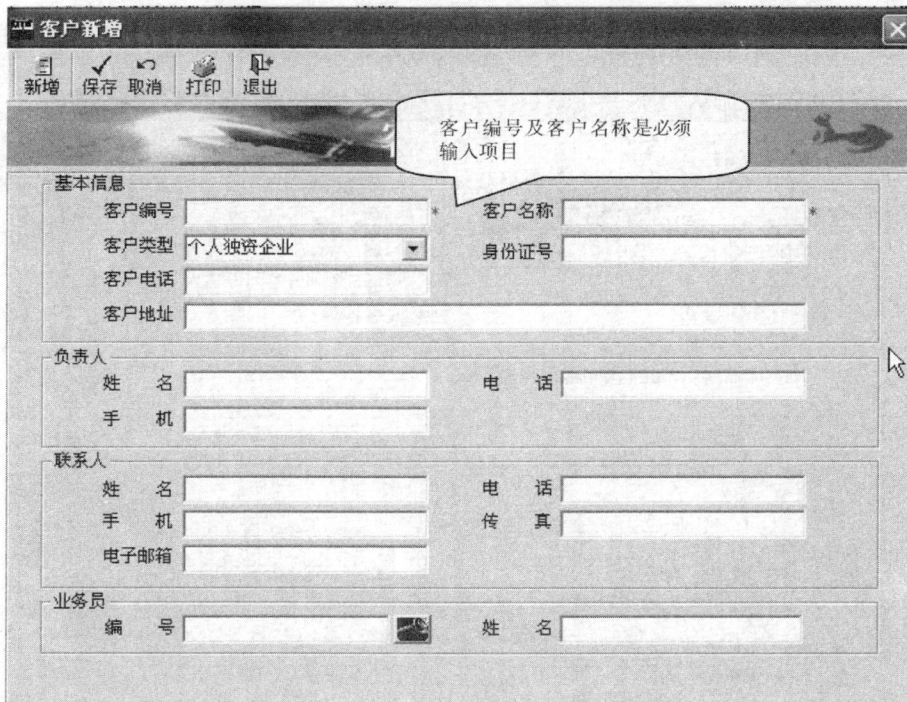

图4-3-3 新增客户信用信息

3. 更改客户信息。

步骤1：选择要编辑的客户。其格式如图4-3-4所示。

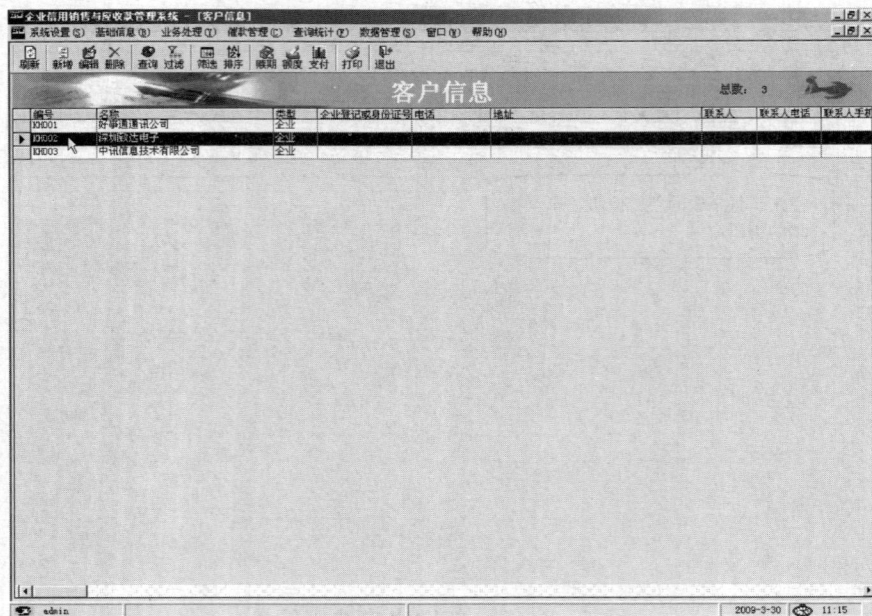

图 4 – 3 – 4 更改客户信息

步骤 2：在客户信息编辑窗体更改数据。其格式如图 4 – 3 – 5 所示。

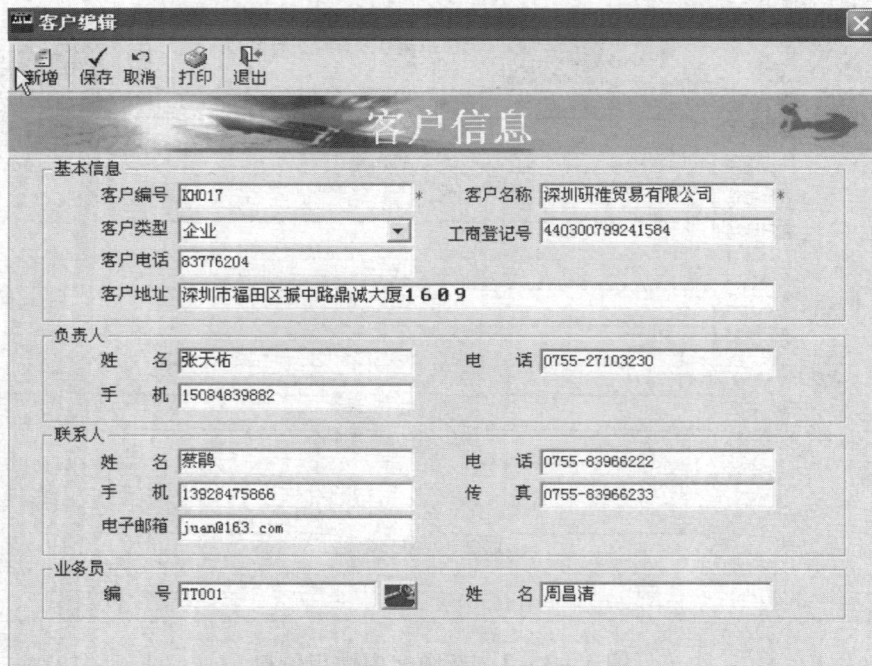

图 4 – 3 – 5 更改客户信息

步骤 3：点击工具条中的保存【保存】按钮。

4. 删除客户信息。其格式如图 4 – 3 – 6 所示。

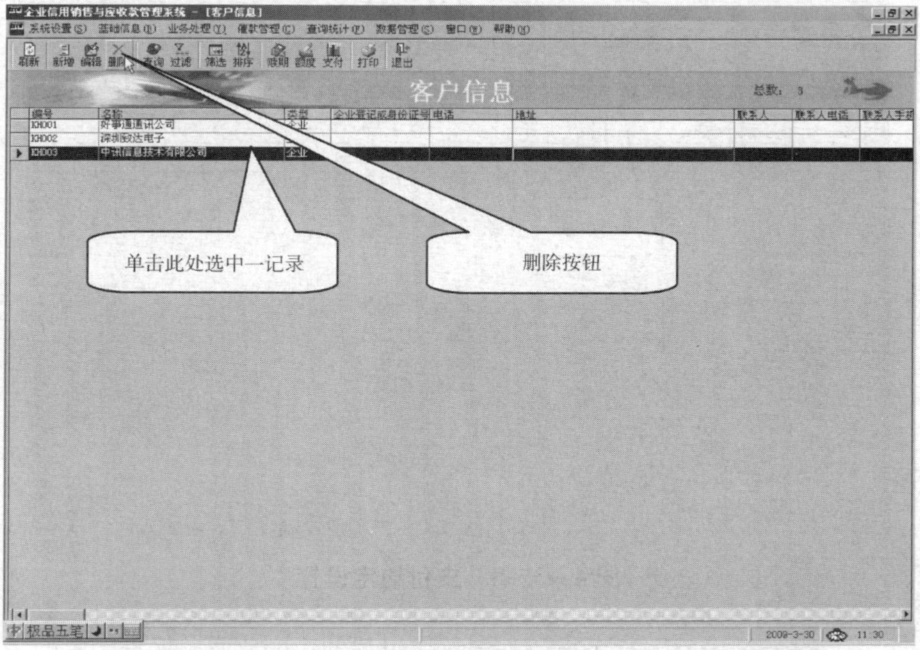

图 4 – 3 – 6　删除客户信息

步骤 1：单击选中要删除的记录。
步骤 2：点击工具条中的【删除】按钮即可。
系统提示：其格式如图 4 – 3 – 7 所示。

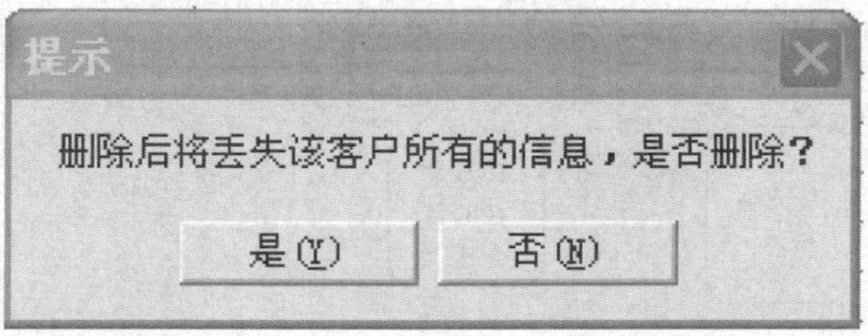

图 4 – 3 – 7　删除客户信息

注：删除一个客户，会级联将删除该客户的所有信息。

5. 支付。其格式如图 4 – 3 – 8 所示。
支付约定：是预先设置客户的回款规律。出货时就会自动继承这个支付约定，产生相对应的出货回款期。
支付方式有三种：
货到模式：即货到客户处几天后回款，一次出货可分几期回款。其格式如图 4 – 3 – 9 所示。
月结模式：即规定月中某一天回款。
出货指定：即出货时再具体指定某一天回款。

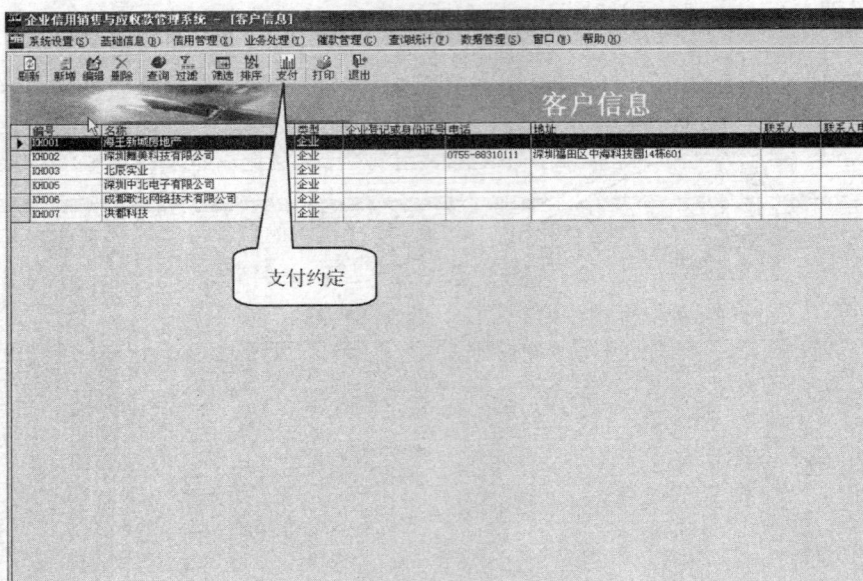

图 4 – 3 – 8　支付约定设置

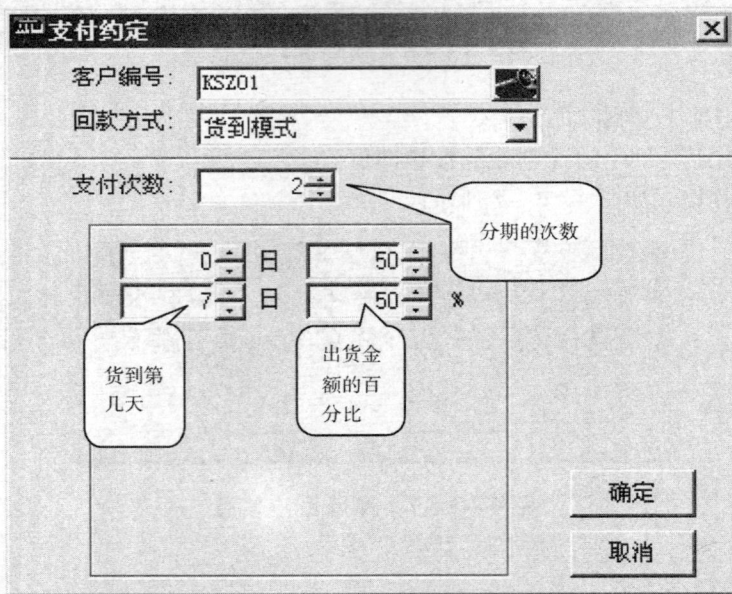

图 4 – 3 – 9　货到模式

月结模式：其格式如图 4 – 3 – 10 所示。

出货指定：其格式如图 4 – 3 – 11 所示。

6. 删除一个客户对系统有何影响。删除一个客户——相当危险的操作。将会丢失该客户的所有信息，包括合同、出货和付款等一切信息。

注意：此操作不可恢复，故有危险性。

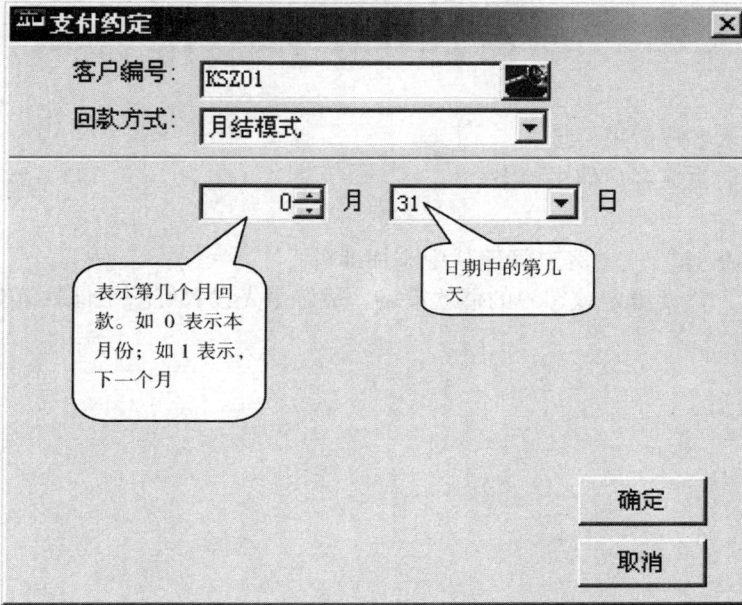

图 4 - 3 - 10   月结模式

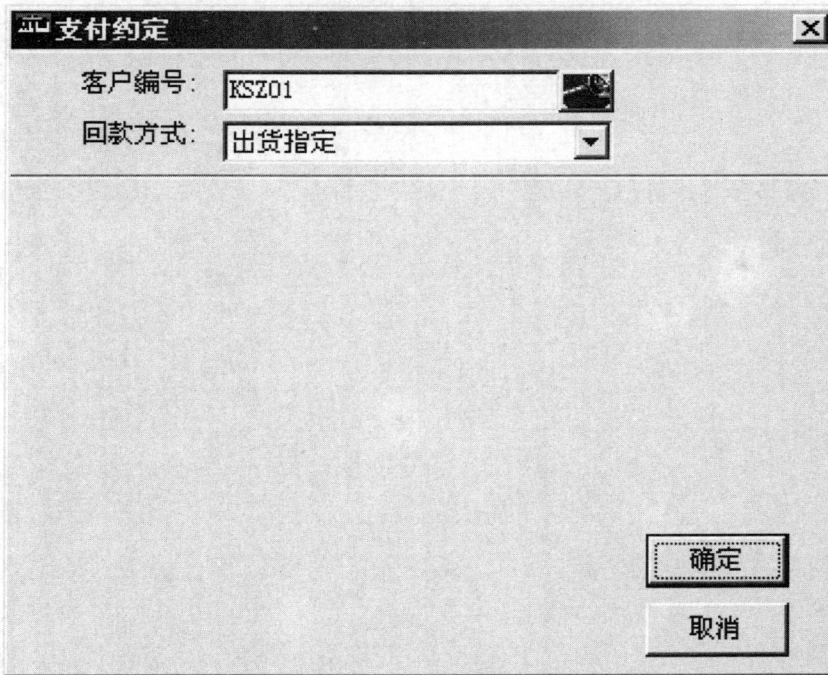

图 4 - 3 - 11   出货指定

（五） 评价标准

1. 能正确输入客户信用信息。
2. 根据系统能生成客户信用档案。

示例解释：

- 在"基础信息"→"客户管理"中添加即可。
- 新增客户，需要绑定该客户的催款策略。最好事先设置好一个催款策略。

货品管理
（设计性实验）

（一） 实验目的

1. 建立货品单，为生成出货信息提供基础。
2. 对货品进行动态管理。
3. 加强出货前的货品监控。

（二） 实验原理

1. 货品管理的作用。货品是指企业所生产的用于销售的所有成品的总称。通过对货品信息进行计算机输录，可以方便地从货品列表中点击选取所需查看的内容，为信用管理人员掌握赊销货品信息提供了一个管理决策工具，满足日常利用计算机进行货品管理的需求，提高数据处理的及时性和准确性，从而起到辅助信用决策的作用。

2. 货品信息管理的内容。货品信息管理包括货品编号，货品名称，货品规格，货品单位，货品单价，币种等参数的设置，其中货品编号是货品的唯一标识，也就是说货品的编号不能重复，一个编号只对应一个货品。

3. 货品信息输入注意事项，见表4-4-1。

表4-4-1

字段名称	字段范围	是否必填	事项说明
货品编号	20	是	编号不能重复，最好用简称
货品名称	150	是	名称不能太长，最好用简称
单位	20	是	
规格	20	否	
单价		是	小数点后3位，其他的四舍五入
币种	20	是	系统必须已经存在的，英文大小写无区别
备注	250	否	

实验资料见表4-4-2。

表4-4-2　　　　　　　　　　　货品信息

货品编号	货品名称	单位	规格	单价	币种	备　注
CZ34020	电源插座	个		30	RMB	
RS485	485通讯模块	个	485-232	50	RMB	
CC45N	空气开关	个	MIRING	56	RMB	
SW90318	接近开关	个	Ø18	150	RMB	
SD2000	读卡器	个	232接口	160	RMB	
PS30	防护罩（带支架）	套	国产	175	RMB	
C99	监控室对讲话筒	个		180	RMB	
BN309S22	按钮	个	Ø22	200	RMB	
MY2NJ	继电器	个	OMRON	200	RMB	
RQ-125D	开关电源	个		262	RMB	
MY4NJ	继电器	个	OMRON	270	RMB	
CON5342	控制电路板	块	自制	300	RMB	
PHB09	补光灯	个	飞利浦	319	RMB	金属卤灯
BSHB3913-H	步进电机	个	白山	380	RMB	
PD310	地感控制器	个	南非	790	RMB	
786FT	监控电脑显示器	台	19寸	790	RMB	
Q3HB220M	电机驱动器	个	白山	800	RMB	
PIC408	串口卡	块	COIN	800	RMB	
GR501E	红绿灯	套	IER	1 000	RMB	
VCB-3385P	摄像机带镜头	个	SANYO	1 230	RMB	
PJ42U	机柜	套	42U	1 300	RMB	
AMP48	网络模块	套	AMP48口	1 600	RMB	
DH-QP300	4路图像卡	块	大恒	1 800	RMB	
SCC-B2325P	摄像机	个	三星	1 980	RMB	
LNK911	CC-Link模块	个		2 465	RMB	
FX3U-48MT	PLC主机	个	三菱	2 800	RMB	
DS-4004HC	4路图像卡	块	海康	2 900	RMB	
SB9090	车牌识别软件	套	清华	3 000	RMB	
XC3300	地感线圈	个	金准	3 340	RMB	
TK-C1480BEC	摄像机带镜头	个	JVC	3 400	RMB	
MT5400T-M	7.7寸触摸屏	个	e-VIEW	4 200	RMB	
PUV4A2D	光端机	对	英飞托	4 800	RMB	4V/2A/2D/1I
PC4189	主控电脑	台	研华	6 000	RMB	酷睿22.0G CPU，2G内存，独立显卡，机架式机箱，3个PCI插槽
ML900	指纹仪	个	东方金指	8 800	RMB	
SJ20T	升降机构	套	自制	20 000	RMB	
MIB10	道闸	个	MAGNETIC	34 000	RMB	

（三）实验内容

1. 输入货品基本信息。
2. 根据系统生成出货单。

（四）实验步骤

进入方法：【基础信息】→【货品信息】；其格式如图 4 - 4 - 1 所示。

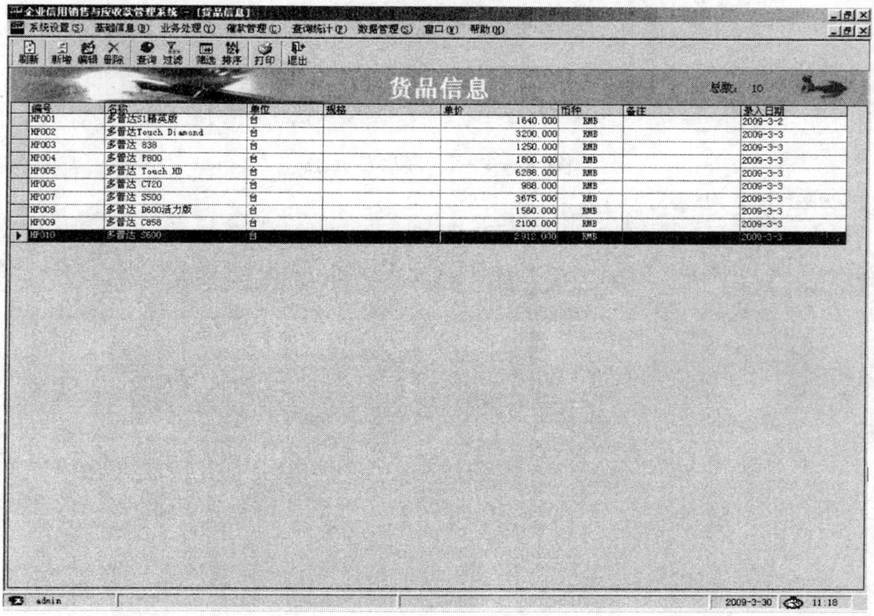

图 4 - 4 - 1　货品信息

此模块登记货品信息，为合同或出货提供货品数据支持。

① 新增货品：其格式如图 4 - 4 - 2 所示。

② 输入货品基本信息。

③ 生成货品基本数据表：其格式如图 4 - 4 - 3 所示。

④ 其他说明。

A. 货品单不建立也可导入数据，但手工做合同或出货时，没有基础货品库给予提供。

B. 货品名称可以为统一名称，金额在系统里不能为 0。

C. 出货时再自行更改单价。

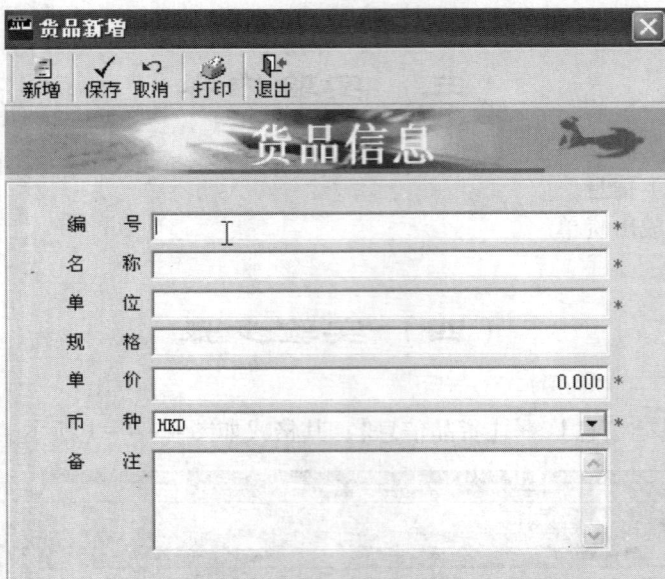

图 4 - 4 - 2　新增货品

注：＊号为必须填写字段。

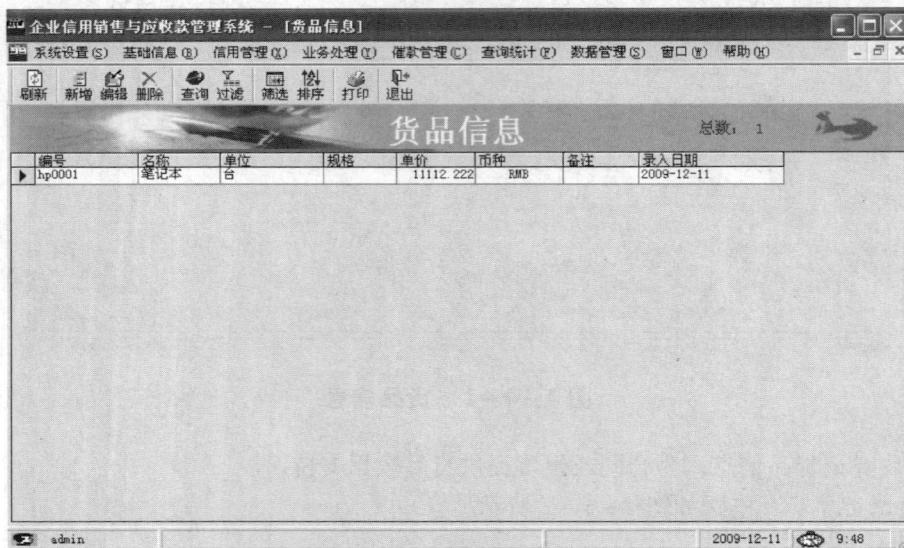

图 4 - 4 - 3　货品基本数据

（五）评价标准

1. 能正确输入货品信息。
2. 根据系统能生成货品数据信息。

资信调查报告的设计与制作

（设计性实验）

（一） 实验目的

1. 熟悉企业资信调查报告的基本结构。
2. 根据客户信用信息制作标准企业资信调查报告。

（二） 实验原理

1. 资信调查报告的作用。企业资信调查报告主要是将现场核实并经过统计处理的信用信息，按照标准的报告版式进行编排，并给出对于被调查对象的资信评级或风险指数分析结论，是企业信用管理工作最常使用的外部技术支持手段，从而有效解决企业赊销和其他授信工作决策时的信息不对称问题，提供科学授信决策的依据。设计和制作规范完整的资信调查报告，有助于建立和维护企业的客户信用档案，以及筛选合格的赊销客户。

2. 资信调查报告的主要设计思想。在足够低费用的条件下，尽可能准确判断与一个被调查对象进行赊销的成功可能性，以及做多大额度的信用交易能够安全地回收货款。

3. 资信调查报告的格式与标准。目前无论是国内还是国外对于资信调查报告都没有统一的格式和标准。所谓流行的普通版本的企业资信调查报告格式，需填充 12～16 个栏目的企业信息，主要内容包括：企业发展史、注册信息、当年经营情况、付款记录、银行往来记录、公共记录（经济纠纷、刑事处罚等）、财务报表（资产负债表、损益表、现金流量表）、主要产品、进出口报关、主要经营者、现场核实信息等。

4. 资信调查报告的种类。

（1）普通版企业资信调查报告。该类报告可集中反映企业经营业绩、财务状况，可适用于交易金额不大，但交易次数频繁、相对稳定、持续的交易关系。

（2）企业资信调查报告。主要用于投资大型项目、合资合作等的可行性研究或大额交易、信用咨询等，也可作为企业经营决策的参考。

（3）专项问题调查报告。一般用于企业的行动证据、法律证据、向主管单位汇报的依据等。

（4）财务信用报告。主要可帮助企业重点了解其财务状况及以备授信决策和追债策略的选择。

（5）风险指数报告。帮助企业迅速评估被调查企业相对于其他企业的风险，并预测企业的技术性破产。

5. 普通（标准）版资信调查报告的主要格式及说明，见表4-5-1。

表4-5-1　　　　　　　　　普通（标准）版资信报告

企业概况	联络信息	目标公司的注册联络信息和对外的业务联络信息可能不一致，但是相关的法规规定，公司的注册地址应为主营业务所在地且必须登记
	注册信息	是对公司合法性进行验证的重要依据。包括验证目标公司的注册资本是否全部到位，自身与目标公司的业务是否符合法律规定
	历史沿革	了解目标公司的历史及历次变更的可能原因及对信用风险的影响
	股份结构	了解目标公司的资本结构
	关联企业	母子公司存在关联交易，相互支持的情况较为普遍。股东的背景和实力对目标公司的资信状况有很大的影响，而通过附属机构可以了解目标公司活动的区域范围和业务领域
经营状况	主要经营者	管理人员的背景和从业经历可以在一定程度上反映目标公司的经营思路和行为风格
	员工数量	可以真实反映公司的规模，通过与其他规模指标相比可以了解公司的效率和管理水平
	产品购销	了解目标公司所经营的产品及服务的种类，主要的供应商和主要客户及销售区域、销售方式、渠道等。此信息可以帮助客户决定对自己最有利的合作方式，而销售方式及渠道直接影响目标公司的信用风险
往来银行		一般为目标公司向政府部门申报的账号，一个单位多个账号较为常见，且目标公司在银行的贷款抵押担保记录对其评级极具参考价值
公共记录		从各种公开的渠道获取，不良记录将直接影响到目标公司的公众形象
财务状况		是评估企业信用等级较为重要的依据，如果目标公司为分支机构、政府机关、事业单位、成立时间不足一年的企业则没有财务资料。财务指标可以如实的反映企业的财务状况
信息核查		对目标公司内部人员或关联企业人员进行实地访问或电话访问，可以了解到目标公司的办公场所情况、工作氛围以及员工对企业的评价等信息，加深对企业实际运营情况的了解
综合评述		对目标公司目前的整体经营情况、发展趋势、资产结构、经营效率和所处行业的发展情况进行结论性描述，对目标公司作出信用额度和信用等级的评估，且提出信用政策建议

（三）实验内容

1. 输入企业资信信息。

2. 对经营要素进行核查和财务指标进行分析。

3. 给出信用风险评级建议。

4. 形成标准资信调查报告。

购买第三方提供的客户信用报告录入到系统。

目标公司：广东红鲤鱼数码科技有限公司（具体内容见附件）

其他五个公司的信用报告见附件。

（四）实验步骤

1. 输入企业资信信息：其格式如图4-5-1、图4-5-2所示。
（1）选择菜单，【信用管理】→【资信报告】→【录入】。

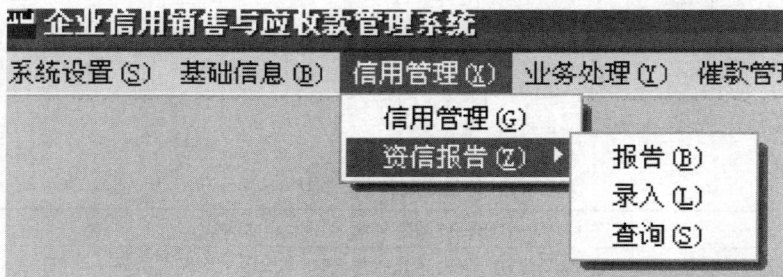

图4-5-1　资信报告录入

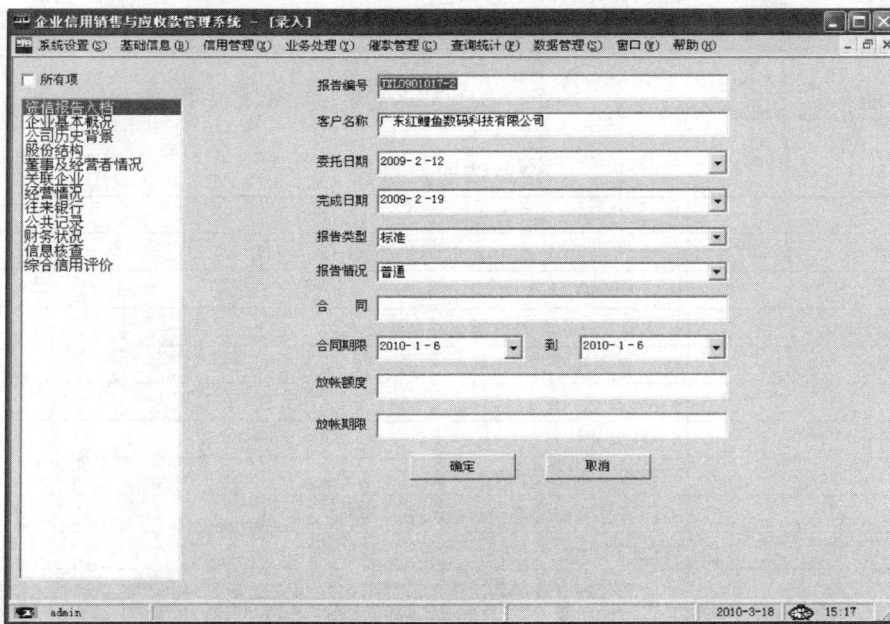

图4-5-2　资信报告录入

（2）资信报告入档。
① 进入录入界面，建立目标公司资信档案。
② 输入报告编号："JXL0901017-2"。
　　输入客户名称："广东红鲤鱼数码科技有限公司"。
　　选择报告类型："标准"。
　　选择报告情况："普通"。

③ 单击【确定】按钮。此方法依次录入其他客户的信用报告。

提示：

- 只有在完成"资信报告入档"后，系统才会自动生成后面相关的信息模板。
- 以上四个条件为必要条件，缺一个条件系统都将予以提示。
- 如果针对单一合同所做的客户资信报告，可以填写以下几个条件。"合同"、"合同期限"、"放账额度"、"放账期限"。

（3）企业基本概况。

根据模板提示，输入相应的信息。根据不同信用报告的内容不同，可以选择性的添加或删除表4-5-2和表4-5-3所示信息。

① 联络信息，见表4-5-2。

表4-5-2　　　　　　　　　　企业联络信息表

公司名称	广东红鲤鱼数码科技有限公司
地　　址	广东省广州市广州大道北片开发区
邮　　编	521000
电　　话	020-23844402
传　　真	020-23844417
网　　址	www.redfish.com

② 注册信息，见表4-5-3。

表4-5-3　　　　　　　　　　企业注册信息表

中文名称	广东红鲤鱼数码科技有限公司
英文名称	Guangdong RedFish Digital Technolique Co.，Ltd.
注册号	675100004001333
注册地址	广东省广州市广州大道北端高新技术区
注册登记日期	1993年3月5日
注册资本	6 000万元
实收资本	6 000万元
登记机关	广州市工商行政管理局
企业类型	有限责任公司（港澳台地区法人独资）
法人代表	张胜利
经营范围	自营和代理电子产品及技术的进出口（国家禁止或限制类商品和技术除外，涉及配额许可证管理、专项规定管理的商品按国家有关规定办理）；电子器材的研发、生产和销售；智能大厦及综合布线系统工程，包括安全技术防范工程及楼宇自动化工程的设计及施工及其设备、器材的销售；电子计算机的培训与服务（法律、法规禁止经营的不得经营，法律、法规规定需提交前置审批的凭许可证经营）
经营期限	自1993年3月5日至2018年3月13日
登记电话	2805209
行业代码	4050（电子器件制造）
进出口权	有
年检情况	2007年度已年检

企业基本概况，如图4-5-3所示。

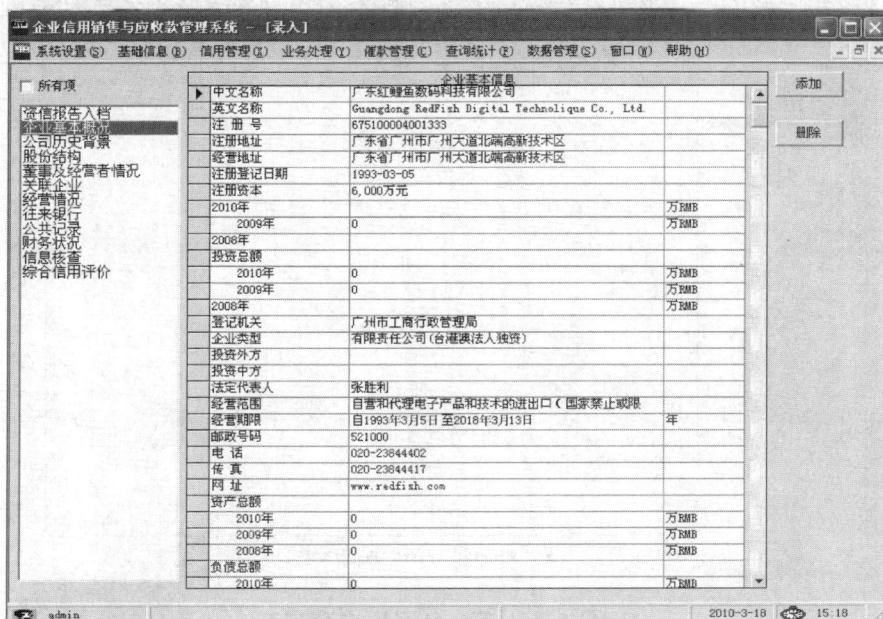

图4-5-3　企业基本概况

提示：

● 填写信息，系统将自动保存。

● 当输入内容很多时，在内容输入栏会出现向下箭头 ，点击出现文本输入框，其格式如图4-5-4所示。

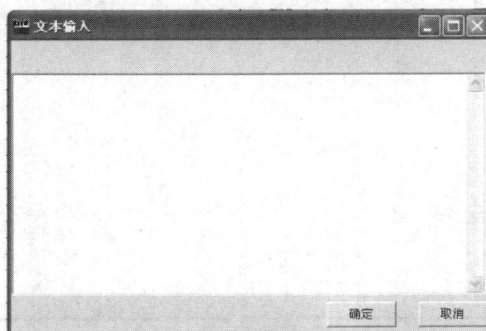

图4-5-4　文本框格式

（4）公司历史背景：其格式如图4-5-5所示。

① 成立背景：客户公司的成立背景，如有直接输入即可。没有可暂时空缺。

② 发展历程：公司的一个简略描述。其格式如图4-5-6所示。

③ 变更情况：记录公司注册资本、法人代表、股东变化、经营范围、投资总额等基础信息中有变动的各项。其格式如图4-5-7所示。

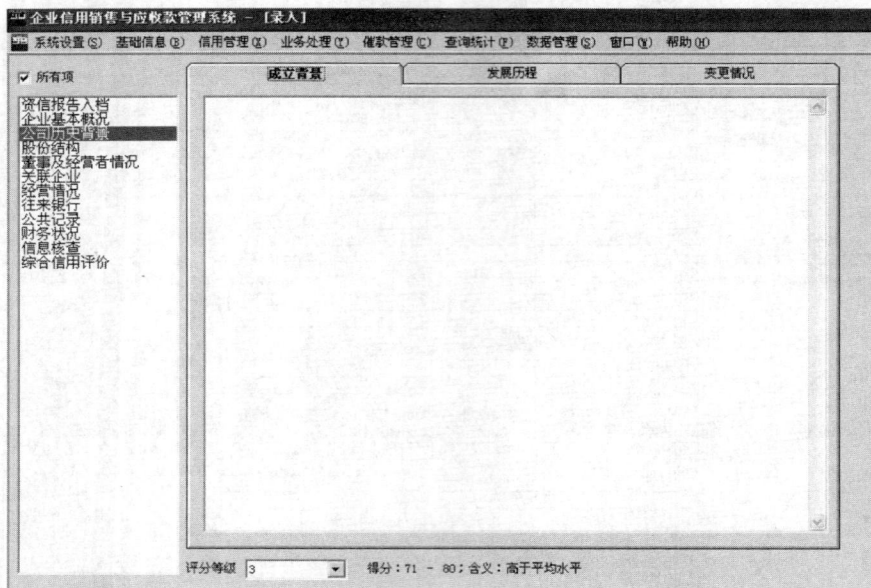

图 4 – 5 – 5　公司历史背景

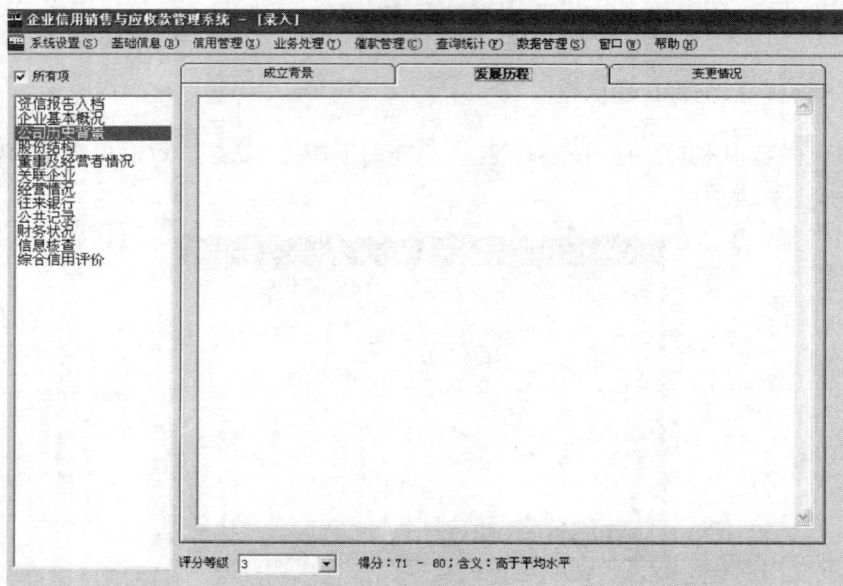

图 4 – 5 – 6　公司发展历程

操作如下：

步骤 1：点击【新增】按钮。

步骤 2：输入信息，见表 4 – 5 – 4。

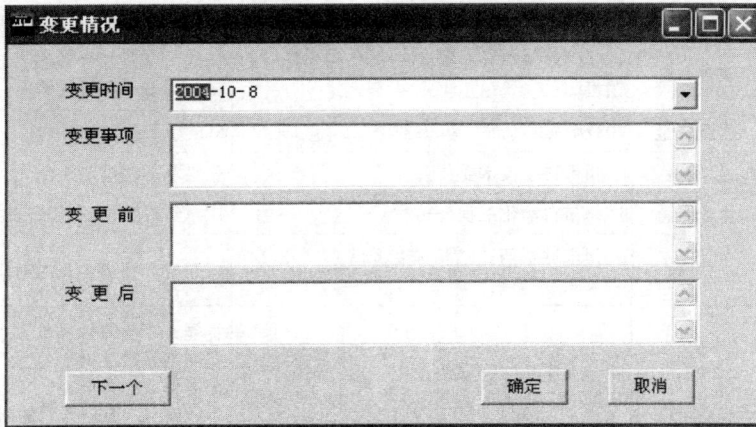

图 4 - 5 - 7　变更情况

表 4 - 5 - 4　　　　　　　　　　　企业变更信息表

变更时间	变更事项	变更前	变更后
1994 年 8 月 26 日	经营方式	加工，制造，代购，代销，批发，零售	服务，批发，零售
	经营范围	技术咨询、技术转让、科学器材设备、电脑、电子元器件及原材料、通讯器材及原材料、仪器仪表	工业自动化工程、计算机工程和其他电子工程的设计、安装、维护、咨询服务
	企业名称	广州市科技工贸公司	广州市自动化工程公司
	兼营范围	家用电器、五金机械、塑料化工、食品、建筑器材、装饰材料及配件、纺织服装、文化用品	电脑，自动化设备及其他电子产品、元器件的销售
	法定代表人	孟冬	张胜利
1999 年 3 月 30 日	住所	广州市西荣路八号三楼	广州市城新西路信怡园怡景大厦三层 2/1 号及 4 号
	经营范围	工业自动化工程、计算机工程和其他电子工程的设计、安装、维护、咨询服务	智能大厦及综合布线系统工程，包括计算机网络系统工程，通信工程，安全技术防范工程，消防工程及楼宇自动化工程的设计及施工
	兼营范围	电脑，自动化设备及其他电子产品、元器件的销售	智能大厦及综合布线系统的设备及器材的销售
	注册资金	60 万元	208 万元
	注册号	38225649 - 0	675100004001333
	投资者	广州市科学技术开发中心	广州市科学技术委员会
2000 年 8 月 15 日	经营方式	服务，批发，零售	生产，服务，批发，零售
	经营范围	智能大厦及综合布线系统工程，包括计算机网络系统工程，通信工程，安全技术防范工程，消防工程及楼宇自动化工程的设计及施工	智能大厦及综合布线系统工程，包括计算机网络系统工程，通信工程，安全技术防范工程，消防工程及楼宇自动化工程的设计及施工，电子器材的研制及生产
	经济性质	集体所有制	股份合作制企业

变更时间	变更事项	变更前	变更后
2000 年 8 月 15 日	兼营范围	智能大厦及综合布线系统的设备及器材的销售	智能大厦及综合布线系统的设备及器材的销售，电子器材的销售
	注册资金	208 万元	518 万元
	投资者	广州市科学技术委员会	张胜利、谢进茂、谢元、张钦、林璇荣
2000 年 10 月 23 日	企业名称	广州市自动化工程公司	广东红鲤鱼数码科技有限公司
2003 年 6 月 4 日	住所	广州市城新西路信怡园怡景大厦三层 2/1 号及 4 号	广东省广州市广州大道北端高新技术区
	经营范围	智能大厦及综合布线系统工程，包括计算机网络系统工程，通信工程，安全技术防范工程，消防工程及楼宇自动化工程的设计及施工，电子器材的研制及生产	智能大厦及综合布线系统工程，包括计算机网络系统工程，通信工程，安全技术防范工程，消防工程及楼宇自动化工程的设计及施工，电子器材的研制及生产。（未取得专项专控许可证的项目不准经营）智能大厦及综合布线系统的设备及器材的销售，电子器材的销售。电子计算机的培训、服务
	实收资本	518 万元	1 060 万元
	注册资本	518 万元	1 060 万元
	企业类型	股份合作制	有限责任公司（自然人投资或控股）
	股东	张胜利、谢进茂、谢元、张钦、林璇荣	张胜利、谢进茂、谢元、张钦、林璇荣
2003 年 11 月 10 日	经营范围	智能大厦及综合布线系统工程，包括计算机网络系统工程，通信工程，安全技术防范工程，消防工程及楼宇自动化工程的设计及施工，电子器材的研制及生产。（未取得专项专控许可证的项目不准经营）智能大厦及综合布线系统的设备及器材的销售，电子器材的销售。电子计算机的培训、服务	自营和代理各类商品和技术的进出口，但国家限定公司经营或禁止进出口的商品和技术除外。智能大厦及综合布线系统工程，包括计算机网络系统工程，通信工程，安全技术防范工程，消防工程及楼宇自动化工程的设计及施工，电子器材的研制及生产。（未取得专项专控许可证的项目不准经营）智能大厦及综合布线系统的设备及器材的销售，电子器材的销售。电子计算机的培训、服务
2007 年 8 月 21 日	注册号	6751001000357	675100004001333
	股东	张胜利、周珊妮、谢德茂、谢进元、林璇荣、张钦	张胜利、周珊妮、谢德茂、谢进元、李魁镇、钟粤韩
2008 年 2 月 4 日	实收资本	1 060 万元	6 000 万元
	注册资本	1 060 万元	6 000 万元
	股东	张胜利、周珊妮、谢德茂、谢进元、李魁镇、钟粤韩	张胜利、周珊妮、谢德茂、李魁镇、钟粤韩、谢进元
2008 年 3 月 21 日	经营范围	自营和代理各类商品和技术的进出口，但国家限定公司经营或禁止进出口的商品和技术除外。智能大厦及综合布线系统工程，包括计算机网络系统工程，通信工程，安全技术防范工程，消防工程及楼宇自动化工程的设计及施工，电子器材的研制及生产。（未取得专项专控许可证的项目不准经营）智能大厦及综合布线系统的设备及器材的销售，电子器材的销售。电子计算机的培训、服务	自营和代理电子产品和技术的进出口（国家禁止或限制类商品和技术除外，涉及配额许可证管理、专项规定管理的商品按国家有关规定办理）；电子器材的研发、生产和销售；智能大厦及综合布线系统工程，包括安全技术防范工程及楼宇自动化工程的设计及施工及其设备、器材的销售；电子计算机的培训与服务（法律、法规禁止经营的不得经营，法律、法规规定需提交前置审批的凭许可证经营）

变更时间	变更事项	变更前	变更后
2008 年 3 月 21 日	投资总额	1 060 万元	6 000 万元
	经营期限	长期	自 1993 年 3 月 5 日至 2018 年 3 月 13 日
	企业类型	有限责任公司（自然人投资或控股）	有限责任公司（港澳台地区法人独资）
	股东	张胜利、周珊妮、谢进茂、李魁镇、钟粤韩、谢元	佳丽和有限公司

步骤 3：点击【确定】按钮。其格式如图 4 - 5 - 8 所示。

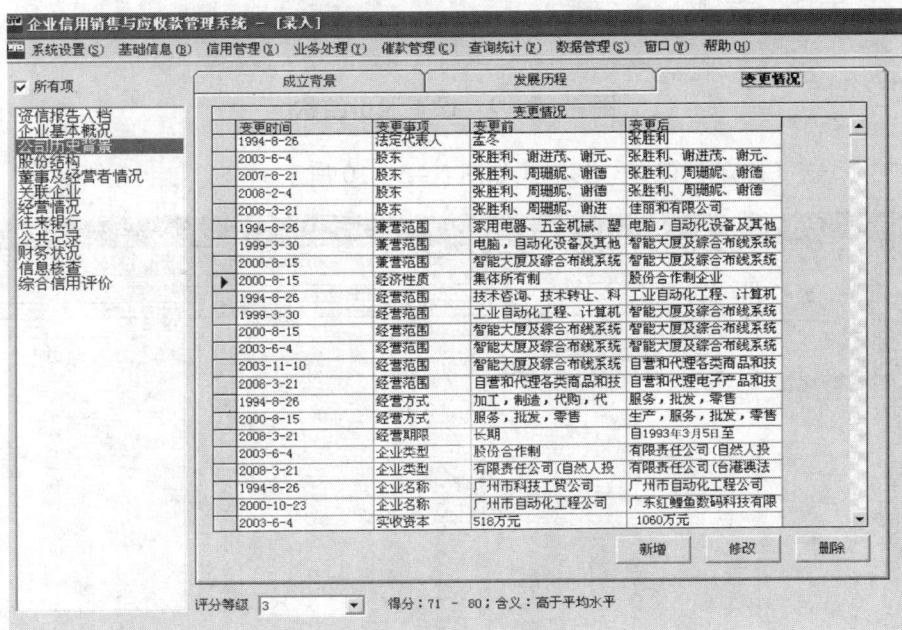

图 4 - 5 - 8　生成变更情况

（5）股份结构。记录客户公司的股东组成与出资情况。

新增信息：

步骤 1：点击【新增】按钮。

步骤 2：输入信息，见表 4 - 5 - 5。

表 4 - 5 - 5

股东	出资额（万元）	股权比例（%）	出资方式
佳丽和有限公司	6 000	100	货币
合计	6 000	100	—

设置股份结构，如图 4 - 5 - 9 所示。

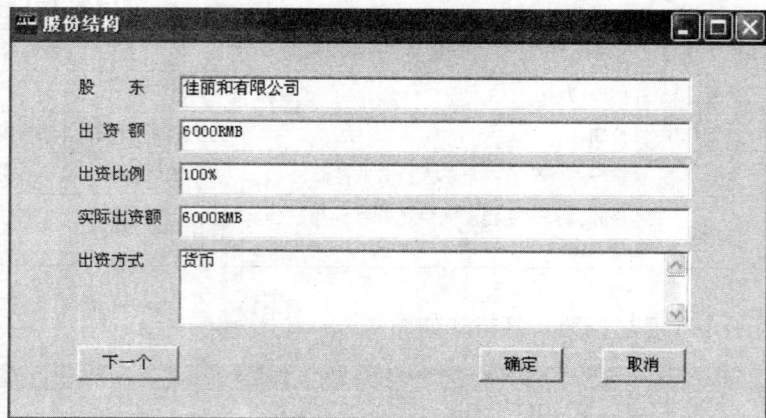

图 4 - 5 - 9　设置股份结构

步骤3：点击【确定】保存。其格式如图4-5-10所示。

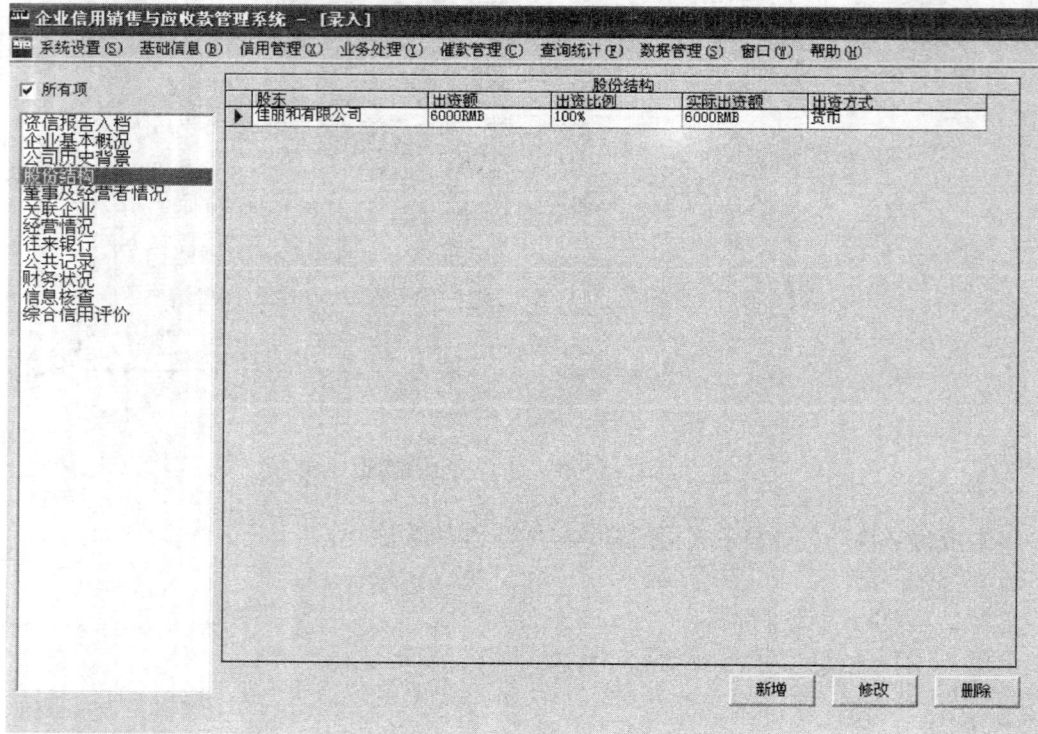

图 4 - 5 - 10　生成股份结构

（6）董事及经营者情况。

① 董事成员：其格式如图4-5-11所示。

新增董事成员。

步骤1：点击【新增】按钮。

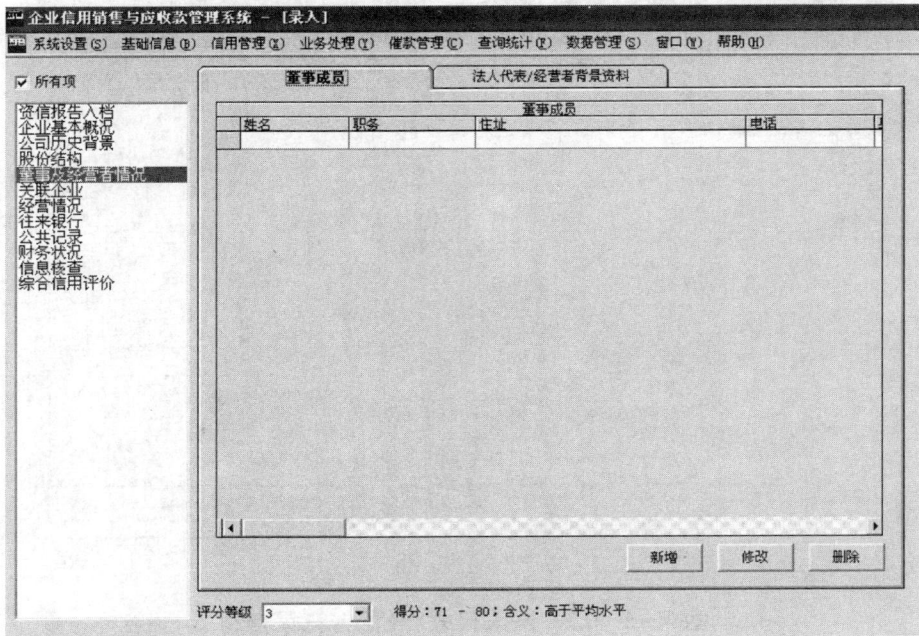

图 4 - 5 - 11　董事成员

步骤2：输入提示信息，其格式如图4 - 5 - 12所示。

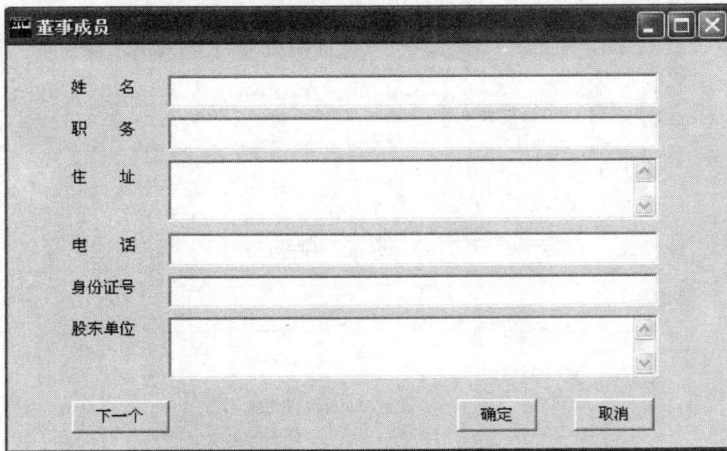

图 4 - 5 - 12　董事成员信息

步骤3：点击【确定】保存。

② 法人代表/经营者背景资料：其格式如图4 - 5 - 13所示。

新增法人代表：其格式如图4 - 5 - 14所示。

步骤1：点击【新增】按钮。

步骤2：输入以下内容。

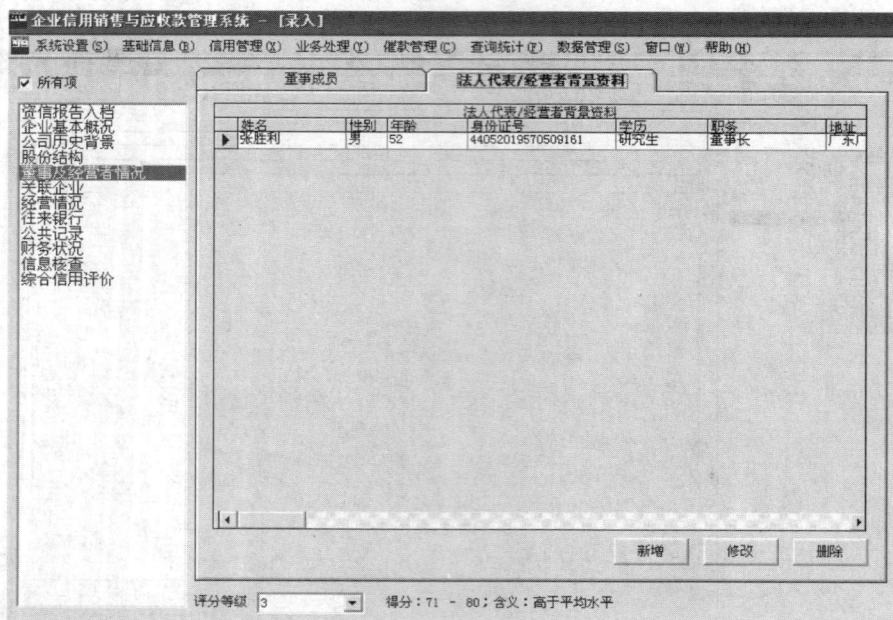

图4-5-13 法人代表/经营者背景资料

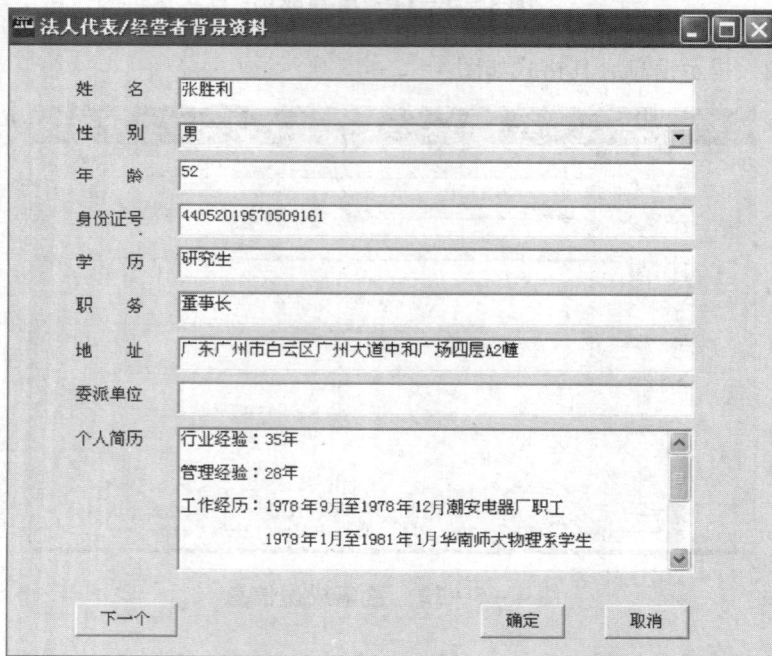

图4-5-14 新增法人代表

姓名：张胜利

性别：男

年龄：52 岁

证件号码：440520195705091616

学历：研究生

职务：董事长

户籍地址：广东广州市白云区广州大道中和广场四层 A2 幢

职责：负责企业的整体运营与管理

行业经验：35 年

管理经验：28 年

升迁原因：委派

不良记录：无

工作经历：1978 年 9 月至 1978 年 12 月潮安电器厂职工

1979 年 1 月至 1981 年 1 月华南师大物理系学生

1981 年 1 月至 1992 年 11 月韩山师范物理系教师

（其中 1989 年 7 月至 1991 年 9 月在广东机械学院计算机应用研究生班学习）

1992 年 12 月至 1993 年 7 月潮州市金信新技术开发公司经理

1993 年 7 月至今广东响石数码科技有限公司董事长

输入信息完毕后，见图 4 - 5 - 14。

步骤 3：点击【确定】保存。

（7）关联企业。

该客户的子公司或母公司等企业信息：其格式如图 4 - 5 - 15 所示。

新增关联公司：其格式如图 4 - 5 - 16 所示。

图 4 - 5 - 15　关联企业信息

步骤 1：点击【新增】按钮（见图 4 - 5 - 15）。

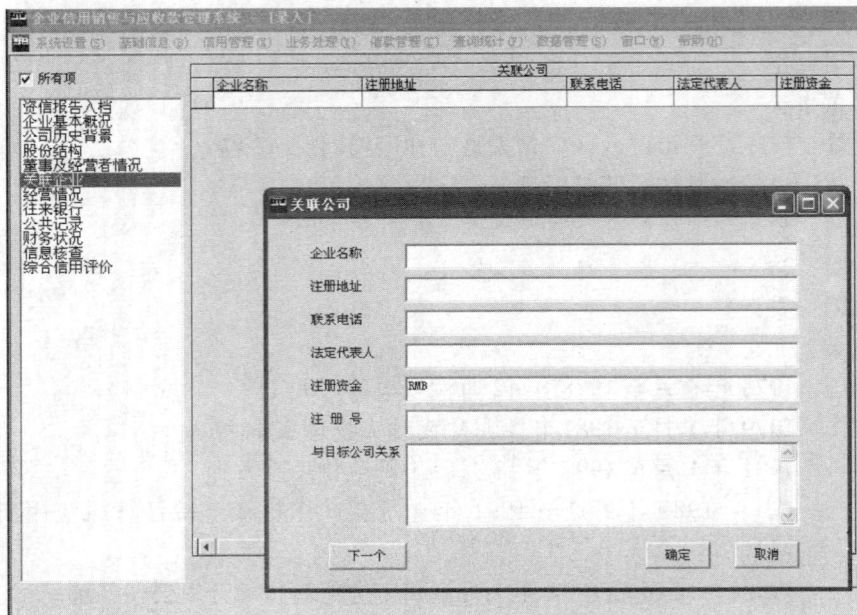

图 4 - 5 - 16　新增关联企业

步骤 2：输入提示信息（见图 4 - 5 - 16）。

步骤 3：点击【确定】保存。

（8）经营情况。

客户企业日常运作信息，其格式如图 4 - 5 - 17 所示。

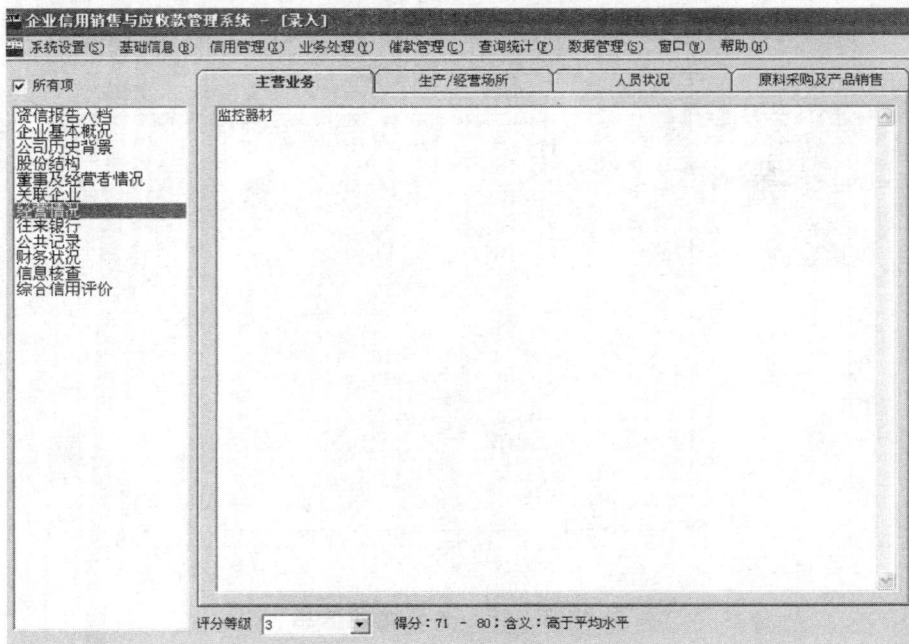

图 4 - 5 - 17　经营情况信息

① 主营业务。输入表4-5-6所示的内容，系统将自动保存。

表4-5-6　　　　　　　　　　　　主营业务情况表

主要产品	监控器材
产品品牌	红鲤鱼
2008年销售额	1亿元

② 生产/经营场所：其格式如图4-5-18所示。
步骤1：点击【添加】按钮。
步骤2：输入表4-5-7所示信息。

表4-5-7　　　　　　　　　　　　生产场所情况表

	生产场所
地址	广东省广州市广州大道北片开发区红鲤鱼数码园
地理位置	较好
建筑面积	17 130 平方米
产权所有	自有
房屋条件	一般

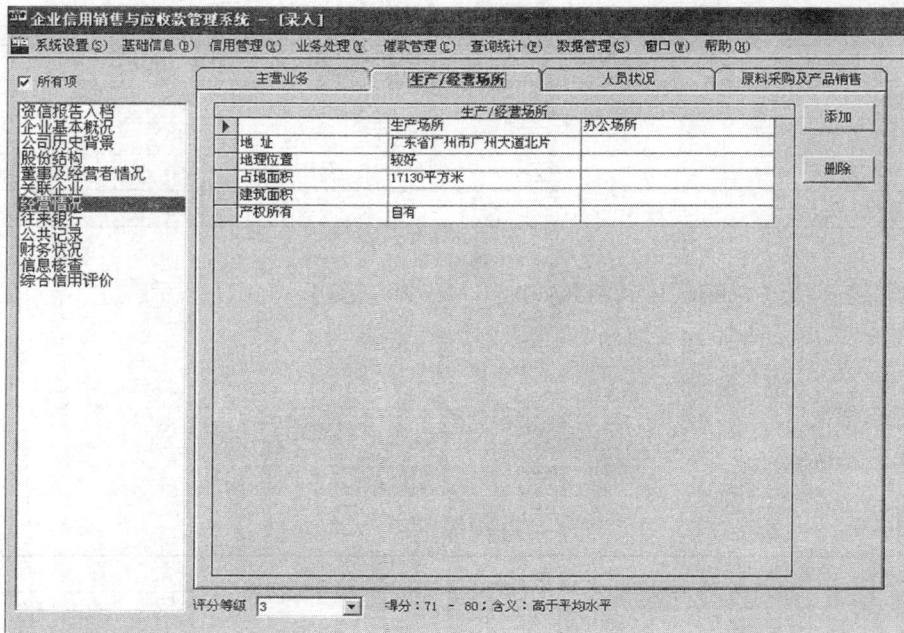

图4-5-18　添加生产/经营场所

③ 人员状况：其格式如图4-5-19所示。

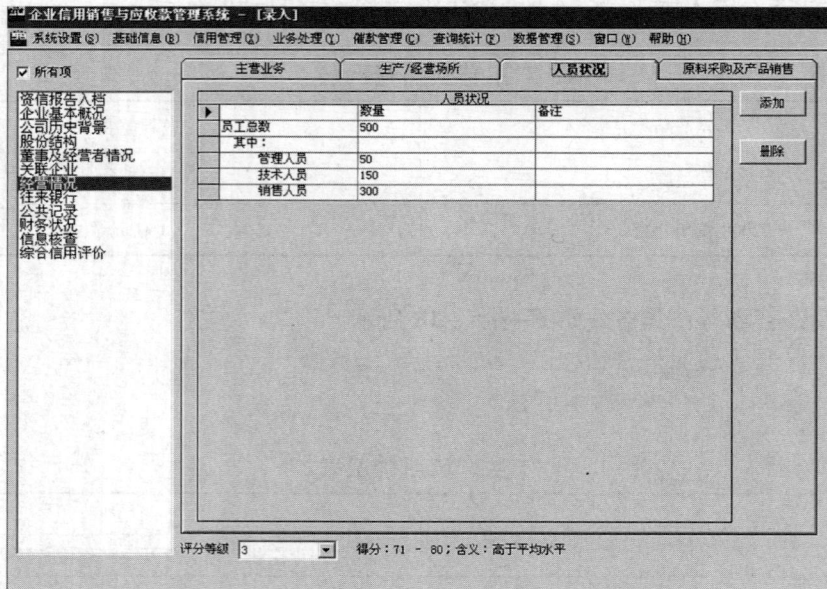

图 4 – 5 – 19 添加人员

步骤 1：点击【添加】按钮。

步骤 2：输入表 4 – 5 – 8 所示的信息。

表 4 – 5 – 8   **员工信息**

	数量（人）
员工总数	500
其中：管理人员	50
技术人员	150
其他人员	300

④ 原料采购及产品销售：其格式如图 4 – 5 – 20、图 4 – 5 – 21 所示。

步骤 1：点击【添加】按钮。

步骤 2：输入以下信息。

A. 采购情况

B. 销售情况

表 4 – 5 – 9   **采购情况表**

国内	50%
主要区域	广东及周边地区
主要付款方式	现金、电汇
国外	50%
主要区域	日本、欧美地区
主要付款方式	现金、电汇

主要设备和材料供应商	公司：中国三星电子广州分公司 地址：广州市中山二路18号电信广场30楼 电话：020 – 88888199 产品：显示屏
对供应商付款情况	正常

表 4 – 5 – 10　　　　　　　　　　　　销售情况表

国内	70%
主要区域	全国
主要付款方式	现金、电汇
国外	30%
主要区域	美国、欧洲、印度、非洲
主要付款方式	现金、电汇、信用证
销售/服务对象	安防工程商、代理商
销售渠道	通过网络推广、业务员寻找客源
主要客户	公司：深圳华电数码器材有限公司 地址：深圳市福田区福虹路世贸广场B座8A 电话：0755 – 83679908
客户付款情况	正常

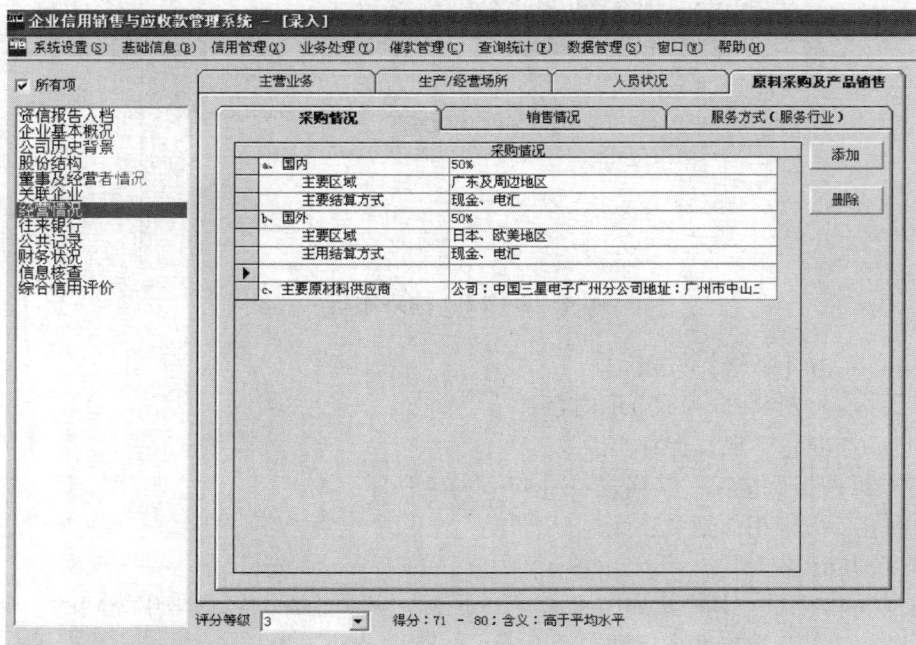

图 4 – 5 – 20　添加原材料采购情况

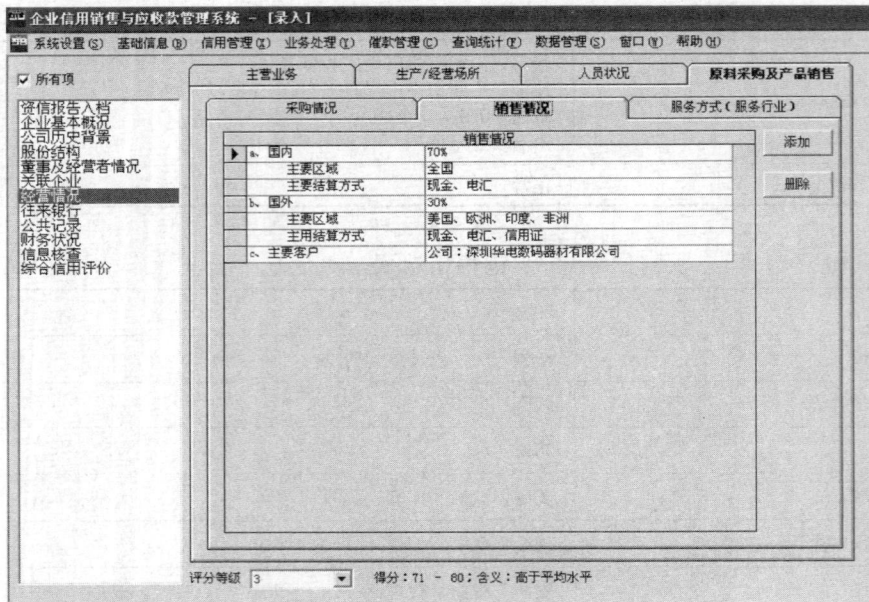

图 4 - 5 - 21　添加销售情况

（9）往来银行。

① 往来银行：其格式如图 4 - 5 - 22、图 4 - 5 - 23 所示。

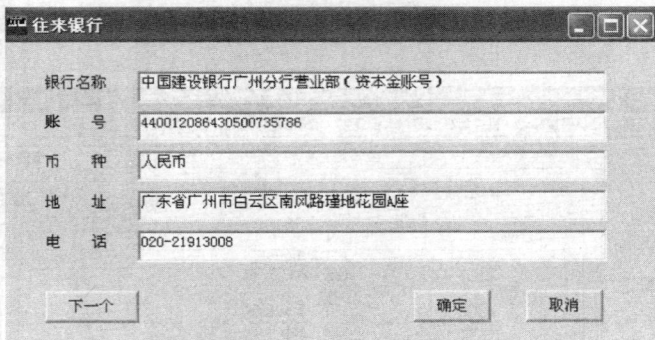

图 4 - 5 - 22　往来银行

步骤 1：点击【新增】按扭。

步骤 2：输入表 4 - 5 - 11 所示内容。

步骤 3：点击【确定】保存。

② 贷款抵押担保情况：其格式如图 4 - 5 - 24 所示。

输入内容：抵押担保情况：无

（10）公共记录。

① 法律诉讼记录：其格式如图 4 - 5 - 25 所示。此项为评判客户信用级别的一个很关键因素，可以从这里查看出客户近期是否有不良商业记录。

输入信息：无

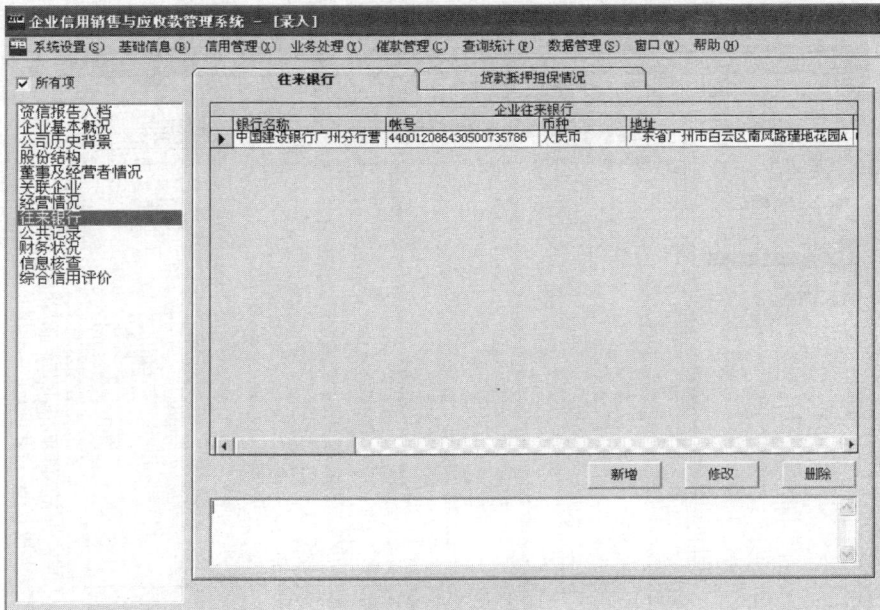

图 4 – 5 – 23　新增往来银行

表 4 – 5 – 11　　　　　　　　　　往来银行

开户银行	中国建设银行广州分行营业部（资本金账号）
账号	440012086430500735786
币种	人民币
地址	广东省广州市白云区南风路瑾地花园 A 座
电话	020 – 21913008
银行评价	已注销

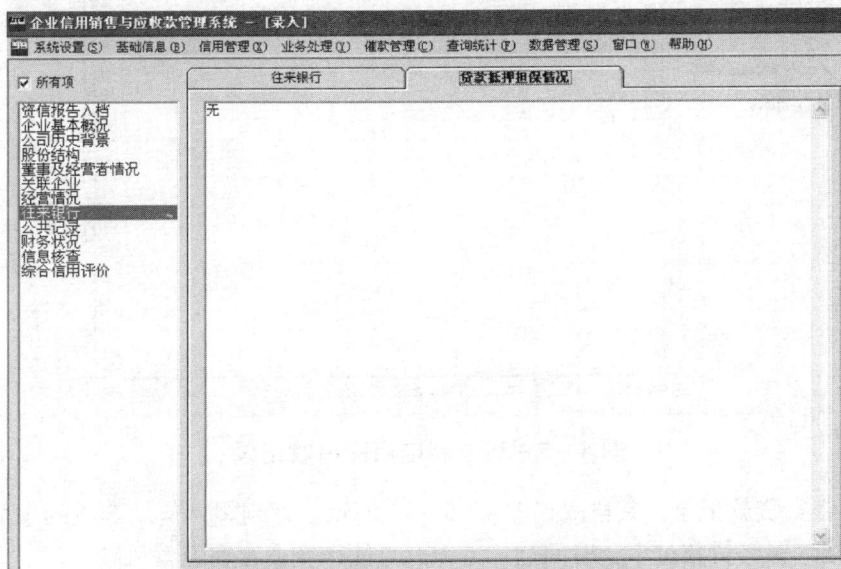

图 4 – 5 – 24　新增货款抵押担保情况

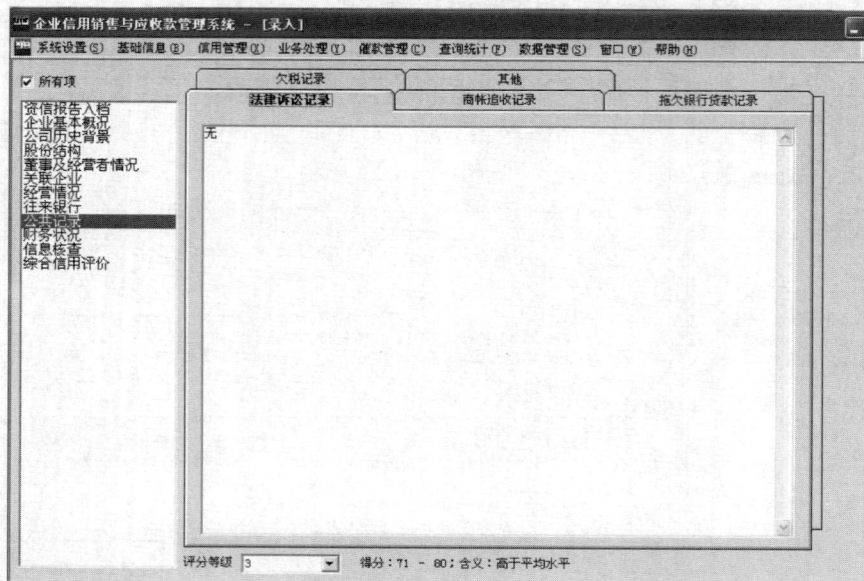

图4－5－25 新增法律诉讼记录

② 商账追收记录：其格式如图4－5－26所示。了解客户欠款情况，可以分析出客户流动资金是否充足，是否有经营危机。

输入信息：无

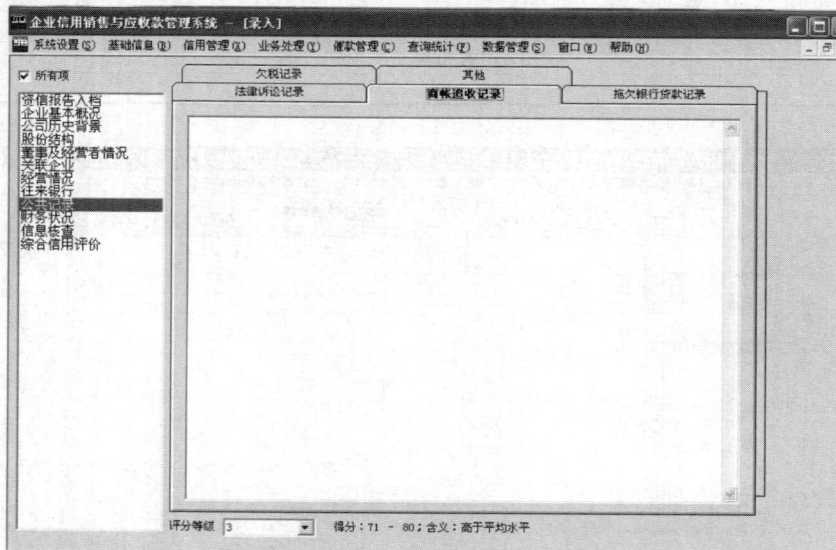

图4－5－26 新增商账追收记录

③ 拖欠银行贷款记录：其格式如图4－5－27所示。评判客户信用等级的重要参考因素之一，如果拖欠银行贷款过多，时间过长，很有可能该企业存在经营风险。

输入信息：无

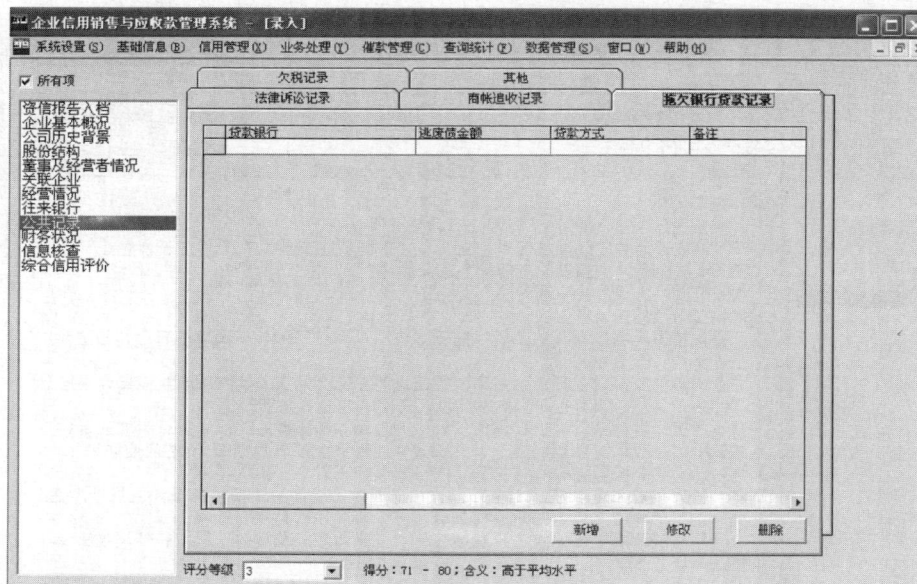

图 4 – 5 – 27　新增拖欠银行贷款记录

④ 欠税记录：其格式如图 4 – 5 – 28 所示。在诚实守信的社会里，拖欠税款将使其信用很大的降低。

输入信息：无

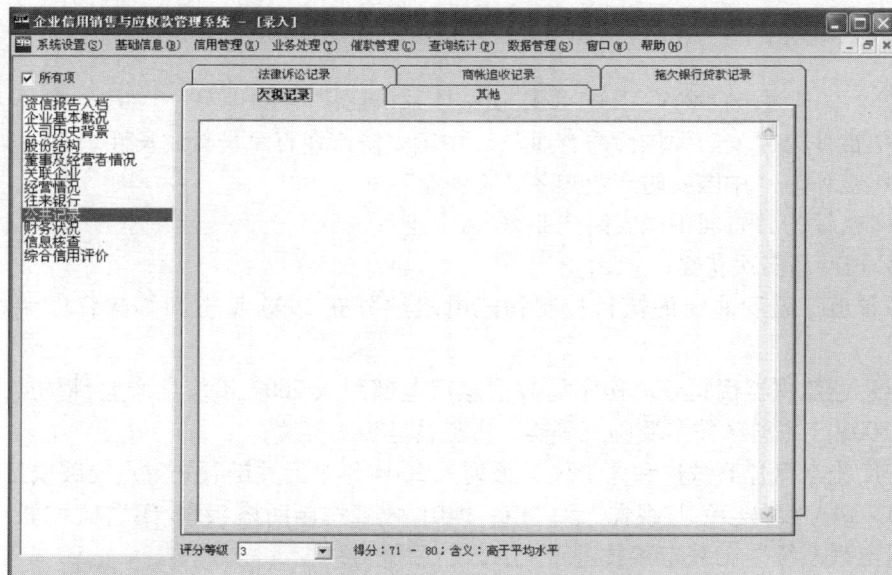

图 4 – 5 – 28　新增欠税记录

⑤ 其他：其格式如图 4 – 5 – 29 所示。记录前四项未涵盖的信用记录信息。

输入信息：

获得资质：

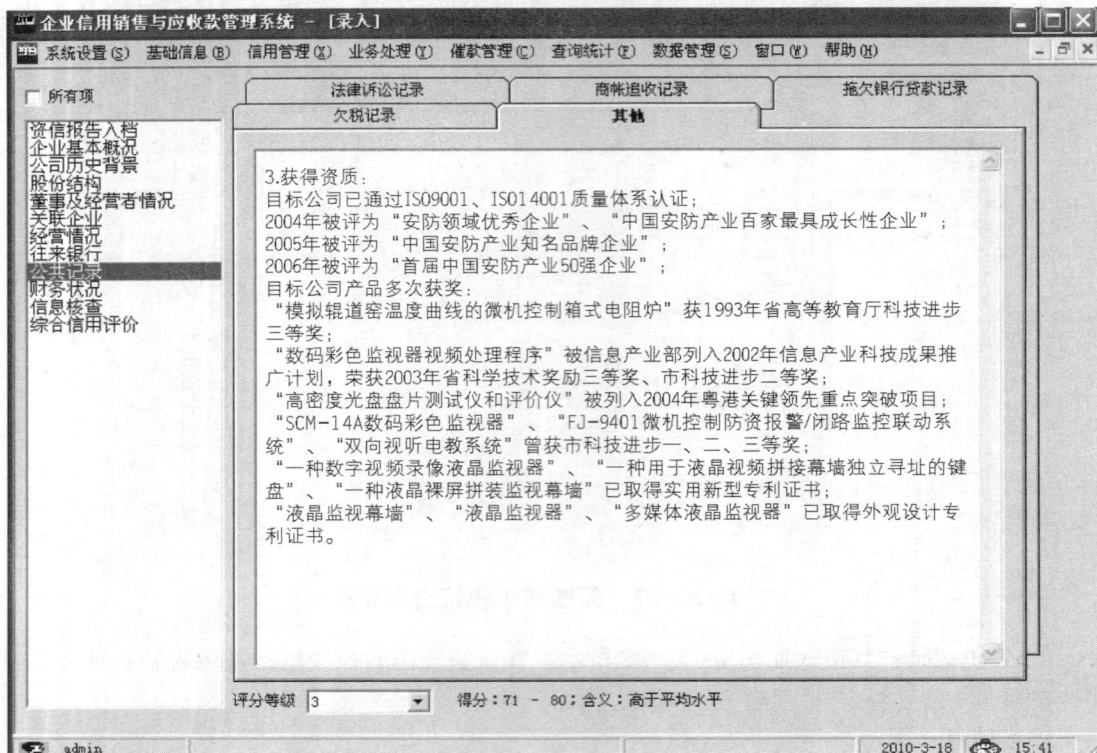

图 4 – 5 – 29　新增其他信用记录

目标公司已通过 ISO9001、ISO14001 质量体系认证；

2004 年被评为"安防领域优秀企业"、"中国安防产业百家最具成长性企业"；

2005 年被评为"中国安防产业知名品牌企业"；

2006 年被评为"首届中国安防产业 50 强企业"；

目标公司产品多次获奖；

"模拟辊道窑温度曲线的微机控制箱式电阻炉"获 1993 年省高等教育厅科技进步三等奖；

"数码彩色监视器视频处理程序"被信息产业部列入 2002 年信息产业科技成果推广计划，荣获 2003 年省科学技术奖励三等奖、市科技进步二等奖；

"高密度光盘盘片测试仪和评价仪"被列入 2004 年粤港关键领先重点突破项目；

"SCM – 14A 数码彩色监视器"、"FJ – 9401 微机控制防盗报警/闭路监控联动系统"、"双向视听电教系统"曾获市科技进步一、二、三等奖；

"一种数字视频录像液晶监视器"、"一种用于液晶视频拼接幕墙独立寻址的键盘"、"一种液晶裸屏拼装监视幕墙"已取得实用新型专利证书；

"液晶监视幕墙"、"液晶监视器"、"多媒体液晶监视器"已取得外观设计专利证书。

（11）财务情况。

① 资产表：其格式如图 4 – 5 – 30 所示。

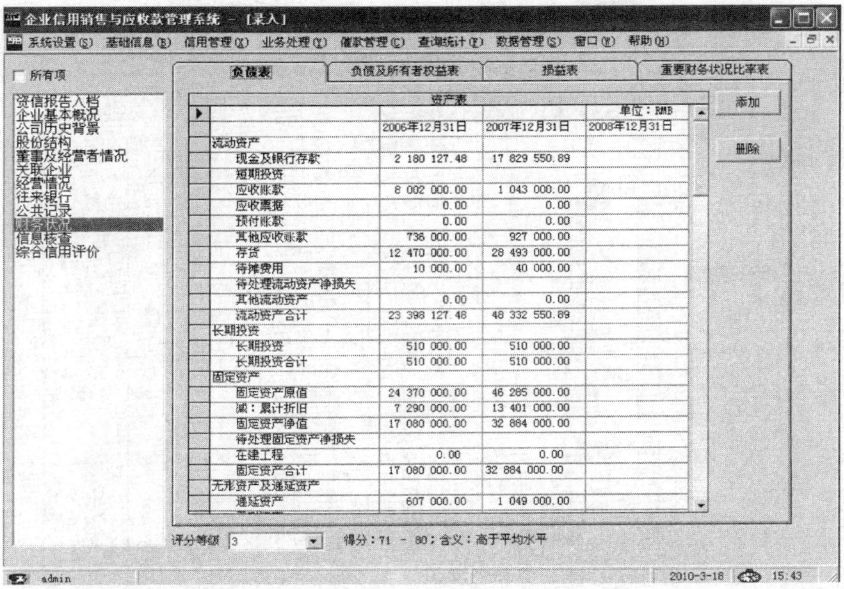

图 4 – 5 – 30　新增资产表

输入表 4 – 5 – 12 所列信息。

表 4 – 5 – 12　　　　　　　　　　　　资产表　　　　　　　　　　　　　单位：元

	2006 年 12 月 31 日	2007 年 12 月 31 日
流动资产		
货币资金	2 180 127. 48	17 829 550. 89
应收票据	0	0
应收账款	8 002 000. 00	1 043 000. 00
预付账款	0	0
其他应收账款	736 000. 00	927 000. 00
存货	12 470 000. 00	28 493 000. 00
待摊费用	10 000. 00	40 000. 00
其他流动资产	0	0
流动资产合计	**23 398 127. 48**	**48 332 550. 89**
长期投资	510 000. 00	510 000. 00
长期投资合计	**510 000. 00**	**510 000. 00**
固定资产		
固定资产原值	24 370 000. 00	46 285 000. 00
减：累计折旧	7 290 000. 00	13 401 000. 00
固定资产净值	17 080 000. 00	32 884 000. 00
在建工程	0	0
固定资产合计	**17 080 000. 00**	**32 884 000. 00**
无形资产及递延资产		
递延资产	607 000. 00	1 049 000. 00
无形资产	5 879 000. 00	16 890 000. 00
无形资产及递延资产合计	**6 486 000. 00**	**17 939 000. 00**
资产总计	**47 474 127. 48**	**99 665 550. 89**

② 负债及所有者权益表：其格式如图 4 – 5 – 31 所示。

输入表 4 – 5 – 13 所列信息。

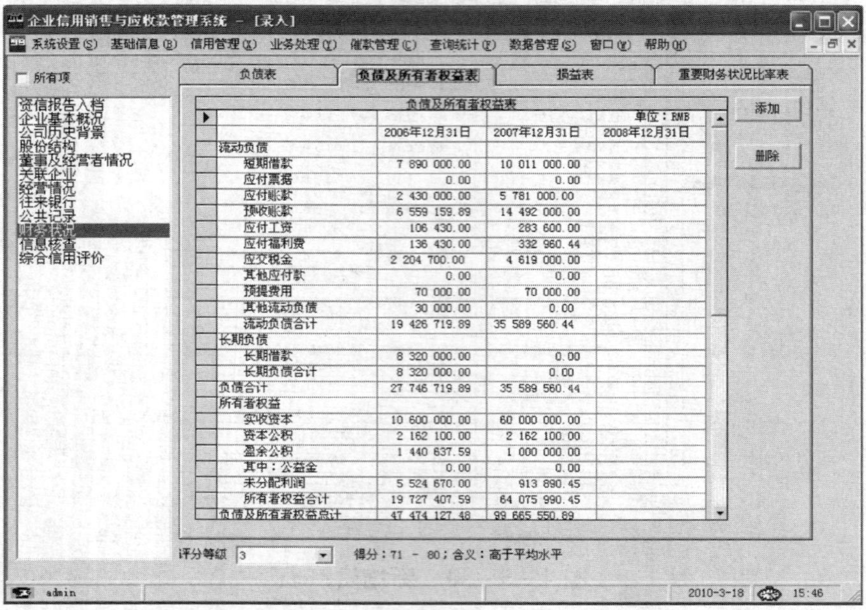

图 4 – 5 – 31 新增负债及所有者权益表

表 4 – 5 – 13　　　　　　　　　　**负债及所有者权益表**　　　　　　　　　单位：元

	2006 年 12 月 31 日	2007 年 12 月 31 日
流动负债		
短期借款	7 890 000. 00	10 011 000. 00
应付票据	0	0
应付账款	2 430 000. 00	5 781 000. 00
预收账款	6 559 159. 89	14 492 000. 00
应付工资	106 430. 00	283 600. 00
应付福利费	136 430. 00	332 960. 44
应交税金	2 204 700. 00	4 619 000. 00
其他应付款	0	0
预提费用	70 000. 00	70 000. 00
其他流动负债	30 000. 00	0
流动负债合计	**19 426 719. 89**	**35 589 560. 44**
长期负债		
长期借款	8 320 000. 00	0
长期负债合计	**8 320 000. 00**	**0**
负债合计	**27 746 719. 89**	**35 589 560. 44**
所有者权益		
实收资本	10 600 000. 00	60 000 000. 00
资本公积	2 162 100. 00	2 162 100. 00
盈余公积	1 440 637. 59	1 000 000. 00
其中：公益金	0	0
未分配利润	5 524 670. 00	913 890. 45
所有者权益合计	**19 727 407. 59**	**64 075 990. 45**
负债及所有者权益总计	**47 474 127. 48**	**99 665 550. 89**

③ 利润表：其格式如图 4 - 5 - 32 所示。

表 4 - 5 - 14   **利润表**   单位：元

	2006 年	2007 年
主营业务收入	**64 830 543. 20**	**101 393 267. 12**
减：主营业务成本	53 878 247. 87	69 565 296. 39
主营业务税金及附加	1 067 928. 13	4 635 870. 96
主营业务利润	**9 884 367. 20**	**27 192 099. 77**
加：其他业务利润	0	0
减：营业费用	0	0
管理费用	3 864 152. 00	4 014 060. 00
财务费用	1 574 732. 00	1 034 286. 00
营业利润	**4 445 483. 20**	**22 143 753. 77**
加：营业外收入	0	8 048 346. 00
减：营业外支出	313 861. 40	0
利润总额	**4 131 621. 80**	**30 192 099. 77**
减：所得税	959 894. 47	4 483 814. 95
税后利润	**3 171 727. 33**	**25 708 284. 82**

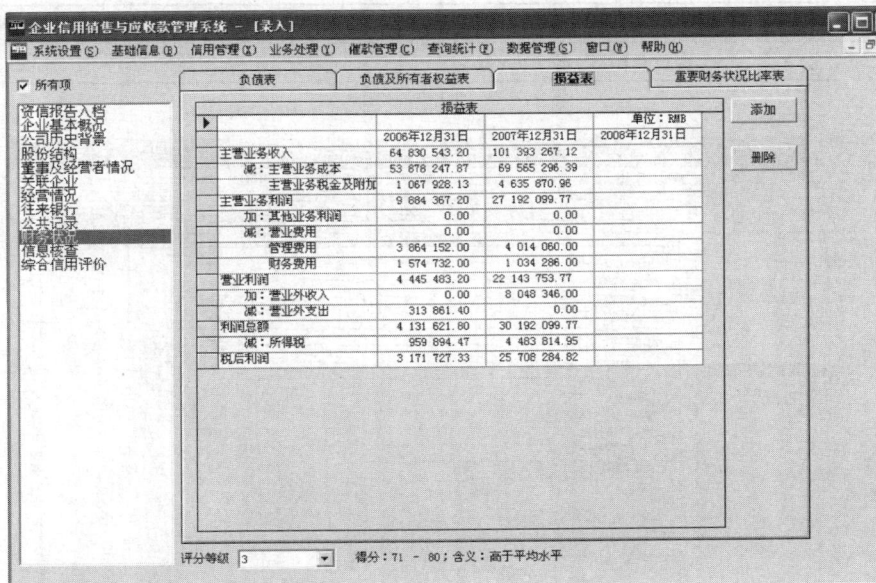

图 4 - 5 - 32 新增利润表

④ 重要财务状况比率表：资料见表 4 - 5 - 15 ~ 表 4 - 5 - 18。

其格式如图 4 - 5 - 33 所示。

输入以下信息：

表 4 – 5 – 15

偿债能力		2006 年	2007 年
资产负债率（%）	负债总额/资产总额	58. 45	35. 71
产权比率（%）	负债总额/所有者权益总额	140. 65	55. 54
流动比率	流动资产/流动负债	1. 20	1. 36
速动比率	（流动资产 – 库存）/流动负债	0. 56	0. 56

表 4 – 5 – 16

投资回报能力		2006 年	2007 年
权益收益率（%）	税前利润/所有者权益	20. 94	47. 12
应收账款周转率（次）	营业收入/应收账款	8. 10	97. 21
资产收益率（%）	税前利润/总资产	8. 70	30. 29

表 4 – 5 – 17

盈利能力		2006 年	2007 年
销售利润率（%）	税后利润/营业收入	4. 89	25. 36
总资产周转率（%）	营业收入/资产总额	136. 56	101. 73

表 4 – 5 – 18

资金周转时间		2006 年	2007 年
资金周转时间（天）	资产总额/营业收入 × 365	267	359

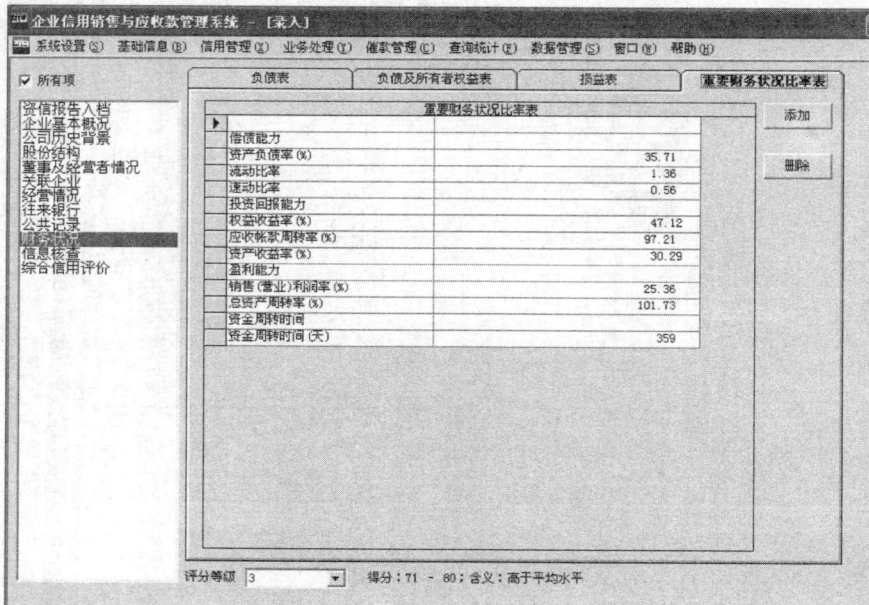

图 4 – 5 – 33　新增重要财务状况比率

2. 对经营要素进行核查。

输入以下信息：

（1）目标公司经营地址与注册地址一致，均为广东省广州市广州大道北片开发区红鲤鱼数码园，该处基础设施较好，交通便利。

（2）目标公司大门挂有"广东红鲤鱼数码科技有限公司"铭牌，有专门设计的整套厂房和电子生产设备，并配置有办公楼、电力房、空调房、货运电梯、宿舍楼、车库等辅助设施。目标公司工厂总建筑面积为 17 130 平方米，产权属自建性质。

（3）据目标公司员工介绍：

- 目标公司是从事监控器材和电子工程的开发、制造、推广和应用的高新技术公司。目标公司为通用电器审核通过的大陆代工生产厂家。产品均是中高档走向，销往全球 50 多个国家，内销市场遍布全国各大城市，外销一般销往美国、印度及中东地区国家。

- 目标公司显示屏主要采购自三星、夏普等国际知名品牌。在交易过程中目标公司多采取现金结款的交易模式，大部分客户均是款到发货，只有少数合作多年的老客户采取货到付款的模式。

- 目标公司每年年底及年初两个月为生意淡季，5 月份开始进入旺季。受全球金融危机影响目标公司在美国地区销量有所下降，其他地方销量尚属正常。据获悉，由于目标公司销售区域遍布全球，风险较为分散，其业务受金融风暴影响不大。

- 目标公司液晶拼接技术已到第五代的 3D 插值技术，属嵌入式拼接技术，性能较稳定，视觉效果清晰有立体感。据其员工透露，2007 年中央公安部春节联欢晚会用的拼接幕墙即是红鲤鱼牌的此种产品。

- 员工工资按国家劳动法标准执行，目标公司为员工购买社保，员工待遇在当地属较高水平。据获悉，目标公司员工对公司满意度较高，员工流动性较小，都是工作多年以上的老员工。

（4）我公司调查了解到，目标公司为中国安防科技公司（CSST）下属公司，在广州市属纳税大户，公司产品属高新技术，享受国家高新技术津费补贴，如图 4 - 5 - 34 所示。

3. 对企业进行财务评价。

（1）财务分析：其格式如图 4 - 5 - 35 所示。

输入以下信息：

从目标公司 2009 年财务报表来看：

目标公司的资产负债比维持在正常运行水平，资金的流动速度较快，目标公司整体的偿债压力较小。

目标公司应收账款周转率为 97.21，周转效率较高；资金周转天数为 3.7 天，资金周转能力较好，目标公司运营效率较强。

目标公司销售业务收入约为 1 亿元，同期净利润为 2 500 万元，企业盈利能力较强。与目标公司 2008 年同期财务数据相比较：

目标公司偿债能力、盈利能力有明显提高，营运状况有一定增强。

（2）运营及综合分析：其格式如图 4 - 5 - 36 所示。

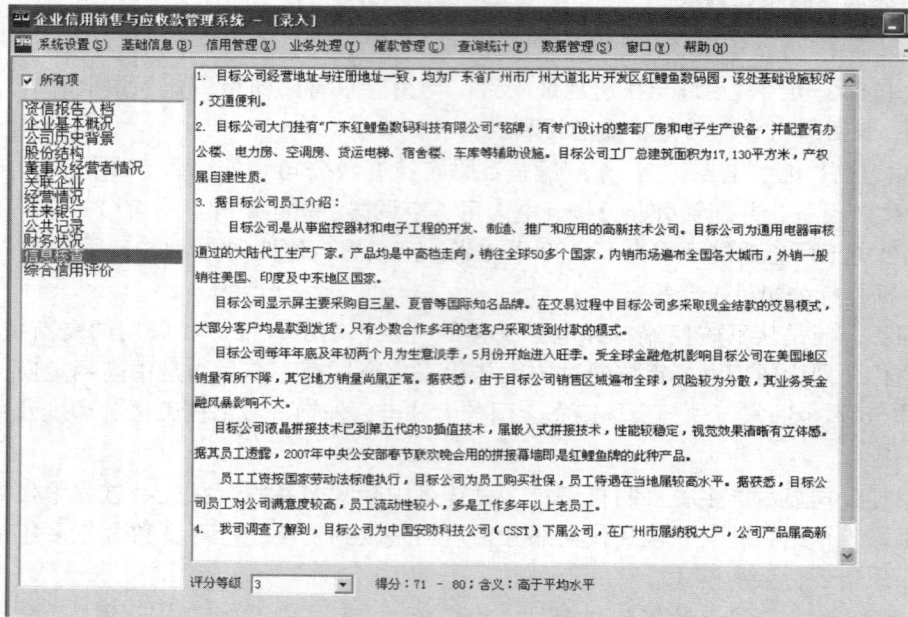

图4-5-34 新增经营要素

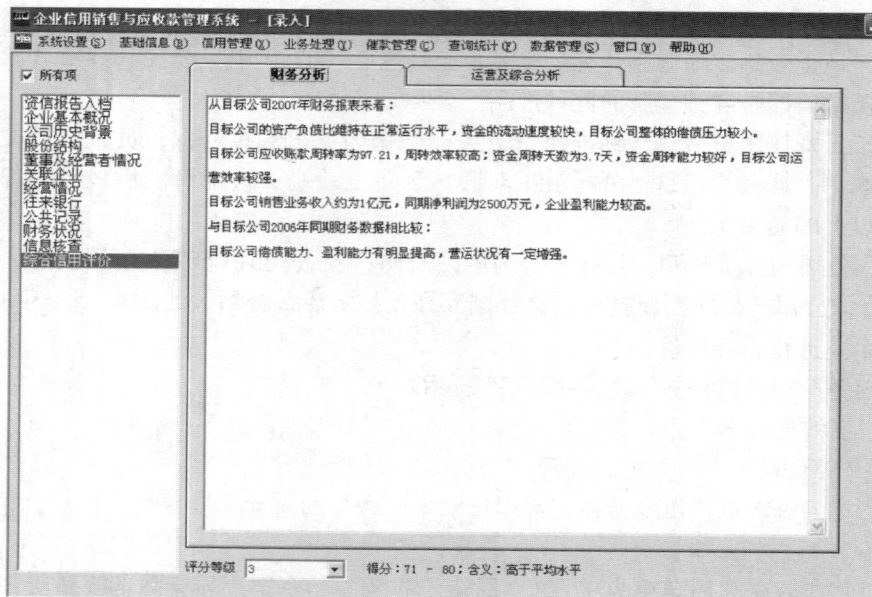

图4-5-35 新增财务分析

输入以下信息：

目标公司成立于1993年3月，目标公司为佳丽和有限公司在大陆全资子公司，注册资本为6 000万元，由张胜利担任目标公司法定代表人。目标公司成立时间较早，经过十余年的发展已成为行业内颇具影响力的中型企业。

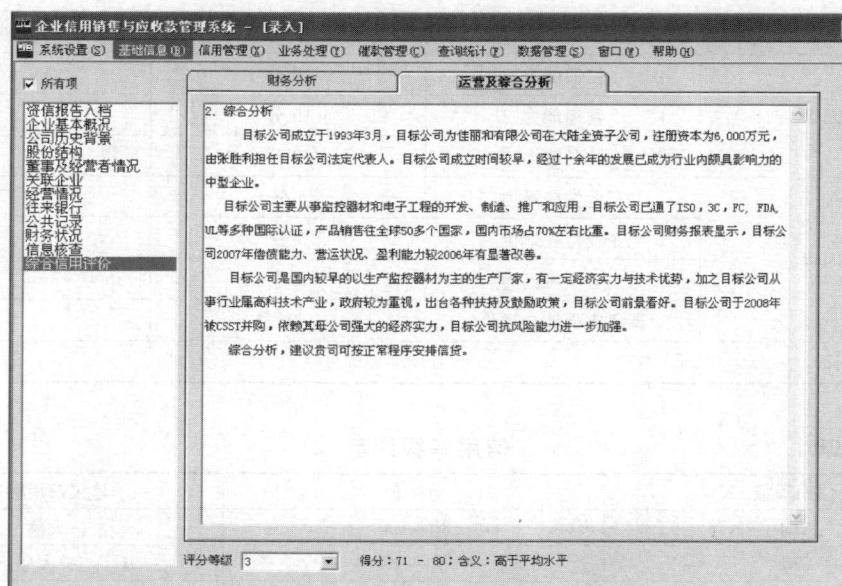

图 4 - 5 - 36 新增运营及综合分析

目标公司主要从事监控器材和电子工程的开发、制造、推广和应用，目标公司已通了ISO，3C，FC，FDA，UL等多种国际认证，产品销售往全球50多个国家，国内市场占70%左右比重。目标公司财务报表显示，目标公司2009年偿债能力、营运状况、盈利能力较2008年有显著改善。

目标公司是国内较早的以生产监控器材为主的生产厂家，有一定经济实力与技术优势，加之目标公司从事行业属高科技产业，政府较为重视，出台各种扶持及鼓励政策，目标公司前景看好。目标公司于2008年被CSST并购，依赖其母公司强大的经济实力，目标公司抗风险能力进一步加强。

综合分析，建议贵公司可按正常程序安排信贷。

4. 给出信用评价等级和建议：其格式如图4-5-37所示。

表 4 - 5 - 19　　　　　　　　　　　　　　　　**信用评级**

信用评级说明

项　目		分　值	实际得分
管理因素	组织结构	5 分	3
	管理者	5 分	4
经营因素	经营情况	15 分	10
	其他因素	5 分	3
信用因素	购销支付信用	10 分	5
	往来银行	10 分	6
	公共记录	5 分	3

项　　目		分　值	实际得分
财务因素	偿债能力	10 分	6
	营运能力	10 分	5
	盈利能力	10 分	7
其他因素	行业发展潜力	5 分	3
	企业行业地位	5 分	3
	企业发展潜力	5 分	3
	调研人员综合评价	± 10 分	6
合计			67

表 4 - 5 - 20　　　　　　　　　　　　信用等级评定

信用等级	分　值	建议信用额度
CR1	80 ~ 100	大额
CR2	70 ~ 79	中大额
CR3	60 ~ 69	中额
CR4	50 ~ 59	小额定期监督
CR5	40 ~ 49	小额
CR6	0 ~ 39	现金交易
NR	—	不予评估

该客户被评为 CR3 信用等级。

设置信用报告各模块信用等级，如图 4 - 5 - 37 标记处。

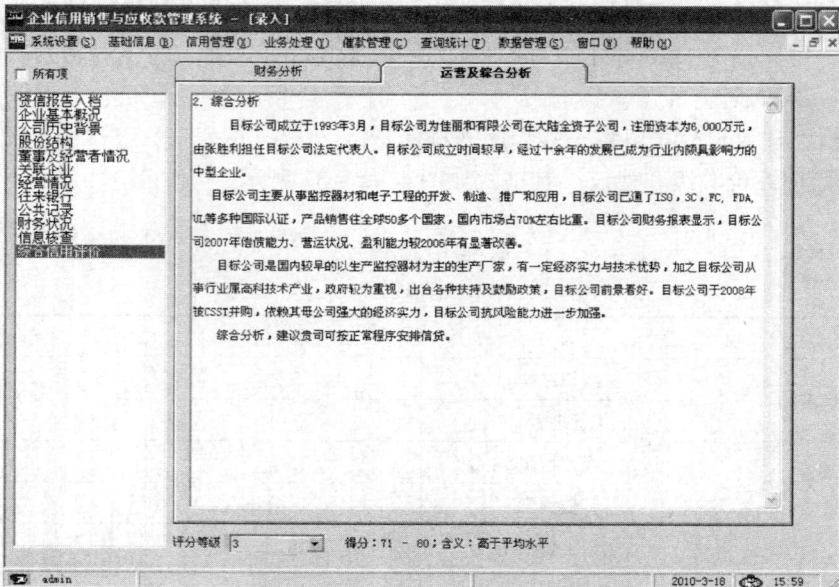

图 4 - 5 - 37　给出信用评价等级

5. 资信报告日常管理。

（1）查看资信报告：其格式如图4－5－38所示。

步骤1：点击"信用管理"→"资信报告"→"报告"。

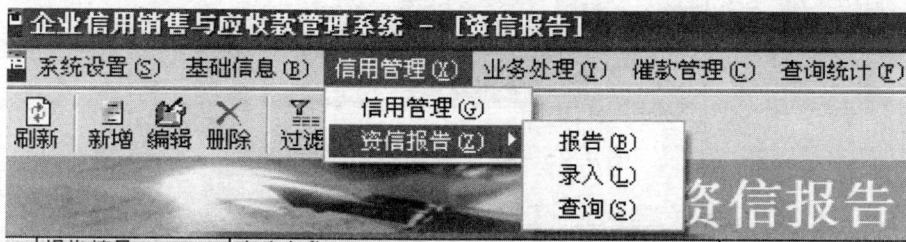

图4－5－38　查看资信报告

步骤2：进入管理界面：其格式如图4－5－39所示。

图4－5－39　新增资信

① 新增：等同点击"信用管理"→"资信报告"→"录入"操作。

② 编辑：操作步骤：

步骤1：鼠标选择客户。

步骤2：双击鼠标左键或点击【编辑】按钮。

③删除：操作步骤：

步骤1：鼠标选择客户。

步骤2：点击【删除】按钮。

步骤3：删除确认。

提示：此操作无法恢复，请谨慎操作。

（2）深度挖掘资信报告。由于资信报告项目及内容很多，当大量管理客户资信时，可以快捷定位到所需项目。

操作步骤：

步骤1：点击"信用管理"→"资信报告"→【查询】：其格式如图4－5－40所示。

步骤2：进入【查询】页面：其格式如图4－5－41所示。

步骤3：选择查询项提供多个查询条件：其格式如图4－5－42所示。

步骤4：输入查询内容，点击【模糊查询】或【精确查询】按钮。

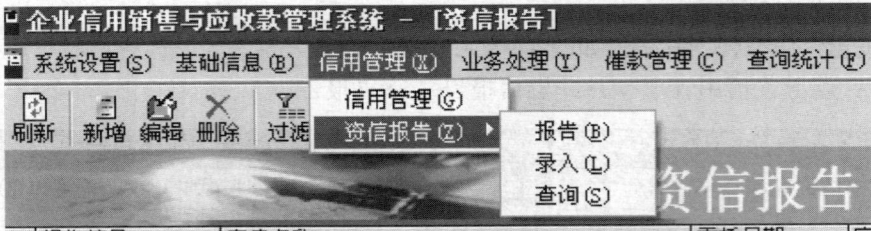

图 4 – 5 – 40　查询资信报告

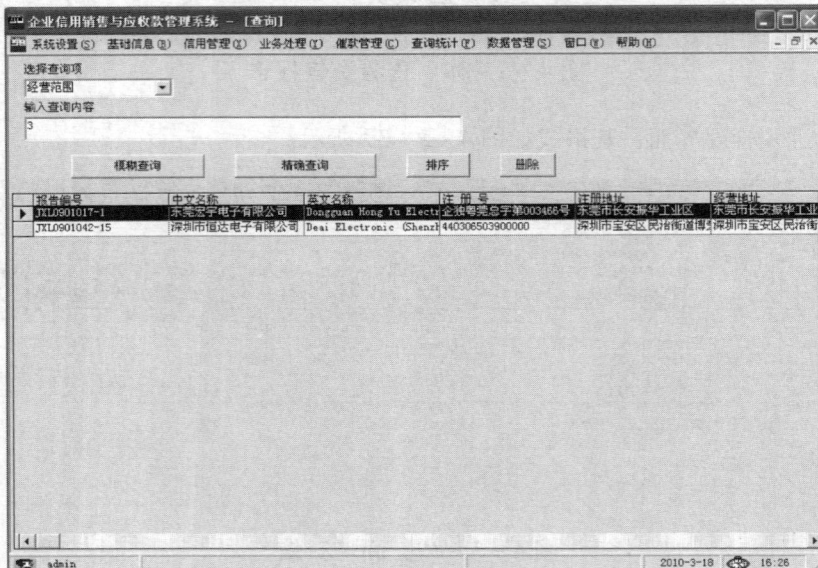

图 4 – 5 – 41　查询界面

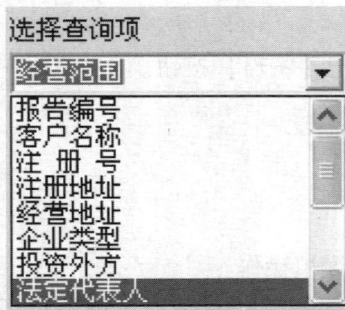

图 4 – 5 – 42　查询条件

提示："模糊查询"可以只输入几个关键字，但查询速度慢。

"精确查询"查询结果必须与查询内容一致，否则查询不出结果，但查询速度快。

步骤 5：鼠标选择查询结果，双击显示该客户资信信息。

根据附件，加入其他五家客户的信用报告。

授信管理

（验证性实验）

（一）　实验目的

1. 完善客户信用资料，为企业赊销打下良好的基础。
2. 确定客户付款赊期和信用额度。
3. 每一位客户相对应的信用限额在一段时间后根据状况作出调整。
4. 评定客户的信用等级。
5. 设置每个客户的催款策略。

（二）　实验原理

1. 信用额度确定方法。信用额度即理论上客户欠款的最大值。确定信用额度，常用的逻辑是：

（1）根据收益和风险对等的原则，确定对单个客户的授信。

（2）根据客户营运资金净额的一定比例，确定对客户的授信。

（3）根据客户清算价值的一定比例，确定对客户的信用额度。

（4）层次增加法。

（5）使用公式法确定单个客户的授信额度。

营运资产法：信用额度 = 营运资产 × 经验性百分比率

销售量法：信用额度 = 上季度订货量 × 本企业的标准信用期限/90 × 风险修正系数

回款额法：

2. 动态调整客户信用额度需考虑的因素。

（1）订货规模和货物的价格。

（2）平均订货周期。

（3）结算的行业标准系数。

（4）客户的资信等级。

（5）客户以往的付款记录。企业给予客户的信用额度必须定期进行再评估，并不是一成不变的。一般而言，对于新开的信用账户，信用管理人员通常设立信用额度不超过90天进行更新，第二次更新通常在账户新开6个月以后。如果没有特殊变化，对信用额度的再次评估和调整一般间隔6个月以上，当然每个行业在对信用额度进行动态调整时也会有很多差别。

3. 确定客户资信等级。将客户分类并把影响客户信用风险大小的不同因素进行加权平均计算，可以得出量化的分值，给予不同的信用等级，这是信用管理的一个基础性工作。

授信企业一般可按照以下几个步骤来确定客户的资信等级：

找到相关的风险因素→定义评分指标→建立指标体系→计算客户的分数→分析评分结果，确定资信等级→指导确定信用额度

4. 付款赊期及其确定方法。即出货日期与回款日期的最大间隔天数，确定客户在赊购货物后多少天内支付货款，是为客户规定的最长的付款时间界限。

付款赊期的长短与销售收入、应收账款、坏账损失密切相关。合理的付款赊期应当着眼于使企业的总收益达到最大，理论上期最低限度应当保持损益平衡。

付款赊期需要根据本行业和信用期限为参考，再根据企业自身的信用政策、资金实力、生产状况、市场情况等多种因素进行调整，可参考以下步骤进行：

（1）按照行业惯例或权威统计数据初步确定一个期限。

（2）根据企业的经验和信用政策进行调整。

（3）根据应收账款分析报告和 DSO 分析报告进行修正。

5. 催款策略。催款策略主要是对失信违约客户的处置方法，以及对商账追收活动范围和深度提出限制。系统默认的催款策略为正常策略。

（三）　实验模块说明

信用管理模块是客户所有信息的集中显示。信用评判就是要根据具体的销售数据来客观、公正地评判出客户的信用。此功能模块包括以下六项：

1. 基本信息。

2. 附加信息。收集到客户相关企业情报，作为信用评判依据。

3. 信用跟踪。记录该客户的运营状况的相关信用信息，以备以后信用评级参考。

4. 信用评判。描述对客户评级的依据。

客户信用等级：选择不同的等级，可设置不同的赊期及额度。

禁止出货：勾选在出货流程中加以禁止。

5. 应收款状况。集中显示发生业务的资金状态。

6. 赊期及额度。可根据信用等级设置，也可根据具体情况修改。

催款起始日期：在该日期开始执行催款任务。

催款策略：给客户绑定一个催款规则。

（四）实验内容

1. 正确对客户的财务状况进行分析。
2. 补充客户信用资料。根据实验五中输入的客户信用报告，将报告中的部分重要信息提取到软件系统中的信用管理中以备日常查看时用。以"广东红鲤鱼数码科技有限公司"为例，提取相关信息。
3. 确定信用额度和付款赊期。
4. 设定资信等级。
5. 绑定催款策略。

（五）实验步骤

1. 选择菜单【信用管理】→【信用管理】，进入信用管理界面。其格式如图4-6-1、图4-6-2所示。

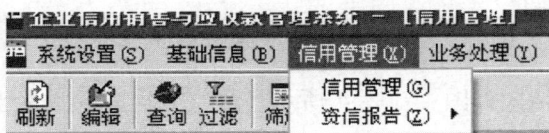

图4-6-1

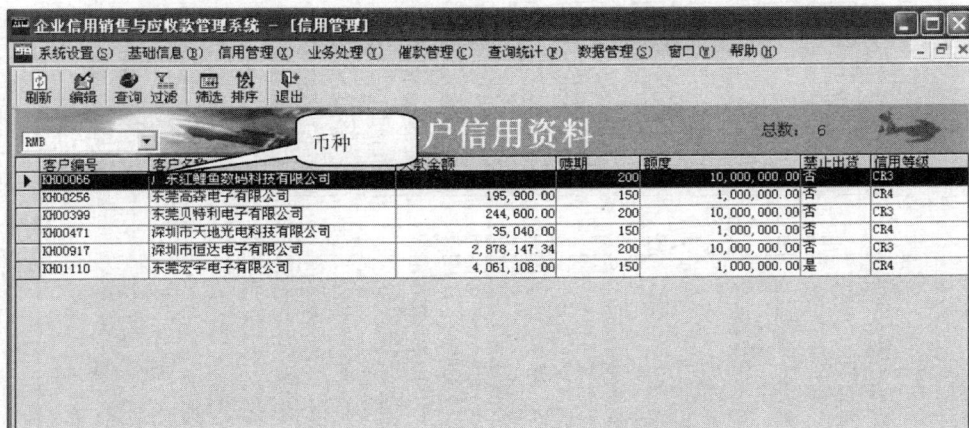

图4-6-2 信用管理界面

注：根据选择币种的不同，对应的赊期、欠款等信息也会不同。

2. 点选客户"广东红鲤鱼数码科技有限公司"，点击【编辑】按钮。
（1）基本信息。同"基本操作"中的"客户信息"，若有信息变更在这里也可以同步修改。其格式如图4-6-3所示。

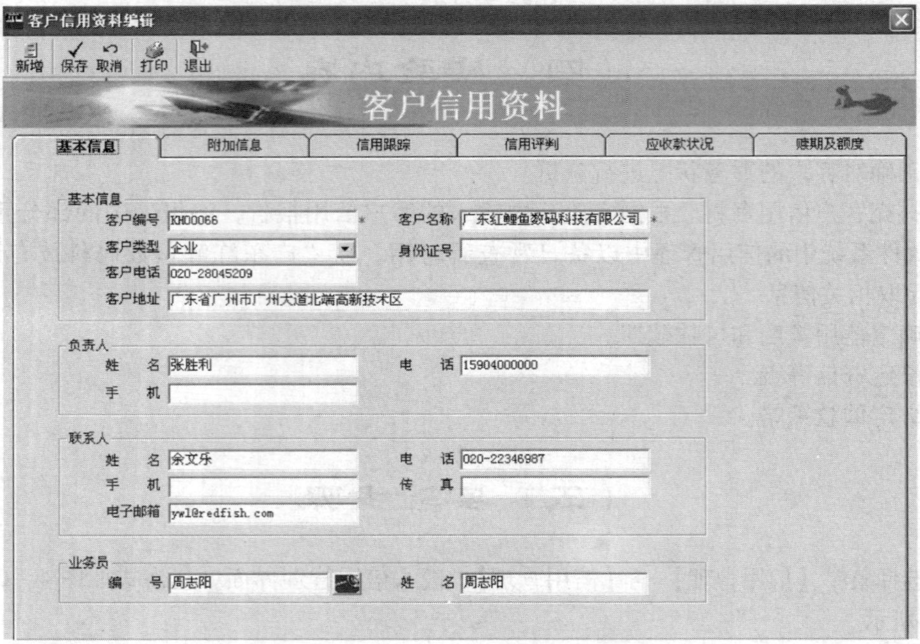

图 4 – 6 – 3　客户基本信息修改

（2）附加信息：其格式如图 4 – 6 – 4 所示。收集到客户相关企业基本信息情报，作为信用评判依据。

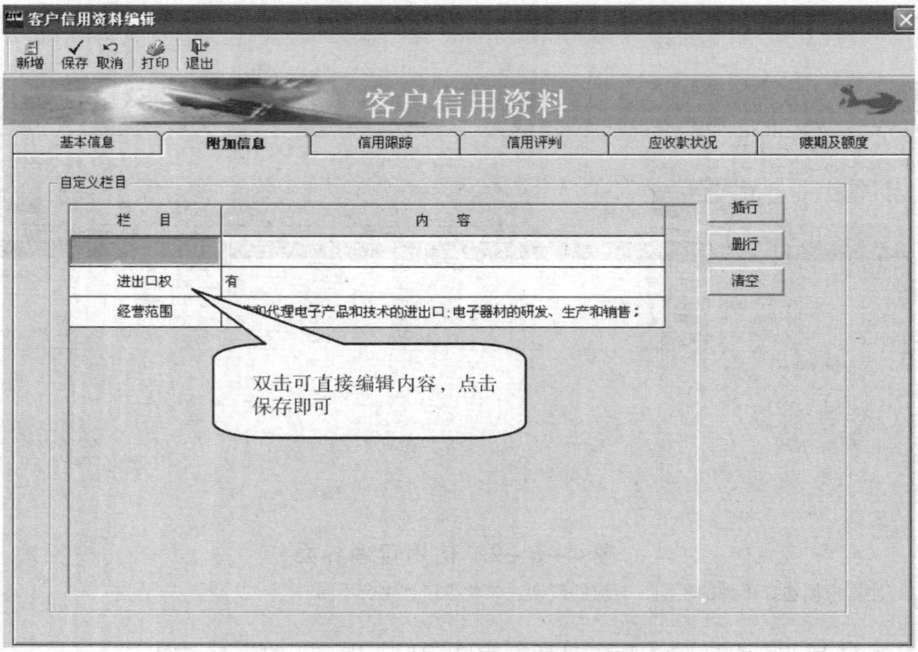

图 4 – 6 – 4　客户附加信息修改

插行：点击此按钮，在编辑区域将插入一行空记录，等待数据输入。

删行：删除选中的记录行。

清空：清空栏目内全部信息（慎用）。

输入表4－6－1所示信息。

表4－6－1 企业基本信息表

行业代码	4050（电子器件制造）
年检情况	2009 年度已年检
经营范围	自营和代理电子产品和技术的进出口（国家禁止或限制类商品和技术除外，涉及配额许可证管理、专项规定管理的商品按国家有关规定办理）；电子器材的研发、生产和销售；智能大厦及综合布线系统工程，包括安全技术防范工程及楼宇自动化工程的设计及施工及其设备、器材的销售；电子计算机的培训与服务（法律、法规禁止经营的不得经营，法律、法规规定需提交前置审批的凭许可证经营）
进出口权	有

步骤1：点击"插行"按钮。

步骤2：栏目中输入项目类别。

步骤3：内容中输入具体信息。

步骤4：点击【保存】按钮，提示保存成功。

提示：

此信息可以从信用报告中或其他渠道获得填入，但要具有典型性。

新增为新增客户。在这不推荐使用。

必要点击【保存】按钮才能将修改的信息保存。

【清空】按钮，清空附加信息栏内所有内容，谨慎操作。

（3）信用跟踪：其格式如图4－6－5所示。信用跟踪记录与客户业务来往过程中，动态记录客户订货，回款情况。为信用评判确定依据。

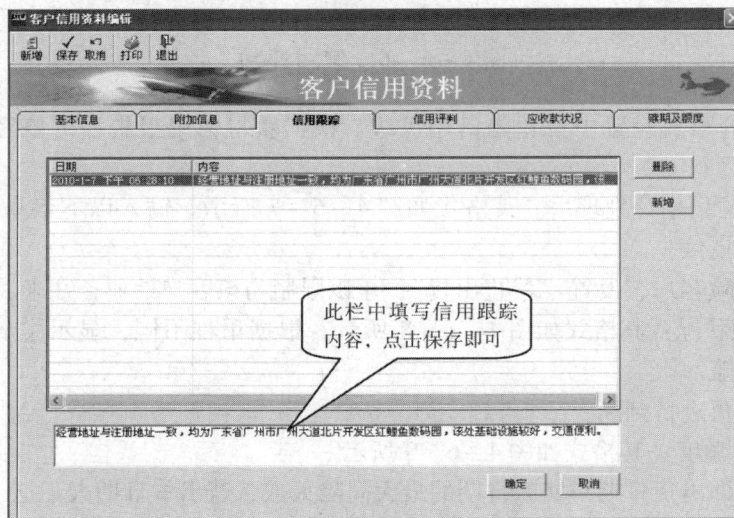

图4－6－5 信用跟踪

输入以下信息：

① 目标公司经营地址与注册地址一致，均为广东省广州市广州大道北片开发区红鲤鱼数码园，该处基础设施较好，交通便利。

② 目标公司大门挂有"广东红鲤鱼数码科技有限公司"铭牌，有专门设计的整套厂房和电子生产设备，并配置有办公楼、电力房、空调房、货运电梯、宿舍楼、车库等辅助设施。目标公司工厂总建筑面积为 17 130 平方米，产权属自建性质。

③ 为中国安防科技公司（CSST）下属公司，在广州市属纳税大户，公司产品属高新技术，享受国家高新技术津费补贴。

步骤 1：点击【新增】按钮。

步骤 2：在最下方空白栏内输入内容。

步骤 3：点击【保存】按钮保存。

（4）信用评判：其格式如图 4-6-6 所示。信用评判根据该客户的业务信用记录。对客户设定信用等级和评判描述。

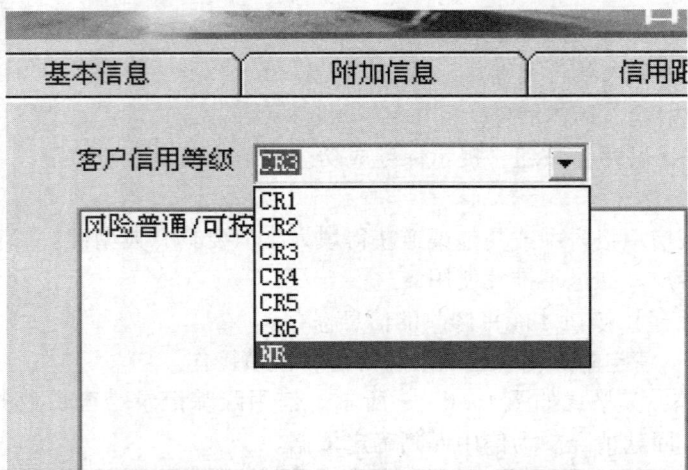

图 4-6-6 信用评判

步骤 1：选择事典设置中设置的信用等级。根据获得信用报告评测该客户信用等级为"CR3"。

步骤 2：填写信用评判理由。其格式如图 4-6-7 所示。输入以下信息：风险普通/可按正常程序予以授信。

提示：对危险客户，设置"禁止出货"，予以限制与该客户的业务往来。

（5）应收款状况：其格式如图 4-6-8 所示。根据币种不同，显示生成客户出货的回款期已到的应收账。

在实验七后再进行判断。

（6）赎期及额度：其格式如图 4-6-9 所示。

付款赎期：即出货日期与回款日期的最大间隔天数，若出货日期大于这个天数，系统会禁止继续出货。

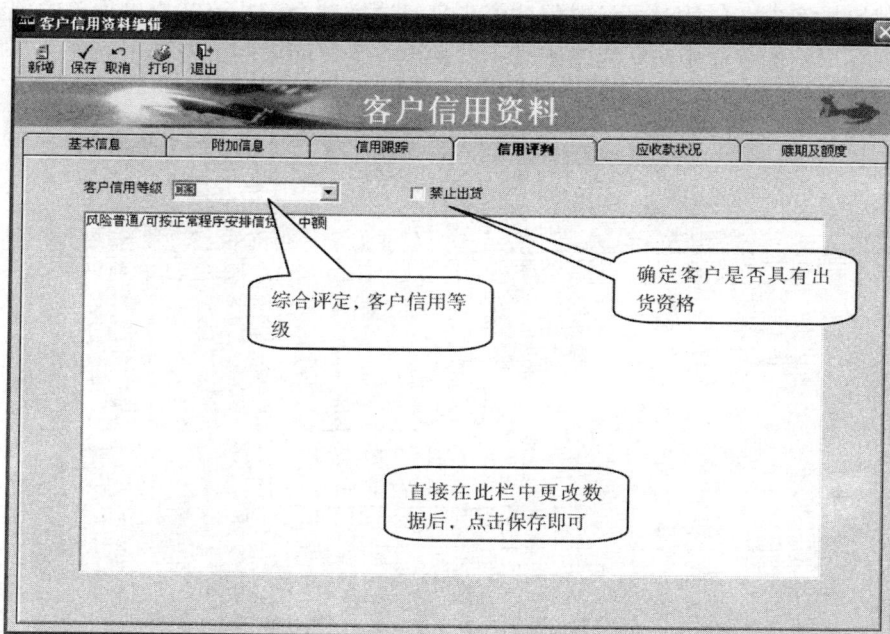

图 4 - 6 - 7　信用评判

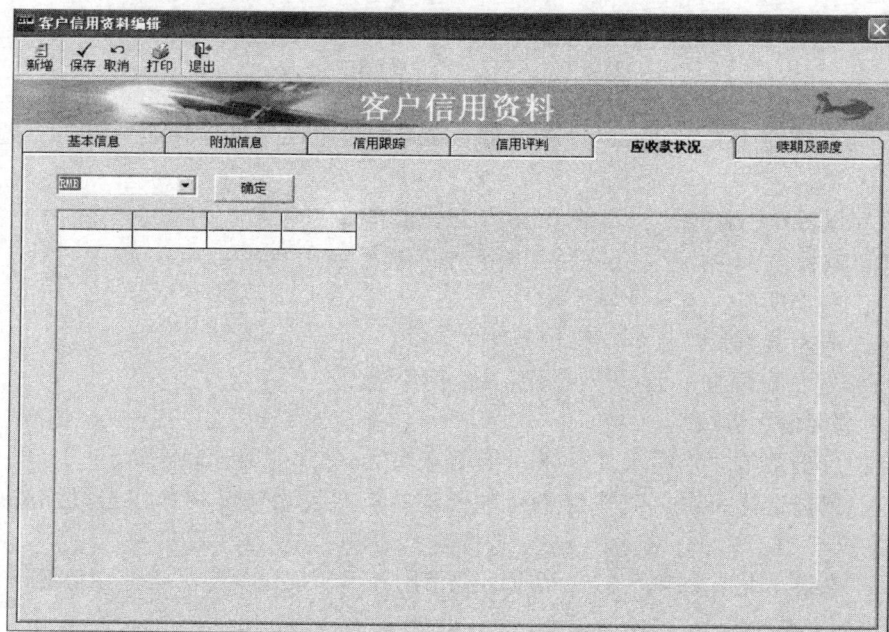

图 4 - 6 - 8　应收款状况

　　信用额度：即客户欠款的最大值。若出货时客户的欠款累计大于这个值，系统禁止出货。

催款起始：客户在付款时可设置催款停止日，这样就会影响该客户出货单的催款起始时间，如果该客户的催款起始时间为空则表示催款没有受时间限制，若大于当天的日期，则表示催款停止数日。

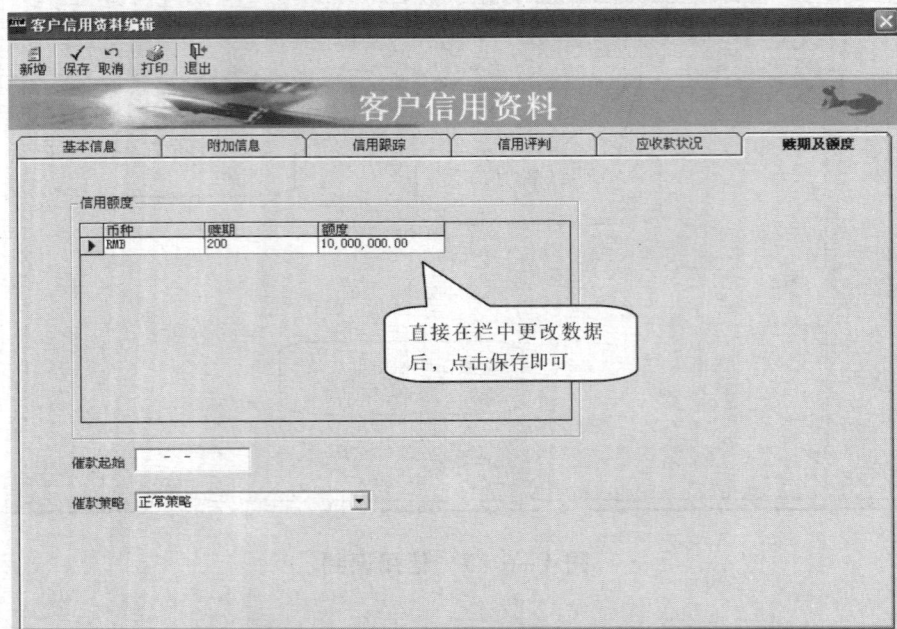

图 4 - 6 - 9　赎期及额度修改

催款策略：选定事先定义好的策略（催款策略的设定在"催款管理"里的"催款策略"中设定）。

步骤 1：鼠标点击赎期栏，设置 RMB 币种，赎期为 200 天。

步骤 2：鼠标点击额度栏，设置 RMB 币种，额度为 10 000 000.00 元。

步骤 3：催收日期，暂不设置。

步骤 4：选择催款策略，为"赊销策略"。

其他五个客户也根据上面操作，设置其信用等级。

3. 客户绑定信用等级。

步骤 1：点击菜单"信用管理"→"信用管理"，进入信用管理界面。

步骤 2：鼠标选择编辑"广东红鲤鱼数码科技有限公司"客户，双击鼠标或点击【编辑】按钮。

步骤 3：点选"信用评判"栏，根据事前信用和事后信用设定客户信用等级。设定信用等级为"CR3"级。

步骤 4：点击【保存】。

4. 同一信用等级客户的信用微调：其格式如图 4 - 6 - 10 所示。

步骤 1：点击菜单"信用管理"→"信用管理"，进入信用管理界面。

步骤 2：鼠标选择编辑客户，双击鼠标或点击【编辑】按钮。

步骤 3：点选"信用评判"栏，根据事前信用和事后信用设定客户信用等级。

步骤4：点选"赊期及额度"栏，手动修改对应币种的赊期和额度。做到具体客户具体对待。

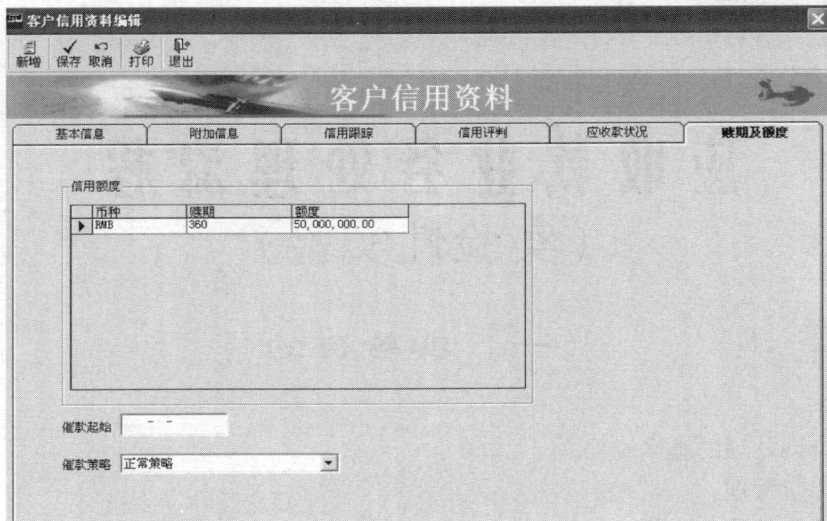

图4-6-10　信用微调

将赊期修改为340天，额度修改为40 000 000.00元。

步骤5：点击【保存】。

提示：给客户设定信用等级的时候系统将自动修正"赊期"和"额度"为该等级所默认的赊期和额度。

5. 失信客户，禁止出货。

步骤1：点击"信用管理"→"信用管理"，进入客户信用管理界面。

步骤2：选择失信客户"东莞宏宇电子有限公司"，点击【编辑】按钮。

步骤3：点选"信用评判"栏，根据事前信用和事后信用评判，该客户出现重大经营风险，将"禁止出货"复选框勾选上。

步骤4：点击【保存】按钮。

提示：此操作客户将不能在出货管理中进行出货操作。

实验七

应收款业务处理流程
（实验性实验）

（一） 实验目的

1. 熟悉合同处理的基本流程。
2. 熟悉出货管理。
3. 掌握应收款业务流程。
4. 对已收款进行冲销。

（二） 实验原理

信用管理部门监控客户信用风险的重要环节和内容是对交易合同、出货和应收款的管理。

1. 业务流程图。其格式如图 4 – 7 – 1 所示。

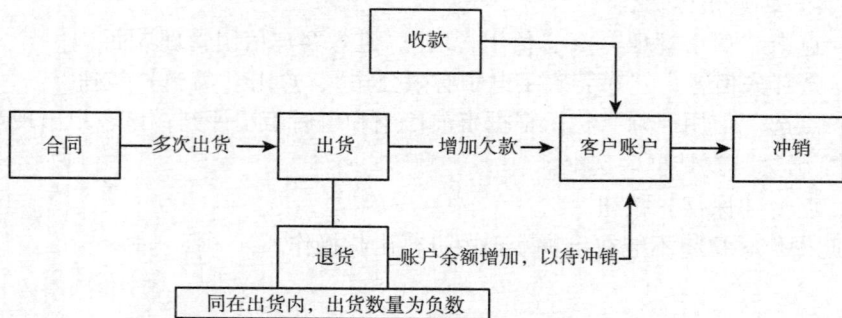

图 4 – 7 – 1　业务流程

2. 合同管理。合同是信用交易的重要载体，是信用管理的基础和保障。

在合同管理工作中，信用管理人员要分清客户类别，针对不同的客户进行有效管理，如对代理商和分销商、成套商和最终用户的合同进行区别对待，相应的审查事项和管理要求应有所不同，最终核心体现在所签订的合同和所提供的产品服务内容上，体现在对客户的日常管理中。

在企业信用管理系统中，合同管理和录入主要包括三个主要项目：合同基本信息、货品信息和付款约定。由于客户每笔合同交易的金额、数量、货品、种类都不一样，因此，信用管理人员对于合同的内容要进行认真核实，录入每笔合同的主要信息，需要注意的是，客户经常会将一些不合理条款加入合同，信用管理人员必须仔细核对，以保证系统自动监控和执行，遵照系统提示进行出货操作。合同录入成功后，信用管理人员仍需继续关注合同执行的每个环节，掌握出货的节奏和履约中出现的任何不协调之处，从而预见对未来收款可能产生的影响，并酌情适时介入，采取必要措施协调处理，维护企业的应收款债权。

3. 出货管理。给予客户信用赊销的核心目的是为了加速企业产品的销售，尽可能缩短产成品占压仓库和流动资金的时间，也极大地简化了出货环节中的流程与操作。在出货过程中，信用管理人员应对本企业所提供的产品和服务有足够了解，包括供应状况、原材料来源、加工到出厂所需时间、包装及安排运输的组织状况、出货的频率、库存水平、从合同到出货所需要的时间等，以便掌握从合同开始到出货结束的环节对客户信用额度的占用及其节奏和变化。

从合同到出货有多种方式，有无限定整批（一次）出货，有多次分批出货、有限定分段出货或允许缺件出货，出货方式对信用账期的确定以及后期跟踪收款意义非常重大，出货方式和出货日期一旦确定，按照设定的信用账期既而可以确定收款日期。在出货的过程中，信用管理人员还要密切关注进展状况，例如，当按照一定的金额比例分批多次出货、分期收款时，一旦发生前批货款未能如期收回时，应能对等地控制好下一批，乃至最后一批发货的节奏，甚至可以对该客户实行禁止出货，从而有效防止恶意拖欠货款，防范延迟付款金额的进一步扩大。

4. 收款管理和冲销管理。在企业信用管理系统中，收款有两种方式：一是直接到账，即在输入收款记录时已确认该款项已经到账，则该收款就可一步到账。即在登记收款时，输入到账的信息就可。二是日后到账。如果该收款在登记时，还没确认到账。则先登记收款信息，日后到账了再进行到账确认。在到账模块确认到账。

信用管理人员通常对有应收款的到账记录，就可去冲销账款，冲销账款的处理方法是：每次收款按照优先冲抵的原则，冲抵日期最早的应收款。

5. 资金管理。企业从投入到产出的生产经营活动实质上就是一个价值的流动过程，即资金循环过程。资金的循环和周转是企业经营的主要表现形式。资金是企业的"血液"，任何一个企业要正常运营，必须有一定的资金作保证，资金可以称之为企业运转的中心。资金的筹措、资金的分配、资金的充分利用、资金的快速回收等可以说就是企业的灵魂。资金运转不灵，包括短缺、沉淀、呆死、丢失等，是企业出现困难的前兆，特别是对于采取赊销形式的企业，货款回笼情况的好坏直接关系到企业整体效益的高低，因此赊销过程中必须对客户的资金、冲销和付款情况进行有机的管理。

欠款金额：欠款金额是指该客户该币种所有欠款，未冲销的。

到账金额：客户到账并未被冲销的剩余金额。

在途金额：未到账金额。

（三） 实验内容

1. 熟练掌握合同管理，实验资料见表 4 – 7 – 1。
2. 熟练掌握出货管理，实验资料见表 4 – 7 – 2。
3. 熟练掌握收款管理，实验资料见表 4 – 7 – 3。
4. 熟练掌握冲销管理。
5. 熟练掌握资金管理。

表 4 - 7 - 1

合同信息资料

合同编号	录单日期	客户	业务员	货品编号	货品名称	单位	数量	单价	金额	币种	备 注
MK - C09031022	2009 年 3 月 23 日	KH0065	周志阳	SCC - B2325P	摄像机	个	10	1 980	19 800	RMB	月结
MK - C09031022	2009 年 3 月 23 日	KH0065	周志阳	LNK911	CC - Link 模块	个	3	2 465	7 395	RMB	月结
MK - C09041003	2009 年 4 月 13 日	KH0052	陈国伟	FX3U - 48MT	PLC 主机	个	69	2 800	19 3200	RMB	合同签订生效后提交履约保函，收到发票 7 天内付 30%，货到现场签署收货证明后收到发票 7 天内付 40%，货到试运行完成，确认检验合格签署验收证书后收到发票 7 天内付 25%（最迟不超过货到票到之日起 90 天），5% 质保金为最迟不超过货到 18 个月内付清
MK - C09041003	2009 年 4 月 13 日	KH0052	陈国伟	PD310	地感控制器	个	1	790	790	RMB	合同签订生效后提交履约保函，收到发票 7 天内付 30%，货到现场签署收货证明后收到发票 7 天内付 40%，货到试运行完成，确认检验合格签署验收证书后收到发票 7 天内付 25%（最迟不超过货到票到之日起 90 天），5% 质保金为最迟不超过货到 18 个月内付清
MK - C09041003	2009 年 4 月 13 日	KH0052	陈国伟	PHB09	补光灯	个	30	319	9 570	RMB	合同签订生效后提交履约保函，收到发票 7 天内付 30%，货到现场签署收货证明后收到发票 7 天内付 40%，货到试运行完成，确认检验合格签署验收证书后收到发票 7 天内付 25%（最迟不超过货到票到之日起 90 天），5% 质保金为最迟不超过货到 18 个月内付清
MK - C09041003	2009 年 4 月 13 日	KH0052	陈国伟	C99	监控室对讲话筒	个	9	180	1 620	RMB	合同签订生效后提交履约保函，收到发票 7 天内付 30%，货到现场签署收货证明后收到发票 7 天内付 40%，货到试运行完成，确认检验合格签署验收证书后收到发票 7 天内付 25%（最迟不超过货到票到之日起 90 天），5% 质保金为最迟不超过货到 18 个月内付清
MK - C09041022	2009 年 4 月 20 日	KH0056	李娜	CC45N	空气开关	个	1	56	56	RMB	货到凭票一个月内付清
MK - C09031022a	2009 年 5 月 4 日	KH0065	周志阳	SCC - B2325P	摄像机	个	1	1 980	1 980	RMB	月结
MK - C09051011	2009 年 5 月 5 日	KH0065	周志阳	RS485	485 通讯模块	个	1	50	50	RMB	月结
MK - C09051014	2009 年 5 月 8 日	KH0065	周志阳	GR501E	红绿灯	套	1	1 000	1 000	RMB	货到凭票一个月内付清

合同编号	录单日期	客户	业务员	货品编号	货品名称	单位	数量	单价	金额	币种	备注
MK－C09051014	2009 年 5 月 8 日	KH0065	周志阳	MY2NJ	继电器	个	15	200	3 000	RMB	货到凭票一个月内付清
MK－C09051013	2009 年 5 月 8 日	KH0065	周志阳	MIB10	道闸	个	3	34 000	102 000	RMB	货到凭票一个月内付清
MK－C09051013	2009 年 5 月 8 日	KH0065	周志阳	PIC408	串口卡	块	13	800	10 400	RMB	货到凭票一个月内付清
MK－C09051014a	2009 年 5 月 11 日	KH0065	周志阳	PD310	地感控制器	个	1	790	790	RMB	货到凭票一个月内付清
MK－C09051028	2009 年 5 月 20 日	KH0056	李娜	SW90318	接近开关	个	1	150	150	RMB	货到一个月内付清全款
MK－C09051034	2009 年 5 月 22 日	KH0065	周志阳	SD2000	读卡器	个	15	160	2 400	RMB	货到凭票一个月内付清
MK－C09051034	2009 年 5 月 22 日	KH0065	周志阳	CC45N	空气开关	个	1	56	56	RMB	货到凭票一个月内付清
MK－C09051034	2009 年 5 月 22 日	KH0065	周志阳	GR501E	红绿灯	套	1	1 000	1 000	RMB	货到凭票一个月内付清
MK－C09051031	2009 年 5 月 22 日	KH0065	周志阳	PUV4A2D	光端机	对	2	4 800	9 600	RMB	月结
MK－C09061008	2009 年 6 月 1 日	KH0065	周志阳	RS485	485 通讯模块	个	1	50	50	RMB	货到凭票一个月内付清
MK－C09061008	2009 年 6 月 1 日	KH0065	周志阳	PS30	防护罩（带支架）	套	11	175	1 925	RMB	货到凭票一个月内付清
MK－C09061008	2009 年 6 月 1 日	KH0065	周志阳	MY2NJ	继电器	个	2	200	400	RMB	货到凭票一个月内付清
MK－C09061036	2009 年 6 月 23 日	KH0065	周志阳	786FT	监控电脑显示器	台	7	790	5 530	RMB	货到凭票一个月内付清
MK－C09061037	2009 年 6 月 24 日	KH0056	李娜	PS30	防护罩（带支架）	套	2	175	350	RMB	货到一个月内付清全款
MK－C09071005	2009 年 7 月 2 日	KH0056	李娜	SD2000	读卡器	个	1	160	160	RMB	货到一个月内付清全款
MK－C09071010	2009 年 7 月 6 日	KH0056	李娜	MY2NJ	继电器	个	1	200	200	RMB	货到一个月内付清全款
MK－C09071008	2009 年 7 月 6 日	KH0065	周志阳	GR501E	红绿灯	套	18	1 000	18 000	RMB	货到凭票一个月内付清
MK－C09071012	2009 年 7 月 6 日	KH0065	周志阳	SD2000	读卡器	个	7	160	1 120	RMB	月结
MK－C09071014	2009 年 7 月 8 日	KH0065	周志阳	DS－4004HC	4 路图像卡	块	1	2 900	2 900	RMB	月结

合同编号	录单日期	客户	业务员	货品编号	货品名称	单位	数量	单价	金额	币种	备注
MK－C09071015	2009 年 7 月 8 日	KH0065	周志阳	PS30	防护罩（带支架）	套	2	175	350	RMB	月结
MK－C09071025	2009 年 7 月 17 日	KH0065	周志阳	MY2NJ	继电器	个	3	200	600	RMB	月结
MK－C09071025	2009 年 7 月 17 日	KH0065	周志阳	PS30	防护罩（带支架）	套	10	175	1 750	RMB	月结
MK－C09071025	2009 年 7 月 17 日	KH0065	周志阳	RQ－125D	开关电源	个	1	262	262	RMB	月结
MK－C09051029	2009 年 7 月 27 日	KH0065	周志阳	DS－4004HC	4 路图像卡	块	2	2 900	5 800	RMB	月结
MK－C09051029	2009 年 7 月 27 日	KH0065	周志阳	DS－4004HC	4 路图像卡	块	1	2 900	2 900	RMB	月结
MK－C09051029	2009 年 7 月 27 日	KH0065	周志阳	SB9090	车牌识别软件	套	1	3 000	3 000	RMB	月结
MK－C09051029	2009 年 7 月 27 日	KH0065	周志阳	LNK911	CC－Link 模块	个	7	2 465	17 255	RMB	月结
MK－C09081001	2009 年 7 月 29 日	KH0065	周志阳	MY2NJ	继电器	个	1	200	200	RMB	月结
MK－C09081010	2009 年 8 月 3 日	KH0065	周志阳	SD2000	读卡器	个	4	160	640	RMB	月结
MK－C09081023	2009 年 8 月 13 日	KH0056	李娜	MY2NJ	继电器	个	1	200	200	RMB	货到一个月内付清全款
MK－C09081025	2009 年 8 月 19 日	KH0065	周志阳	MY4NJ	继电器	个	19	270	5 130	RMB	货到凭票一个月内付清
MK－C09081025	2009 年 8 月 19 日	KH0065	周志阳	TK－C1480-BEC	摄像机带镜头	个	2	3 400	6 800	RMB	货到凭票一个月内付清
MK－C09081025	2009 年 8 月 19 日	KH0065	周志阳	CZ34020	电源插座	个	3	30	90	RMB	货到凭票一个月内付清
MK－C09091021	2009 年 9 月 9 日	KH0056	李娜	MY4NJ	继电器	个	1	270	270	RMB	货到凭票一个月内付清
MK－C09091034	2009 年 9 月 17 日	KH0065	周志阳	CC45N	空气开关	个	116	56	6 496	RMB	货到凭票一个月内付清
MK－C09091037	2009 年 9 月 23 日	KH0056	李娜	MY4NJ	继电器	个	1	270	270	RMB	货到凭票一个月内付清
MK－C09101003	2009 年 9 月 27 日	KH0056	李娜	PHB09	补光灯	个	1	319	319	RMB	货到凭票一个月内付清
MK－C09101002	2009 年 9 月 27 日	KH0065	周志阳	MY4NJ	继电器	个	1	270	270	RMB	货到凭票一个月内付清
MK－C09101002	2009 年 9 月 27 日	KH0065	周志阳	C99	监控室对讲话筒	个	1	180	180	RMB	货到凭票一个月内付清

合同编号	录单日期	客户	业务员	货品编号	货品名称	单位	数量	单价	金额	币种	备注
MK－C09091010	2009 年 9 月 29 日	KH0052	陈国伟	786FT	监控电脑显示器	台	2	790	1 580	RMB	合同签订生效后预付 30%，明后付 40%，试运行凭双方签署收货证明后付 25%，质保金验收合格后一年期满付清，货到凭双方验收证书付 5%
MK－C09091010	2009 年 9 月 29 日	KH0052	陈国伟	CZ34020	电源插座	个	1	30	30	RMB	合同签订生效后预付 30%，明后付 40%，试运行凭双方签署收货证明后付 25%，质保金验收合格后一年期满付清，货到凭双方验收证书付 5%
MK－C09091010	2009 年 9 月 29 日	KH0052	陈国伟	CON5342	控制电路板	块	7	300	2 100	RMB	合同签订生效后预付 30%，明后付 40%，试运行凭双方签署收货证明后付 25%，质保金验收合格后一年期满付清，货到凭双方验收证书付 5%
MK－C09091010	2009 年 9 月 29 日	KH0052	陈国伟	TK－C1480-BEC	摄像机带镜头	个	6	3 400	20 400	RMB	合同签订生效后预付 30%，明后付 40%，试运行凭双方签署收货证明后付 25%，质保金验收合格后一年期满付清，货到凭双方验收证书付 5%
MK－C0910 1017	2009 年 10 月 15 日	KH0065	周志阳	VCB－3385P	摄像机带镜头	个	3	1 230	3 690	RMB	货到凭证一个月内付清
MK－C0910 1017	2009 年 10 月 15 日	KH0065	周志阳	Q3HB220M	电机驱动器	个	1	800	800	RMB	货到凭证一个月内付清
MK－C0910 1017	2009 年 10 月 15 日	KH0065	周志阳	PJ42U	机柜	套	2	1 300	2 600	RMB	货到凭证一个月内付清
MK－C0910 1019	2009 年 10 月 15 日	KH0065	周志阳	AMP48	网络模块	套	6	1 600	9 600	RMB	货到凭证一个月内付清
MK－C0910 1019	2009 年 10 月 15 日	KH0065	周志阳	DH－QP300	4 路图像卡	块	22	1 800	39 600	RMB	货到凭证一个月内付清
MK－C0910 1019	2009 年 10 月 15 日	KH0065	周志阳	PIC408	串口卡	块	18	800	14 400	RMB	货到凭证一个月内付清
MK－C0910 1026	2009 年 10 月 21 日	KH0056	李娜	MY2NJ	继电器	个	1	200	200	RMB	货到凭证一个月内付清
MK－C0910 1027	2009 年 10 月 22 日	KH0056	李娜	FX3U－48MT	PLC 主机	个	1	2 800	2 800	RMB	货到凭证自发票开具之日起一个月内付款
MK－C0910 1029	2009 年 10 月 26 日	KH0065	周志阳	CON5342	控制电路板	块	8	300	2 400	RMB	货到凭证一个月内付款
MK－C0910 1029	2009 年 10 月 26 日	KH0065	周志阳	VCB－3385P	摄像机带镜头	个	3	1 230	3 690	RMB	货到凭证一个月内付款
MK－C0910 1029	2009 年 10 月 26 日	KH0065	周志阳	MY4NJ	继电器	个	12	270	3 240	RMB	货到凭证一个月内付款
MK－C0910 1029	2009 年 10 月 26 日	KH0065	周志阳	BSHB3913－H	步进电机	个	3	380	1 140	RMB	货到凭证一个月内付清
MK－C0911 1009	2009 年 10 月 30 日	KH0065	周志阳	PD310	地感控制器	个	1	790	790	RMB	货到凭证一个月内付清

合同编号	录单日期	客户	业务员	货品编号	货品名称	单位	数量	单价	金额	币种	备　注
MK－C09111009	2009 年 10 月 30 日	KH0065	周志阳	CC45N	空气开关	个	1	56	56	RMB	货到凭票一个月内付清
MK－C09111011	2009 年 11 月 2 日	KH0211	徐葱	RS485	485 通讯模块	个	1	50	50	RMB	款到发货
MK－C09111011	2009 年 11 月 2 日	KH0211	徐葱	C99	监控室对讲话筒	个	5	180	900	RMB	款到发货
MK－C09111011	2009 年 11 月 2 日	KH0211	徐葱	CZ34020	电源插座	个	20	30	600	RMB	款到发货
MK－C09101031	2009 年 11 月 3 日	KH0211	徐葱	SCC－B2325P	摄像机	个	3	1 980	5 940	RMB	全款到账后发货
MK－C09101031	2009 年 11 月 3 日	KH0211	徐葱	MT5400T－M	7.7 寸触摸屏	个	6	4 200	25 200	RMB	全款到账后发货
MK－C09101031	2009 年 11 月 3 日	KH0211	徐葱	LNK911	CC-Link 模块	个	3	2 465	7 395	RMB	全款到账后发货
MK－C09101031	2009 年 11 月 3 日	KH0211	徐葱	SB9090	车牌识别软件	套	17	3 000	51 000	RMB	全款到账后发货
MK－C09111017	2009 年 11 月 4 日	KH0065	周志阳	SD2000	读卡器	个	6	160	960	RMB	货到凭票一个月内付清
MK－C09111017	2009 年 11 月 4 日	KH0065	周志阳	MY2NJ	继电器	个	3	200	600	RMB	货到凭票一个月内付清
MK－C09111018	2009 年 11 月 4 日	KH0211	徐葱	AMP48	网络模块	套	2	1 600	3 200	RMB	款到发货
MK－C09111018	2009 年 11 月 4 日	KH0211	徐葱	C99	监控室对讲话筒	个	4	180	720	RMB	款到发货
MK－C09111018	2009 年 11 月 4 日	KH0211	徐葱	DH－QP300	4 路图像卡	块	1	1 800	1 800	RMB	款到发货
MK－C09111023	2009 年 11 月 9 日	KH0211	徐葱	SW90318	接近开关	个	14	150	2 100	RMB	款到发货
MK－C09111023	2009 年 11 月 9 日	KH0211	徐葱	BN309S22	按钮	个	1	200	200	RMB	款到发货
MK－C09111030	2009 年 11 月 13 日	KH0065	周志阳	SD2000	读卡器	个	4	160	640	RMB	货到凭票一个月内付清
MK－C09111030	2009 年 11 月 13 日	KH0065	周志阳	BSHB3913－H	步进电机	个	11	380	4 180	RMB	货到凭票一个月内付清

表 4－7－2

出货信息资料

出货单号	合同编号	客户	业务员	出货日期	货品编号	货品名称	货品单位	货品单价	货品数量	币种	出货金额	备注
MK－C090310220	MK－C09031022	KH0065	周志阳	2009 年 5 月 15 日	SCC－B325P	摄像机	个	1 980	10	RMB	19 800	月结
MK－C090310220	MK－C09031022	KH0065	周志阳	2009 年 5 月 15 日	LNK911	CC－Link 模块	个	2 465	3	RMB	7 395	月结
MK－C090410030	MK－C09041003	KH0052	陈国伟	2009 年 6 月 29 日	FX3U－48MT	PLC 主机	个	2 800	69	RMB	19 3200	合同签订生效后提交履约保函，收到发票 7 天内付 30%，货到现场签署收货证明后收到发票 7 天内付 40%，货到试运行完成，确认发票后签署验收合格验收证书后收到发票 7 天内付 25%（最迟货到之日起 90 天），5% 质保金过货到票到不超过货到 18 个月内付清
MK－C090410030	MK－C09041003	KH0052	陈国伟	2009 年 6 月 29 日	PD310	地感控制器	个	790	1	RMB	790	合同签订生效后提交履约保函，收到发票 7 天内付 30%，货到现场签署收货证明后收到发票 7 天内付 40%，货到试运行完成，确认发票后签署验收合格验收证书后收到发票 7 天内付 25%（最迟货到之日起 90 天），5% 质保金过货到票到不超过货到 18 个月内付清
MK－C090410030	MK－C09041003	KH0052	陈国伟	2009 年 6 月 29 日	PHB09	补光灯	个	319	30	RMB	9 570	合同签订生效后提交履约保函，收到发票 7 天内付 30%，货到现场签署收货证明后收到发票 7 天内付 40%，货到试运行完成，确认发票后签署验收合格验收证书后收到发票 7 天内付 25%（最迟货到之日起 90 天），5% 质保金过货到票到不超过货到 18 个月内付清
MK－C090410030	MK－C09041003	KH0052	陈国伟	2009 年 6 月 29 日	C99	监控室对讲话筒	个	180	9	RMB	1 620	合同签订生效后提交履约保函，收到发票 7 天内付 30%，货到现场签署收货证明后收到发票 7 天内付 40%，货到试运行完成，确认发票后签署验收合格验收证书后收到发票 7 天内付 25%（最迟货到之日起 90 天），5% 质保金过货到票到不超过货到 18 个月内付清

续表

出货单号	合同编号	客户	业务员	出货日期	货品编号	货品名称	货品单位	货品单价	货品数量	币种	出货金额	备注
MK-C090410220	MK-C09041022	KH0056	李娜	2009年4月22日	CC45N	空气开关	个	56	1	RMB	56	货到凭票一个月内付清
MK-C09031022a0	MK-C09031022a	KH0065	周志阳	2009年5月15日	SCC-B2325P	摄像机	个	1 980	1	RMB	1 980	月结
MK-C090510110	MK-C09051011	KH0065	周志阳	2009年5月24日	RS485	485通讯模块	个	50	1	RMB	50	月结
MK-C090510140	MK-C09051014	KH0065	周志阳	2009年5月20日	GR501E	红绿灯	套	1 000	1	RMB	1 000	货到凭票一个月内付清
MK-C090510140	MK-C09051014	KH0065	周志阳	2009年5月20日	MY2NJ	继电器	个	200	15	RMB	3 000	货到凭票一个月内付清
MK-C090510130	MK-C09051013	KH0065	周志阳	2009年9月2日	MIB10	道闸	个	34 000	3	RMB	102 000	货到凭票一个月内付清
MK-C090510130	MK-C09051013	KH0065	周志阳	2009年9月2日	PIC408	串口卡	块	800	13	RMB	10 400	货到凭票一个月内付清
MK-C09051014a0	MK-C09051014a	KH0065	周志阳	2009年5月27日	PD310	地感控制器	个	790	1	RMB	790	货到凭票一个月内付清
MK-C090510280	MK-C09051028	KH0056	李娜	2009年5月22日	SW90318	接近开关	个	150	1	RMB	150	货到凭票一个月内付清全款
MK-C090510340	MK-C09051034	KH0065	周志阳	2009年7月18日	SD2000	读卡器	个	160	15	RMB	2 400	货到凭票一个月内付清
MK-C090510340	MK-C09051034	KH0065	周志阳	2009年7月18日	CC45N	空气开关	个	56	1	RMB	56	货到凭票一个月内付清
MK-C090510340	MK-C09051034	KH0065	周志阳	2009年7月18日	GR501E	红绿灯	套	1 000	1	RMB	1 000	货到凭票一个月内付清
MK-C090510310	MK-C09051031	KH0065	周志阳	2009年8月28日	PUV4A2D	光端机	对	4 800	2	RMB	9 600	月结
MK-C090610080	MK-C09061008	KH0065	周志阳	2009年6月20日	RS485	485通讯模块	个	50	1	RMB	50	货到凭票一个月内付清
MK-C090610080	MK-C09061008	KH0065	周志阳	2009年6月20日	PS30	防护罩(带支架)	套	175	11	RMB	1 925	货到凭票一个月内付清
MK-C090610080	MK-C09061008	KH0065	周志阳	2009年6月20日	MY2NJ	继电器	个	200	2	RMB	400	货到凭票一个月内付清
MK-C090610360	MK-C09061036	KH0065	周志阳	2009年7月11日	786FT	监控电脑显示器	台	790	7	RMB	5 530	货到凭票一个月内付清
MK-C090610370	MK-C09061037	KH0056	李娜	2009年6月27日	PS30	防护罩(带支架)	套	175	2	RMB	350	货到一个月内付清全款
MK-C090710050	MK-C09071005	KH0056	李娜	2009年7月7日	SD2000	读卡器	个	160	1	RMB	160	货到一个月内付清全款

出货单号	合同编号	客户	业务员	出货日期	货品编号	货品名称	货品单位	货品单价	货品数量	币种	出货金额	备注
MK－C090710100	MK－C09071010	KH0056	李娜	2009 年 7 月 7 日	MY2NJ	继电器	个	200	1	RMB	200	货到一个月内付清全款
MK－C090710080	MK－C09071008	KH0065	周志阳	2009 年 7 月 18 日	GR501E	红绿灯	套	1 000	18	RMB	18 000	货到凭票一个月内付清
MK－C090710120	MK－C09071012	KH0065	周志阳	2009 年 7 月 23 日	SD2000	读卡器	个	160	7	RMB	1 120	月结
MK－C090710140	MK－C09071014	KH0065	周志阳	2009 年 8 月 3 日	DS－4004HC	4 路图像卡	块	2 900	1	RMB	2 900	月结
MK－C090710150	MK－C09071015	KH0065	周志阳	2009 年 8 月 12 日	PS30	防护罩（带支架）	套	175	2	RMB	350	月结
MK－C090710250	MK－C09071025	KH0065	周志阳	2009 年 8 月 7 日	MY2NJ	继电器	个	200	3	RMB	600	月结
MK－C090710250	MK－C09071025	KH0065	周志阳	2009 年 8 月 7 日	PS30	防护罩（带支架）	套	175	10	RMB	1 750	月结
MK－C090710250	MK－C09071025	KH0065	周志阳	2009 年 8 月 7 日	RQ－125D	开关电源	个	262	1	RMB	262	月结
MK－C090510290	MK－C09051029	KH0065	周志阳	2009 年 8 月 14 日	DS－4004HC	4 路图像卡	块	2 900	2	RMB	5 800	月结
MK－C090510290	MK－C09051029	KH0065	周志阳	2009 年 8 月 14 日	DS－4004HC	4 路图像卡	块	2 900	1	RMB	2 900	月结
MK－C090510290	MK－C09051029	KH0065	周志阳	2009 年 8 月 14 日	SB9090	车牌识别软件	套	3 000	1	RMB	3 000	月结
MK－C090510290	MK－C09051029	KH0065	周志阳	2009 年 8 月 14 日	LNK911	CC－Link模块	个	2 465	7	RMB	17 255	月结
MK－C090810010	MK－C09081001	KH0065	周志阳	2009 年 8 月 19 日	MY2NJ	继电器	个	200	1	RMB	200	月结
MK－C090810100	MK－C09081010	KH0065	周志阳	2009 年 8 月 18 日	SD2000	读卡器	个	160	4	RMB	640	月结
MK－C090810230	MK－C09081023	KH0056	李娜	2009 年 8 月 14 日	MY2NJ	继电器	个	200	1	RMB	200	货到一个月内付清全款
MK－C090810250	MK－C09081025	KH0065	周志阳	2009 年 9 月 5 日	MY4NJ	继电器	个	270	19	RMB	5 130	货到凭票一个月内付清
MK－C090810250	MK－C09081025	KH0065	周志阳	2009 年 9 月 5 日	TK－C1480-BEC	摄像机带镜头	个	3 400	2	RMB	6 800	货到凭票一个月内付清
MK－C090810250	MK－C09081025	KH0065	周志阳	2009 年 9 月 5 日	CZ34020	电源插座	个	30	3	RMB	90	货到凭票一个月内付清
MK－C090910210	MK－C09091021	KH0056	李娜	2009 年 9 月 11 日	MY4NJ	继电器	个	270	1	RMB	270	货到凭票一个月内付清

出货单号	合同编号	客户	业务员	出货日期	货品编号	货品名称	货品单位	货品单价	货品数量	币种	出货金额	备注
MK－C090910370	MK－C09091037	KH0056	李娜	2009 年 9 月 25 日	MY4NJ	继电器	个	270	1	RMB	270	货到凭票一个月内付清
MK－C091010030	MK－C09101003	KH0056	李娜	2009 年 10 月 15 日	PHB09	补光灯	个	319	1	RMB	319	货到凭票一个月内付清
MK－C090910100	MK－C09091010	KH0052	陈国伟	2009 年 10 月 7 日	786FT	监控电脑显示器	台	790	2	RMB	1 580	合同签订生效后预付 30%，方签署收货证明后付 40%，货到凭试运行凭双方验收收证书付 25%，5% 质保金验收合格后一年期满付清
MK－C090910100	MK－C09091010	KH0052	陈国伟	2009 年 10 月 7 日	CZ34020	电源插座	个	30	1	RMB	30	合同签订生效后预付 30%，方签署收货证明后付 40%，货到凭试运行凭双方验收收证书付 25%，5% 质保金验收合格后一年期满付清
MK－C090910100	MK－C09091010	KH0052	陈国伟	2009 年 10 月 7 日	CON5342	控制电路板	块	300	7	RMB	2 100	合同签订生效后预付 30%，方签署收货证明后付 40%，货到凭试运行凭双方验收收证书付 25%，5% 质保金验收合格后一年期满付清
MK－C090910100	MK－C09091010	KH0052	陈国伟	2009 年 10 月 7 日	TK－C1480-BEC	摄像机带镜头	个	3 400	6	RMB	20 400	合同签订生效后预付 30%，方签署收货证明后付 40%，货到凭试运行凭双方验收收证书付 25%，5% 质保金验收合格后一年期满付清
MK－C091010170	MK－C09101017	KH0065	周志阳	2009 年 10 月 20 日	VCB－3385P	摄像机带镜头	个	1 230	3	RMB	3 690	货到凭票一个月内付清
MK－C091010170	MK－C09101017	KH0065	周志阳	2009 年 10 月 20 日	Q3HB220M	电机驱动器	个	800	1	RMB	800	货到凭票一个月内付清
MK－C091010170	MK－C09101017	KH0065	周志阳	2009 年 10 月 20 日	PJ42U	机柜	套	1 300	2	RMB	2 600	货到凭票一个月内付清
MK－C091010290	MK－C09101029	KH0065	周志阳	2009 年 11 月 11 日	CON5342	控制电路板	块	300	8	RMB	2 400	货到凭票一个月内付款
MK－C091010290	MK－C09101029	KH0065	周志阳	2009 年 11 月 11 日	VCB－3385P	摄像机带镜头	个	1 230	3	RMB	3 690	货到凭票一个月内付款

出货单号	合同编号	客户	业务员	出货日期	货品编号	货品名称	货品单位	货品单价	货品数量	币种	出货金额	备注
MK-C091010290	MK-C09101029	KH0065	周志阳	2009年11月11日	MY4NJ	继电器	个	270	12	RMB	3 240	货到凭票一个月内付款
MK-C091010290	MK-C09101029	KH0065	周志阳	2009年11月11日	BSHB3913-H	步进电机	个	380	3	RMB	1 140	货到凭票一个月内付款
MK-C091110090	MK-C09111009	KH0065	周志阳	2009年11月4日	PD310	地感控制器	个	790	1	RMB	790	货到凭票一个月内付清
MK-C091110090	MK-C09111009	KH0065	周志阳	2009年11月4日	CC45N	空气开关	个	56	1	RMB	56	货到凭票一个月内付清
MK-C091110110	MK-C09111011	KH0211	徐葱	2009年11月4日	RS485	485通讯模块	个	50	1	RMB	50	款到发货
MK-C091110110	MK-C09111011	KH0211	徐葱	2009年11月4日	C99	监控室对讲话筒	个	180	5	RMB	900	款到发货
MK-C091110110	MK-C09111011	KH0211	徐葱	2009年11月4日	CZ34020	电源插座	个	30	20	RMB	600	款到发货
MK-C091010310	MK-C09101031	KH0211	徐葱	2009年11月6日	SCC-B2325P	摄像机	个	1 980	3	RMB	5 940	全款到账后发货
MK-C091010310	MK-C09101031	KH0211	徐葱	2009年11月6日	MT5400T-M	7.7寸触摸屏	个	4 200	6	RMB	25 200	全款到账后发货
MK-C091010310	MK-C09101031	KH0211	徐葱	2009年11月6日	LNK911	CC-Link模块	个	2 465	3	RMB	7 395	全款到账后发货
MK-C091010310	MK-C09101031	KH0211	徐葱	2009年11月6日	SB9090	车牌识别软件	套	3 000	17	RMB	51 000	全款到账后发货
MK-C091110180	MK-C09111018	KH0211	徐葱	2009年11月4日	AMP48	网络模块	套	1 600	2	RMB	3 200	款到发货
MK-C091110180	MK-C09111018	KH0211	徐葱	2009年11月4日	C99	监控室对讲话筒	个	180	4	RMB	720	款到发货
MK-C091110180	MK-C09111018	KH0211	徐葱	2009年11月4日	DH-QP300	4路图像卡	块	1 800	1	RMB	1 800	款到发货
MK-C091110230	MK-C09111023	KH0211	徐葱	2009年11月20日	SW90318	接近开关	个	150	14	RMB	2 100	款到发货
MK-C091110230	MK-C09111023	KH0211	徐葱	2009年11月20日	BN309S22	按钮	个	200	1	RMB	200	款到发货

表 4 – 7 – 3

收款信息资料

收款编号	客户	金额	币种	日期	预冲合同编号	预冲出货编号	备 注
SK – C090501	KH0065	27 195	RMB	2009 年 5 月 30 日	MK – C09031022		月结 30 号
SK – C090502	KH0065	1 980	RMB	2009 年 5 月 30 日	MK – C09031022a		月结 30 号
SK – C090503	KH0065	50	RMB	2009 年 5 月 30 日	MK – C09051011		月结 30 号
SK – C090601	KH0065	2 375	RMB	2009 年 6 月 30 日	MK – C09061008		
SK – C090701	KH0052	82 072	RMB	2009 年 7 月 8 日	MK – C09041003		货到现场签署收货证明后收到发票 7 天内付 40%
SK – C090702	KH0065	1 120	RMB	2009 年 7 月 30 日	MK – C09071012		月结 30 号
SK – C090801	KH0065	3 456	RMB	2009 年 8 月 9 日	MK – C09051034		
SK – C090802	KH0065	9 600	RMB	2009 年 8 月 30 日	MK – C09051031		月结 30 号
SK – C090901	KH0065	112 400	RMB	2009 年 9 月 28 日	MK – C09051013	MK – C090510130	
SK – C090902	KH0065	4 000	RMB	2009 年 9 月 28 日	MK – C09051014	MK – C090510140	
SK – C090903	KH0065	790	RMB	2009 年 9 月 28 日	MK – C09051014	MK – C090510140a	
SK – C090904	KH0065	5 530	RMB	2009 年 9 月 28 日	MK – C09061036	MK – C090610360	
SK – C090905	KH0065	32 757	RMB	2009 年 9 月 30 日			月结 30 号 MK – C09071015，MK – C09071025，MK – C09051029，MK – C09081001，MK – C09081010
SK – C091001	KH0052	7 257	RMB	2009 年 10 月 10 日	MK – C09091010		合同签订生效后预付 30%
SK – C091002	KH0052	51 295	RMB	2009 年 10 月 16 日	MK – C09041003	MK – C090410030	
SK – C091003	KH0052	9 676	RMB	2009 年 10 月 16 日	MK – C09091010		货到凭双方签署收货证明付 40%
SK – C091004	KH0056	56	RMB	2009 年 10 月 19 日	MK – C09041022	MK – C090410220	
SK – C091005	KH0056	150	RMB	2009 年 10 月 19 日	MK – C09051028	MK – C090510280	
SK – C091006	KH0065	18 000	RMB	2009 年 10 月 22 日	MK – C09071008	MK – C090710080	
SK – C091007	KH0065	2 900	RMB	2009 年 10 月 30 日	MK – C09071014	MK – C090710140	月结 30 号
SK – C091008	KH0065	12 020	RMB	2009 年 10 月 30 日	MK – C09081025	MK – C090810250	
SK – C091101	KH0056	350	RMB	2009 年 11 月 2 日	MK – C09061037	MK – C090610370	
SK – C091102	KH0056	160	RMB	2009 年 11 月 2 日	MK – C09071005	MK – C090710050	
SK – C091103	KH0211	6 870	RMB	2009 年 11 月 4 日			MK – C09111011 MK – C09111018 款到发货
SK – C091104	KH0056	200	RMB	2009 年 11 月 5 日	MK – C09071010	MK – C090710100	
SK – C091105	KH0211	89 535	RMB	2009 年 11 月 6 日			MK – C09101031 全款到账后发货
SK – C091106	KH0211	2 300	RMB	2009 年 11 月 20 日			MK – C09111023 全款到账后发货
SK – C091201	KH0052	6 047.5	RMB	2009 年 12 月 12 日	MK – C09091010		试运行凭双方鉴收证书付 25%

（四） 实验步骤

1. 合同管理。"业务处理" → "合同管理"。其格式如图4–7–2所示。

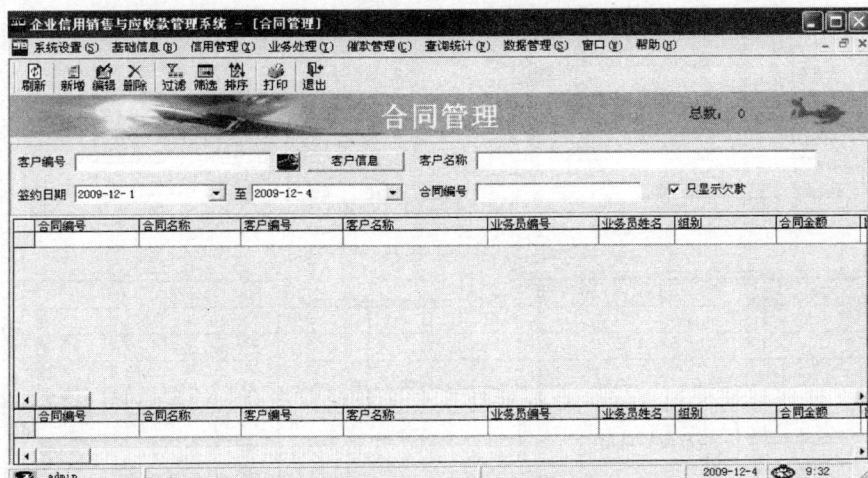

图4–7–2　合同管理

签订一份合同包括三个方面：合同基本信息、货品信息和付款约定。注意事项见表4–7–4。

表4–7–4　　　　　　　　　　　　注意事项

字段名称	字段范围	是否必填	事项说明
合同编号		是	不可重复
录单日期		否	合同录入日期
客户		是	客户名称或编号
业务员		否	业务员名称或编号，不填默认客户关联的业务员
货品编号		是	
单位		是	
数量		是	负数为退货
单价		是	
金额		是	
币种		是	系统中没有改币种，将报错
发货日期		是	
发货数量		是	
发货金额		否	
收款日期		否	导入系统自动做，冲销处理。如果是以前数据即可填写收款金额，但不能导入多笔付款
收款金额		否	和收款金额对应填写
回款预期		否	就是"预计还款日期"
备注		否	填写付款约定等备注信息

（1）新增合同：其格式如图4－7－3所示。

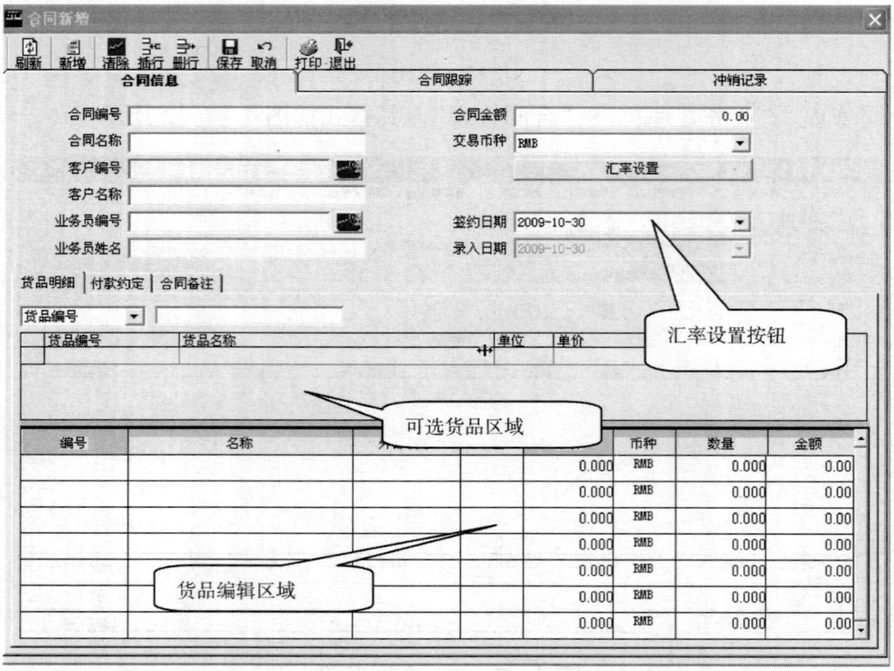

图4－7－3　新增合同

步骤1：在主窗体单击工具条中的【新增】按钮，弹出合同编辑窗体。

步骤2：填写"合同编号"、"合同名称"，选择客户、业务员，选择币种，设定签约日期。

步骤3：鼠标双击待选货品，即可将货品添加到货品编辑区。填写数量，生成合同金额。

步骤4：在合同编辑窗体中依次输入合同基本信息、货品信息以及付款约定，备注。

付款约定：默认为出货指定。其格式如图4－7－4所示。

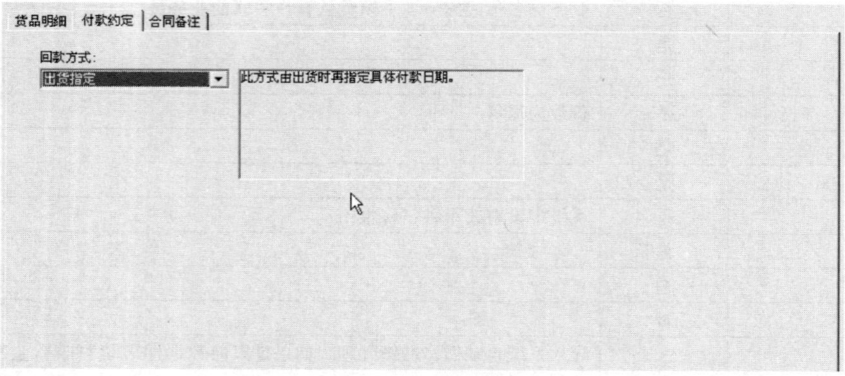

图4－7－4　出货指定

合同备注：可填写付款约定的文字描述，其格式如图4－7－5所示。

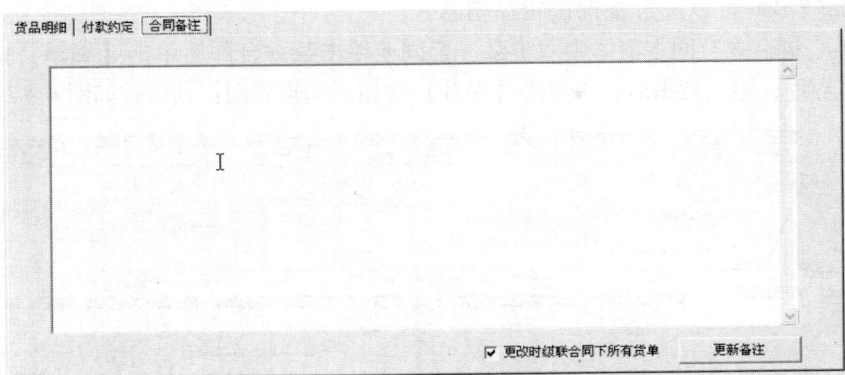

图4-7-5 合同备注

步骤5：在合同编辑窗体中单击工具条的【保存】按钮。

提示：

该合同结算的币种。

币种不同，货品根据汇率设置，单价也会有所调整。

可选货品区域鼠标双击可自动添加到合同的货品中。

步骤6：生成合同数据表：其格式如图4-7-6所示。

	A 合同编号	B 录单日期	C 客户	D 业务员	E 货品编号	F 单位	G 数量	H 单价	I 金额	J 币种	K 发货日期	L 发货数量	M 发货金额	N 收款日期	O 收款金额	P 回款预期	Q 备注
1																	
2	THX04071024-XWY	2008年8月9日	桂教育中心学校		6.3VSEV100M 5X5.5	台	1	42374	42374	RMB	2008年10月8日	1	42374	2009-9-2	42374		
3	THX04071024-XWY	2008年8月9日	桂教育中心学校		50VYXF4R7M5X11	台	1	42374	42374	RMB	2008年10月8日	1	42374	2009-9-2	42374		
4	THX04071024-XWY	2008年8月9日	桂教育中心学校		25VYXA4TM5X11	台	2	42374	84748	RMB	2008年10月8日	2	84748	2009-9-2	84748		
5	THX04071024-XWY	2008年8月9日	桂教育中心学校		50VYXA1M5X11	批	2	59882	119764	RMB	2008年10月8日	2	119764	2009-9-2	119764		
6	THX04071024-XWY	2008年8月9日	桂教育中心学校		50VYXA22M5X11	台	2	22023	44046	RMB	2008年10月8日	2	44046	2009-9-2	44046		
7	THX04071024-XWY	2008年8月9日	桂教育中心学校		16VYXA1000M10X16	台	2	22023	44046	RMB	2008年10月8日	2	44046	2009-9-2	44046		
8	THX04071024-XWY	2008年8月9日	桂教育中心学校		16VYXA100M5X11	台	1	22023	22023	RMB	2008年10月8日	1	22023	2009-9-2	22023		
9	THX04071024-XWY	2008年8月9日	桂教育中心学校		10VYXF470M8X11.5	台	1	22023	22023	RMB	2008年10月8日	1	22023	2009-9-2	22023		
10	THX04071024-XWY	2008年8月9日	桂教育中心学校		10VYXF470M5X11.5	台	1	22023	22023	RMB	2008年10月8日	1	22023	2009-9-2	22023		
11	THX04071024-XWY	2008年8月9日	桂教育中心学校		10VYXF10000M18X35.5	台	1	22023	22023	RMB	2008年10月8日	1	22023	2009-9-2	22023		
12	THX04071024-XWY	2008年8月9日	桂教育中心学校		25VYXF220M8X11.5	台	2	22023	44046	RMB	2008年10月8日	2	44046	2009-9-2	44046		
13	THX04071024-XWY	2008年8月9日	桂教育中心学校		25VYXF220M8X11.5	台	2	22023	44046	RMB	2008年10月8日	1	22023	2009-5-10	22023		
14	THX04071024-XWY	2008年8月9日	桂教育中心学校		63VYXF1000M16X31.5	台	1	22023	22023	RMB	2008年10月8日	1	22023	2009-5-10	22023		
15	THX04071024-XWY	2008年8月9日	桂教育中心学校		35VYXF2200M16X31.5	台	1	38071	38071	RMB	2008年10月8日	1	38071	2009-11-3	38071		
16	THX04071024-XWY	2008年8月9日	桂教育中心学校		10VYXF100M5X11	台	1	34080	34080	RMB	2008年9月10日	1	34080	2009-11-3	34080		
17	THX04071024-XWY	2008年8月9日	桂教育中心学校		10VYXF100M5X11	台	2	164682	329364	RMB	2008年10月10日	2	329364	2009-2-7	329364		
18	THX04071026-YHJ	2008年7月2日	深工程有限公司		10VYXF100M5X11	台	1	5000	5000	RMB	2008年7月16日	1	5000	2008-12-8	5000		
19	THX04071027-JYN	2008年7月13日	东实业有限公司		63VYXF100M5X11	台	1	13000	13000	RMB	2008年7月16日	1	13000	2008-7-29	13000		
20	THX04071027-JYN	2008年7月13日	东实业有限公司		63VYXF100M16X31.5	台	1	13000	13000	RMB	2008年7月16日	1	13000	2008-7-29	13000		
21	THX04071028-ZXJ	2008年7月9日	罗门J有限公司		63VYXF1000M16X31.5	批	1	15200	15200	RMB	2008年7月12日	1	15200				
22	THX04071029-LCJ	2008年7月日	深圳/牡教机电		35VYXF1000M12.5X25	台	1	75000	75000	RMB	2008年8月1日	1	75000	2008-11-22	75000		
23	THX04071030-ZXJ	2008年7月13日	厦门J大学		10VYXF10000M18X35.5	台	1	262530	262530	RMB	2008年8月27日	1	262530	2008-10-27	262530		
24	THX04071030-ZXJ	2008年7月13日	厦门J大学		35VYXF220M10X12.5	台	1	281196	281196	RMB	2008年8月1日	1	281196	2008-10-27	281196		
25	THX04071031-LSX	2008年7月13日	郴电力有限公司		16VWMS47M6.3X5	台	1	240000	240000	RMB	2008年9月2日	1	240000	2009-1-14	240000		
26	THX04071033-WT	2008年7月12日	深实业有限公司		25VYK100M5X11	台	2	8300	16600	RMB	2008年7月14日	2	16600	2009-7-25	16600		
27	THX04071033-WT	2008年7月12日	深实业有限公司		16VYK470M8X11.5	台	2	6600	13200	RMB	2008年7月14日	2	13200	2009-7-25	13200		
28	THX04071034-WT	2008年7月12日	厦设备有限公司		25VYK470M10X12.5	台	2	17600	35200	RMB	2008年7月23日	2	35200				
29	THX04071034-WT	2008年7月12日	厦设备有限公司		16VYK100M5X11	批	1	17600	17600	RMB	2008年7月23日	1	17600				
30	THX04071034-WT	2008年7月12日	厦设备有限公司		50VYXK2M5X11	台	1	17600	17600	RMB				2008-7-30	3500		
31	THX04071035-LJX	2008年7月9日			35VYK470M10X16	批	1	3500	3500	RMB	2008年7月18日	1	3500	2008-10-13	3500		
32	THX04071036-LJX	2008年7月12日	东电有限公司		50VYK100M8X11.5	台	4	11000	44000	RMB	2008年7月13日	4	44000	2008-10-13	44000		
33	THX04071037-LCL	2008年7月12日	东有限公司		63VYK470M12.5X20	台	2	20000	40000	RMB	2008年7月13日	2	40000	2008-10-13	40000		
34	THX04071037-LCL	2008年7月12日	五工程有限公司		16VYK1000M16X16	台	2	109000	218000	RMB	2008年7月25日	2	218000	2009-1-26	218000		
35	THX04071038-ZZH	2008年7月13日	广设备有限公司		35VYXA4TM5X11	台	1	8000	8000	RMB	2008年7月18日	1	8000	2008-10-13	8000		
36	THX04071038-ZZH	2008年7月13日	广设备有限公司		400VBXA6R8M10X16	台	1	8500	8500	RMB	2008年7月18日	1	8500	2008-10-13	8500		

图4-7-6 合同数据表

提示：

新增合同时，币种为正确的中最后一次添加的币种。

汇率设置，直接在合同或者出货中设置汇率，币种之间的互相转换是分开设置。

在合同添加到货品时，鼠标单击下面的货品编辑区，再双击可选货品，手动填写出货数量，当鼠标焦点移开时，系统会自动算出该货品的合同金额和合同的总金额。

添加两件以上货品时，注意鼠标要单击到下一行，否则会替换掉前一个货品信息。

如果货品较多，可以通过查询出货品信息。

（2）修改合同。在合同主窗体中双击某一合同或单击某一合同后单击【编辑】按钮，即进入合同的编辑界面，更改数据后，再单击【保存】按钮。编辑界面：其格式如图4-7-7所示

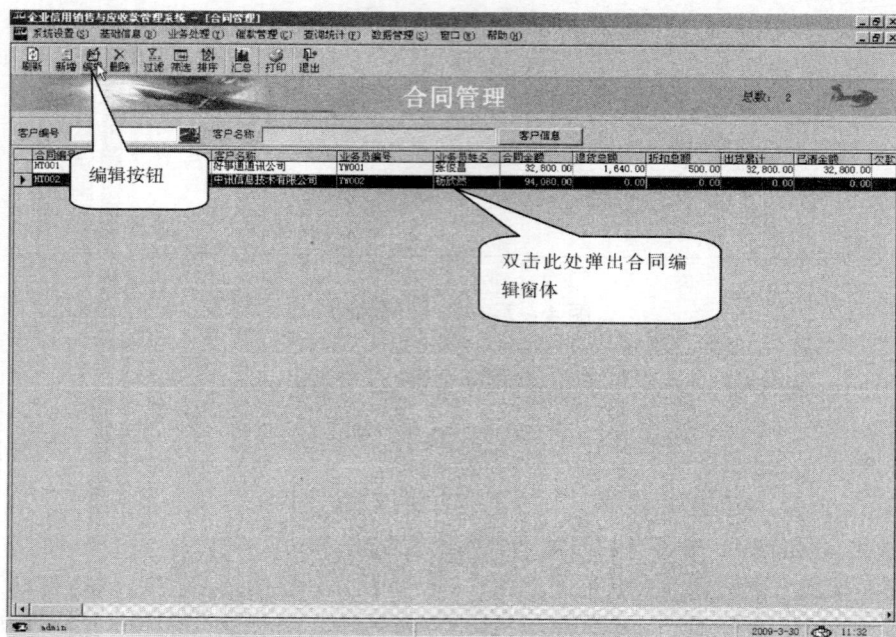

图4-7-7 合同修改

注：合同在出货之前是可做进一步更改；合同一经出货便不可再更改，但可以单独更改付款方式和备注。

（3）删除合同。合同一经建立，不可删除。但删除这个客户信息时，会把合同一起删掉。

（4）界面中汇率设置的作用。由于货品管理中的货品单价币种不一定与合同交易币种相同，设置汇率就是统一将所有的货币价格币种转换成合同的交易币种。其格式如图4-7-8所示。

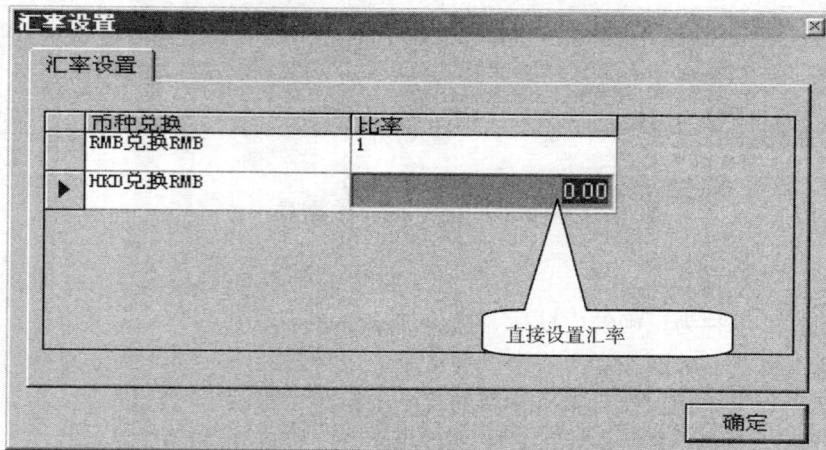

图4-7-8 汇率设置

（5）如何操作合同中的出货：其格式如图 4 - 7 - 9 所示。

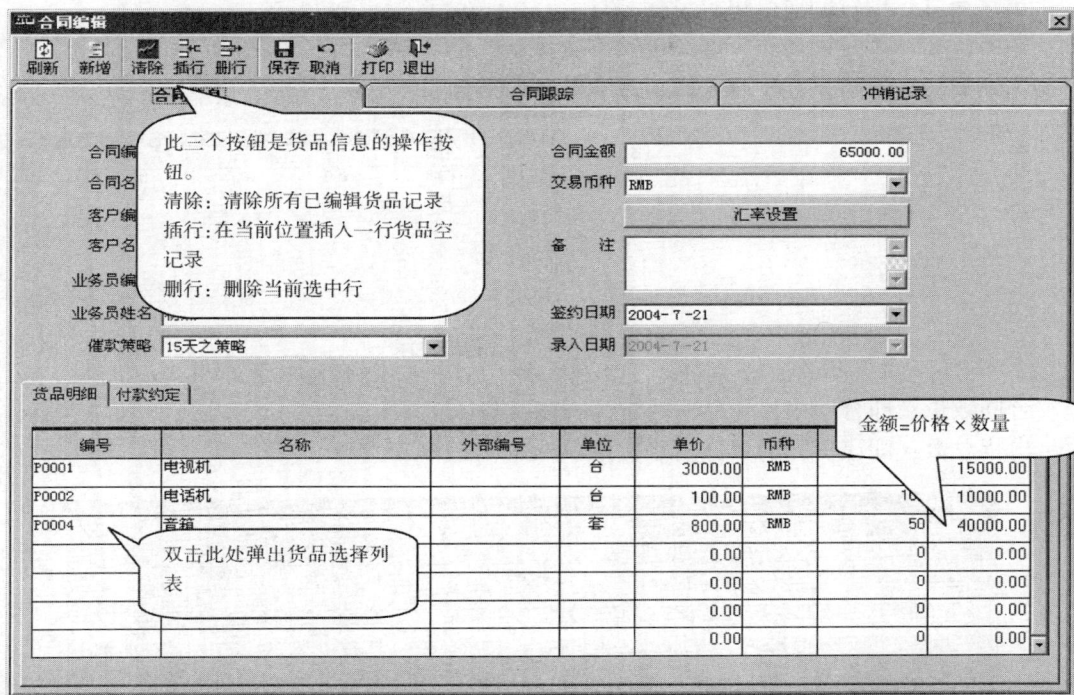

图 4 - 7 - 9　合同中出货操作

插行：在货品输入区域插入一行空记录。

删行：在货品输入区域删除一行记录。先选中一记录，再单击【删除】即可。

如何输入货品：

第一种方法：在编号栏双击，即弹出货品选择框，单击要选择的货品，再编辑即可。

第二种方法：在编号栏输入货品编号，按回车，若货品存在即可加载货品信息，再编辑即可。

第三种方法：货品输入区域直接输入货品信息。

（6）如何操作合同中的付款约定。付款预定有三种方式：货到模式，月结模式，出货指定。

货到模式：即货到几天后付款。

月结模式：即指定月中某一天付款，间隔月数以及天数都可设置。

出货指定：即出货时再指定某一天付款。

（7）如何查看合同的执行状况：其格式如图 4 - 7 - 10 至图 4 - 7 - 12 所示。

合同编号	合同金额	退货金额	折扣金额	出货累计	已清金额	欠款金额	币种
CH2004051392	65 000.00	1 000.00	500.00	45 000.00	1 500.00	43 500.00	RMB

图 4 - 7 - 10　合同执行状况

合同金额：即合同的总金额。

出货累计：即合同所有出货金额累计。

已清金额：即合同出货中已经冲销的金额。

欠款金额：出货累计中减去已清金额的剩余部分。

货品编号	货品名称	单位	单价	币种	合同数量	出货总数	退货总数	欠货数量
P0001	电视机	台	3 000.00	RMB	5	5	0	0
P0002	电话机	台	100.00	RMB	100	100	10	10
P0004	音箱	套	800.00	RMB	50	25	0	25

图 4 - 7 - 11　出货记录

合同数量：即合同中该货品所约定的合同数量。

出货总数：即该货品的累计出货数量。

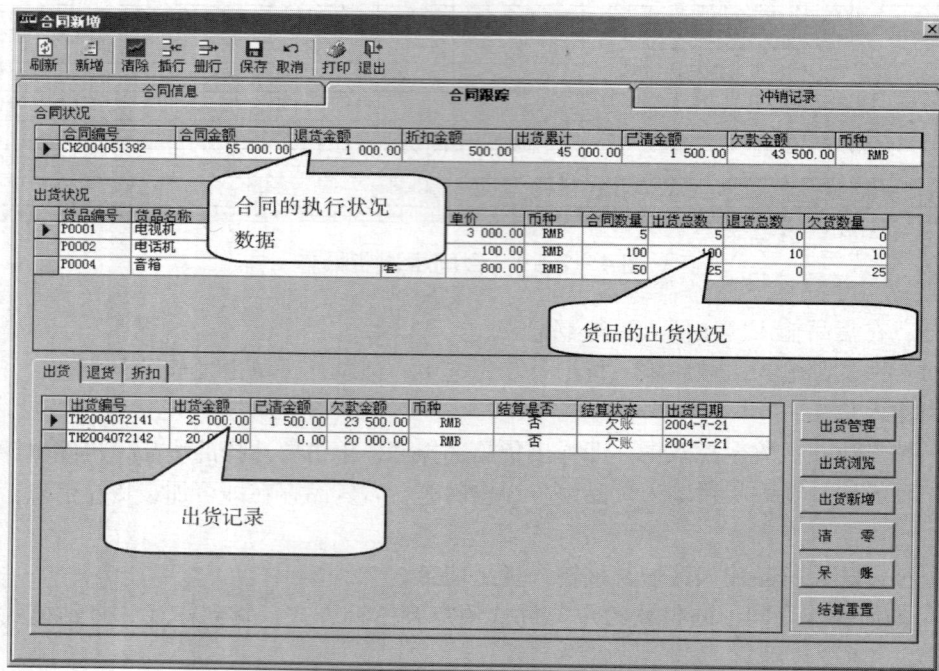

图 4 - 7 - 12　合同跟踪

（8）如何理解合同中的冲销记录。即合同中所有关于冲销出货单欠款的记录。其格式如图 4 - 7 - 13 所示。

（9）如何在合同管理中出货：其格式如图 4 - 7 - 14 所示。

（10）合同执行时的资金流动。

出货：产生欠款。

冲销：出货单的欠款以及资金库对应币种会产生相对应变化。

2. 出货管理。"业务处理"→"出货管理"：其格式如图 4 - 7 - 15 所示。

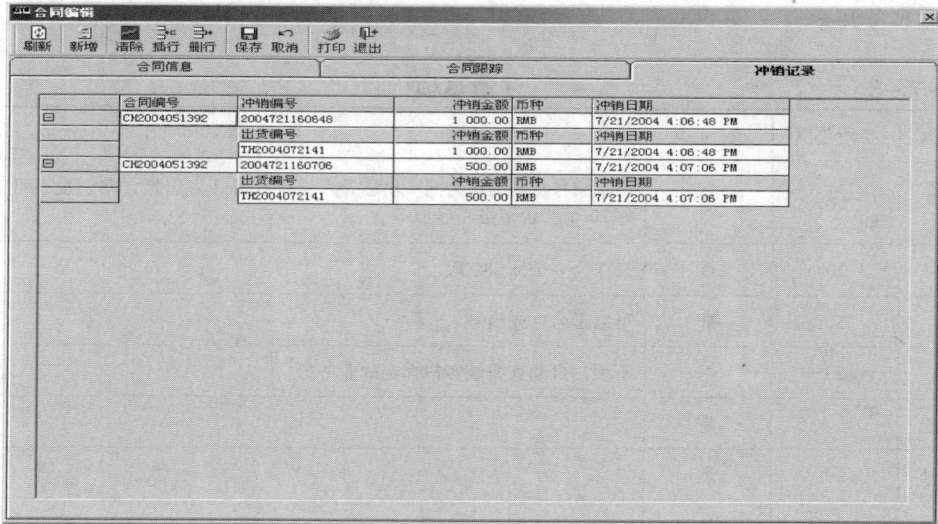

图 4 - 7 - 13   冲销

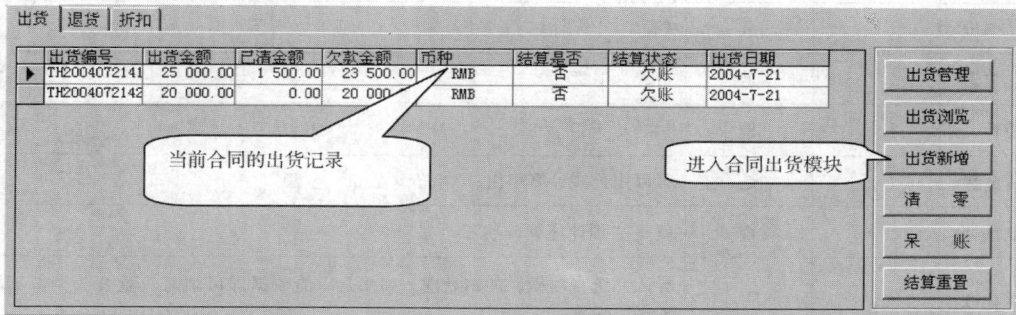

图 4 - 7 - 14   在合同管理中出货操作

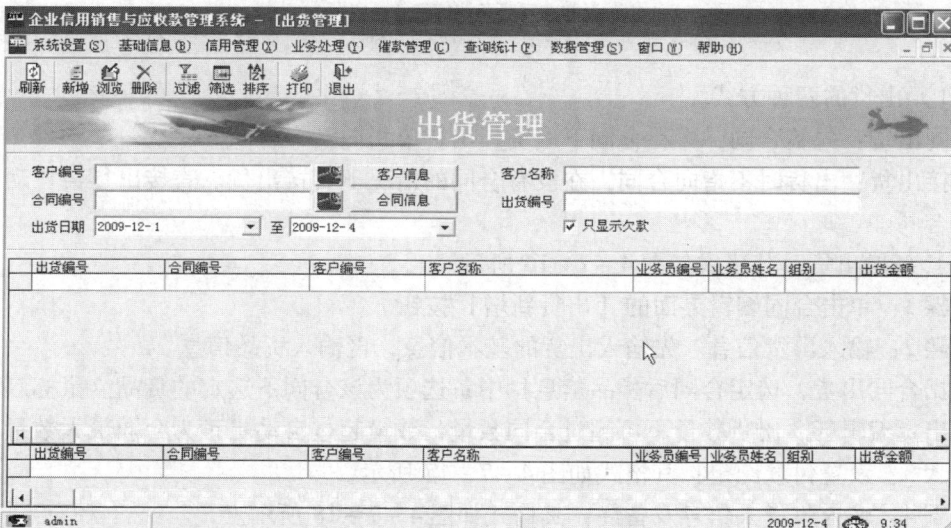

图 4 - 7 - 15   出货管理

注意事项见表 4 – 7 – 5。

表 4 – 7 – 5　　　　　　　　　　　　　　**注意事项**

字段名称	字段范围	是否必填	事 项 说 明
出货单号	50	是	出货编号相同的作为同一出货导入，后面货品为出货详单。也不可太多，最好 20 个，否则报表显示不全
合同编号	20	否	只作为一个标识字段
客户	50	是	可以是名称或编号
业务员	50	否	不填，自动查找该客户绑定的业务员
出货日期		是	
货品编号	20	是	
货品名称	150	是	
货品单位	20	是	
货品单价		是	3 位
货品数量		是	负数为退货
币种		是	
出货金额		是	可以用公式计算得出，"单价×数量＝金额"
回款预期		否	就是"预计还款日期"
收款金额		否	导入系统自动做，冲销处理。如果是以前数据即可填写收款金额，但不能导入多笔付款
收款日期		否	和收款金额对应填写
备注		否	填写付款约定等备注信息

（1）出货的两种方式。

合同出货：先签合同，再在合同下出货。出货单指向某一合同。

直接出货：出货时不指向合同，在没有合同的情况下直接出货。直接出货会自动反向生成一份合同。

（2）新增出货：其格式如图 4 – 7 – 16 所示。

步骤 1：单击合同编辑界面的【出货新增】按钮。

步骤 2：输入出货信息。先输入出货的基本信息，再输入货品信息。

根据合同出货，选定合同后货品信息栏中备选项为该合同下选定的货品。鼠标双击即可添加到出货编辑区。出货数量不可超过合同数量，数量超过自动更正为合同最大数量。

步骤 3：设置付款约定：其格式如图 4 – 7 – 17 所示。

步骤 4：输入收货人信息及备注：其格式如图 4 – 7 – 18 所示。

步骤 5：点击工具条中的【保存】按钮。

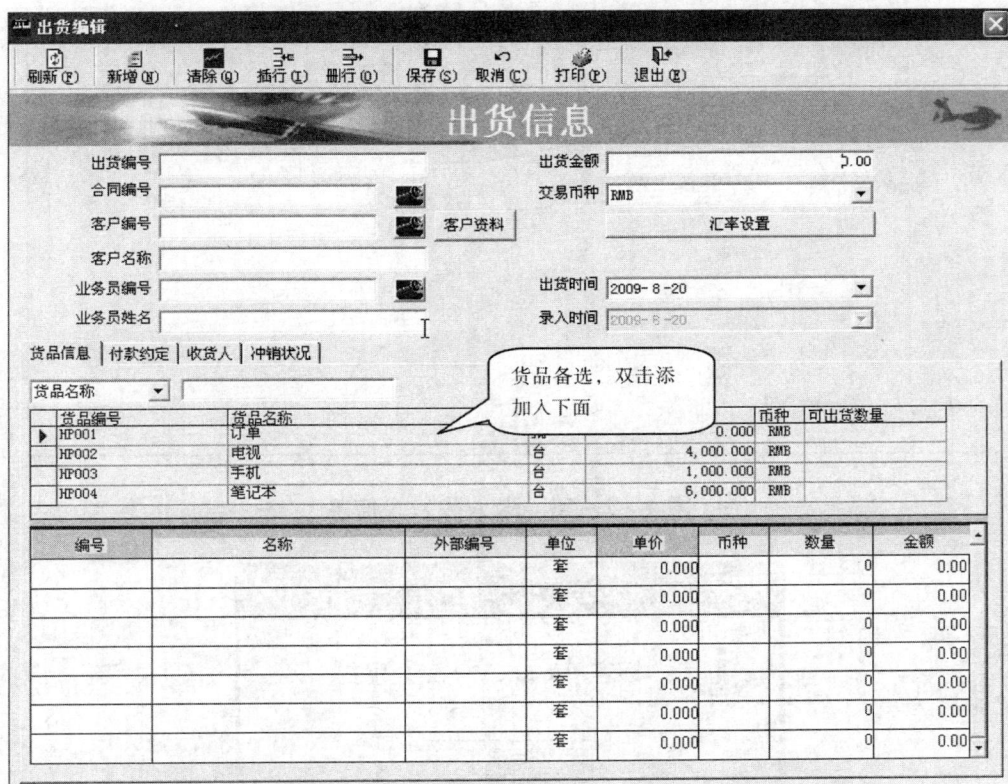

图 4 – 7 – 16 新增出货

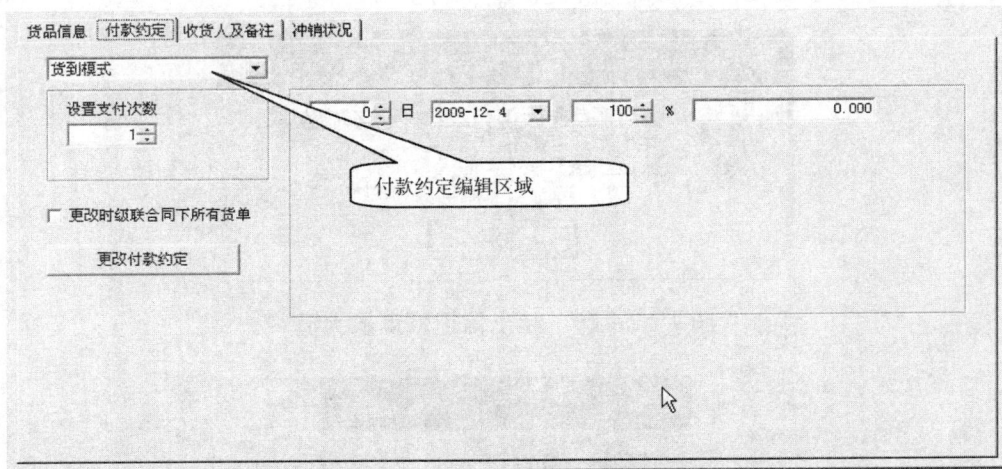

图 4 – 7 – 17 设置付款约定

信用管理提示：其格式如图 4 – 7 – 19 ~ 图 4 – 7 – 21 所示。

A. 当客户被禁用出货时，系统提示。

B. 当出货金额超出信用额度最大值时，系统提示不强制禁止出货。

C. 当赊期超过设定值时，系统提示不强制禁止出货。

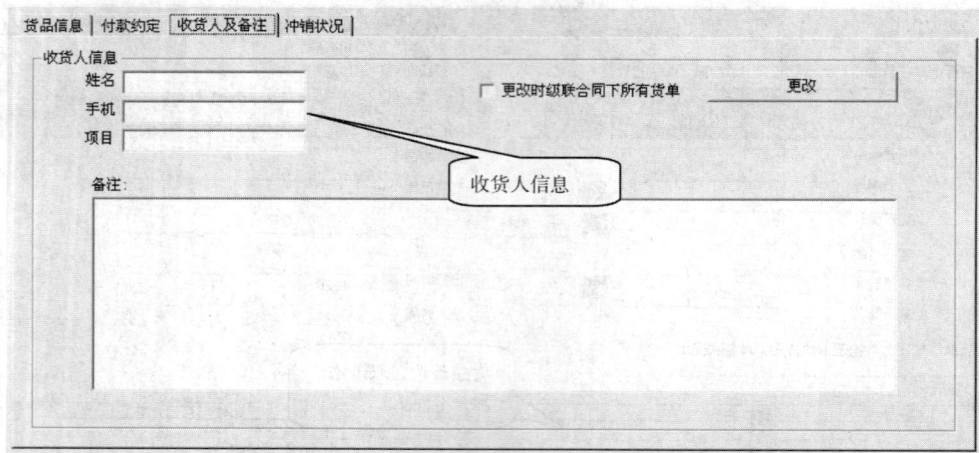

图 4 - 7 - 18　录入收货人信息

图 4 - 7 - 19　禁止出货

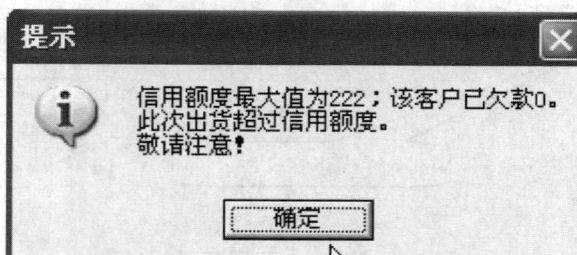

图 4 - 7 - 20　超出信用额度最大值

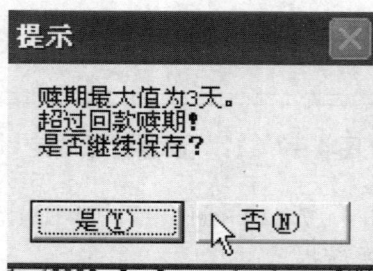

图 4 - 7 - 21　赊期超过设定值

步骤6：生成出货数据表：其格式如图4－7－22所示。

出货单号	合同编号	客户名称	业务员	出货日期	出货单号	货品名称	出货单位	出货单价	出货数量	币种	出货金额	回款描述	收款金额	收款日期	备注
09A0109001		深圳市崇祥精密机械有限公司		2009年9月1日	09A0109001	200VBXA100M16X25	PCS	4.000	50	RMB	200				
09A0109001		深圳市崇祥精密机械有限公司		2009年9月1日	09A0109001	50VYXF22M5X11	PCS	0.180	200	RMB	36				
09A0109001		深圳市崇祥精密机械有限公司		2009年9月1日	09A0109001	200VCFX22M10X16	PCS	0.600	200	RMB	120				
09A0109002		深圳市永晨五金电子有限公司		2009年9月2日	09A0109002	50VYXF2R2M5X11	PCS	0.129	24,000	RMB	3088.8				
09A0109002		深圳市永晨五金电子有限公司		2009年9月2日	09A0109002	50VYXF22M5X11	PCS	0.129	10,800	RMB	1389.96				
09A0109002		深圳市永晨五金电子有限公司		2009年9月2日	09A0109002	50VYXF22M5X11	PCS	0.129	1,800	RMB	231.66				
09A0109003		深圳市进航科技有限公司		2009年9月3日	09A0109003	16VYXF2200M12.5X25	PCS	1.150	600	RMB	690				
09A0109004		上海海蝶集团西南公司		2009年9月3日	09A0109004	50VYXA10M5X11	PCS	0.150	2,000	RMB	300				
09A0109004		上海海蝶集团西南公司		2009年9月3日	09A0109004	50VYXA1M5X11	PCS	0.140	2,000	RMB	280				
09A0109005	HT0001	东莞市太平洋计算机科技有限公司		2009年9月4日	09A0109005	16VYXA100M5X11	PCS	0.100	3,000	RMB	300				
09A0109005	HT0001	东莞市太平洋计算机科技有限公司		2009年9月4日	09A0109005	25VYXA470M10X12.5	PCS	0.375	3,000	RMB	1125				
09A0109005	HT0001	东莞市太平洋计算机科技有限公司		2009年9月4日	09A0109005	25VYXA1000M10X20	PCS	0.550	2,000	RMB	1100				
09A0109005	HT0001	东莞市太平洋计算机科技有限公司		2009年9月4日	09A0109005	16VYXA470M8X11.5	PCS	0.280	1,000	RMB	280				
09A0109006		信义汽车玻璃（东莞）有限公司		2009年9月4日	09A0109006	50VYXA470M10X20	PCS	0.580	600	RMB	348				
09A0109007		深圳市进航科技有限公司		2009年9月4日	09A0109007	50VYXF10M5X11	PCS	0.130	1,000	RMB	130	2009年9月10日			
09A0109007		深圳市进航科技有限公司		2009年9月4日	09A0109007	25VYXF1000M12.5X20	PCS	0.870	400	RMB	348	2009年9月10日			
09A0109007		深圳市进航科技有限公司		2009年9月4日	09A0109007	16VYXF2200M12.5X25	PCS	1.150	4,200	RMB	4830	2009年9月10日			
09A0109007		深圳市进航科技有限公司		2009年9月4日	09A0109007	50VYXF100M6.3X11	PCS	0.200	1,000	RMB	200	2009年9月10日			
09A0109008		金迪亚服装（深圳）有限公司		2009年9月7日	09A0109008	35VYXA2200M16X25	PCS	2.000	300	RMB	600	2009年9月10日			
09A0109009		信义汽车玻璃（东莞）有限公司		2009年9月7日	09A0109009	50VYXA10M5X11	PCS	0.100	6,000	RMB	600		6,000	2009-9-7	
09A0109009		信义汽车玻璃（东莞）有限公司		2009年9月7日	09A0109009	25VYXA47M5X11	PCS	0.100	4,200	RMB	420		4,200	2009-9-7	
09A0109009		信义汽车玻璃（东莞）有限公司		2009年9月7日	09A0109009	50VYXA5M5X11	PCS	0.100	8,400	RMB	840		8,400	2009-9-7	
09A0109009		信义汽车玻璃（东莞）有限公司		2009年9月7日	09A0109009	50VYXA220M6.3X11	PCS	0.125	8,400	RMB	1050		8,400	2009-9-7	
09A0109010		天威新能源控股有限公司			09A0109010	50VYXA10M5X11	PCS	0.100	3,000	RMB	300				
09A0109010		天威新能源控股有限公司			09A0109010	35VYXA1000M12.5X20	PCS	0.900	1,000	RMB	900				
09A0109010		天威新能源控股有限公司			09A0109010	10VYXF1000M10X16	PCS	0.510	1,000	RMB	510				
09A0109011		上海海蝶集团西南公司		2009年9月8日	09A0109011	16VYXA470M8X11.5	PCS	0.300	600	RMB	180				
09A0109012		东莞市瑞柯电机有限公司		2009年9月8日	09A0109012	16VYXA470M8X11.5	PCS	0.300	2,000	RMB	600				
09A0109012		东莞市瑞柯电机有限公司		2009年9月8日	09A0109012	50VRD10M5X11	PCS	0.100	1,000	RMB	100				
09A0109012		东莞市瑞柯电机有限公司		2009年9月8日	09A0109012	50VRD10M5X11	PCS	0.100	1,000	RMB	100				

图4－7－22　出货数据表

（3）更改出货。出货在付款之前可以更改，一旦付款冲销，货单不可更改。必须更改则可通过反冲销实现。

出货有付款后，就不可更改了。但可以单独更改付款方式和备注。

修改出货付款方式，可以选择同步同一合同下的所有出货单据的付款方式，并重新计算冲销。

（4）删除出货。为了维持数据的完整性，出货单不可以删除。

（5）如何编辑付款约定：若出货指向某一合同，出货的付款约定继承合同的付款约定。若出货不指向某一合同，出货的付款约定继承客户的付款约定。

货到模式：其格式如图4－7－23所示。

图4－7－23　编辑付款约定

月结模式：其格式如图4－7－24所示。
货到模式：其格式如图4－7－25所示。

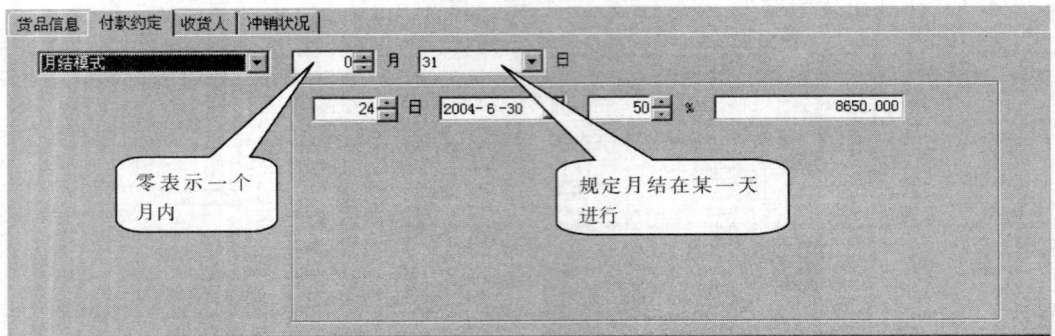

图 4 –7 –24　月结模式

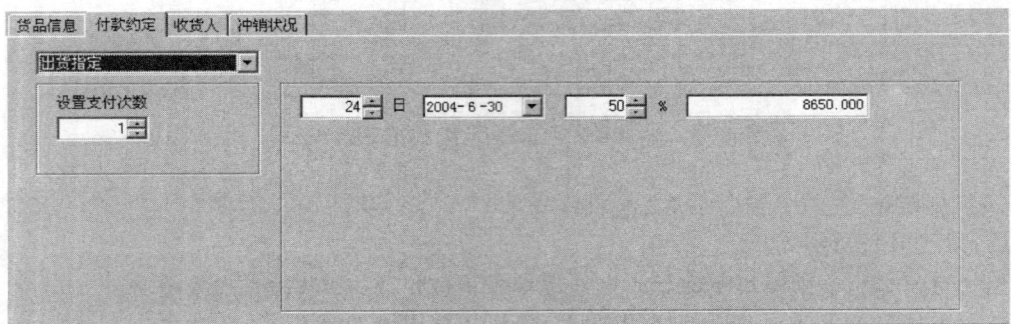

图 4 – 7 – 25　货到模式

（6）出货冲销。货单一经出货，就产生出货欠款。当客户有了相对应的币种金额，就可冲销这些出货欠款。

（7）呆账的作用。对还款无望的货单置为呆账状态，一方面可结束货单的欠款状态，另一方面可方便统计还款无望的出货欠款。

（8）结算重置的作用。如果一货单的状态为呆状或清零，可重置该货单，恢复它的欠款状态。

（9）如何统一更改出货的催款策略。修改客户绑定催款策略，即可实现统一更改出货的催款策略。

提示：

新增出货时，有两种方式，一种是单独出货；另一种是根据合同出货。

单独出货操作方式同新增合同相似；根据合同出货则自动继承合同的编号，客户，业务员，币种，货品信息，付款方式等信息。

汇率设置，直接在合同或者出货中的汇率设置，币种之间的互相转换是分开设置。这里改动直接影响到整个软件的汇率。

单独出货方式，备选货品信息栏中会罗列出系统中所有货品信息。也可以自己直接在货品输入栏中输入货品信息，添加成功后，该货品会自动添加到系统的货品管理模块中。

根据合同出货，备选货品信息栏中只罗列出该合同下的货品。

添加货品的注意，鼠标点击下面的货品编辑区，再鼠标双击可选货品，手动填写出货数量，当鼠标焦点移开时，系统会自动算出该货品的合同金额和合同的总金额。

根据合同出货，出货数量不可以超过合同中货品数量，默认为合同数量。

添加两件以上货品时，注意鼠标要点击到下一行，否则会替换掉前一个货品信息。

如果货品较多，可以通过查询出货品信息。

其他说明：

① 主要业务逻辑，设计到出货记录、回款记录、冲销记录。

② 客户和业务员均可填写编号或名称。

③ 货品信息不做强制限制，系统中没有该货品信息也可以。

④ 系统中没有该币种，将报错。

⑤ 账龄日期为预计回款日期。

⑥ 回款金额和回款日期必须一同填写。只针对货单回款。

⑦ 出货单号相同，看作同一笔出货，后面的货品作为出货明细。

⑧ 出货数量为负数的作为退货处理。如果在同一出货单中，将自动冲销。

⑨ 在不同出货单中，退货金额将直接进入客户账户，需要自行冲销。

3. 收款管理。进入方法："业务处理"→"收款管理"。

（1）注意事项见表 4 - 7 - 6。

表 4 - 7 - 6　　　　　　　　　　　注意事项

字段名称	字段范围	是否必填	事 项 说 明
收款编号	20	是	编号不能重复，最好用简称
客户	150	是	可以是名称或编号
金额	20	是	
日期	20	否	
预冲合同编号		是	
预冲出货编号	20	是	
备注	250	否	

（2）新增付款：其格式如图 4 - 7 - 26 所示。

步骤 1：点击付款管理窗体工具条中的【新增】按钮，弹出新增编辑窗体。

步骤 2：输入收款编号、收款金额、选择客户、币种。

步骤 3：点击【确定】按钮即可。

提示：

多批次发货收款时间为最后一次出货日期为准来推算。

新增收款时，催款延缓为该客户有欠款进入催款流程即催款任务中，在确认对方付款并不能及时到账的时候，准予几天到账延缓，不予产生催收提示。系统中如果在设定的几天后认为有到账确认动作，系统将自动重新生成催款任务进行提示。

新增，只有选择到账确认，客户才可以冲销欠款货单。

（3）删除收款记录。

步骤 1：在收款管理中选择要删除的记录。

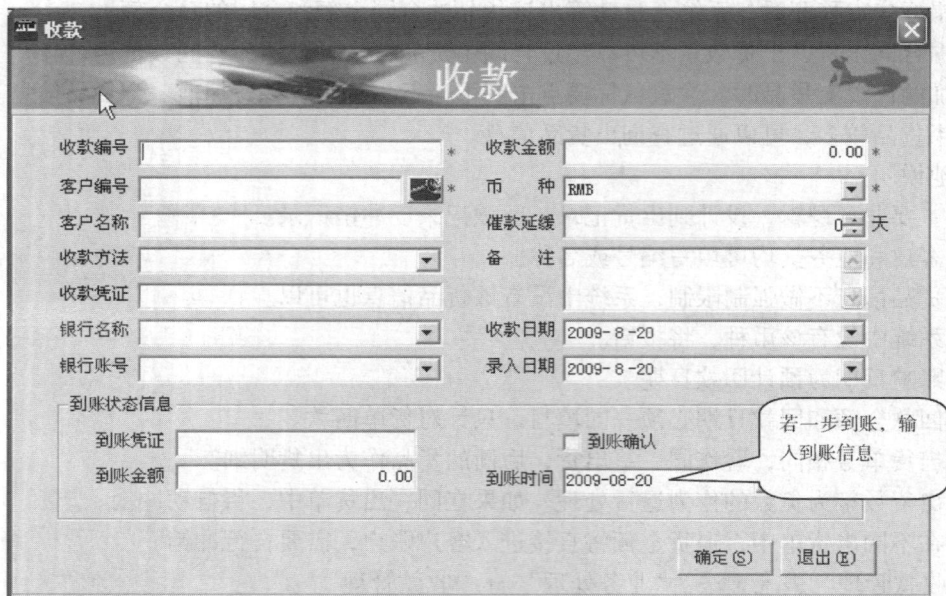

图 4 - 7 - 26　新增付款

步骤 2：点击收款管理窗体工具条中的【删除】按钮即可。

提示：删除收款记录并不影响该收款已经影响的数据。

（4）如何分步到账：其格式如图 4 - 7 - 27 所示。

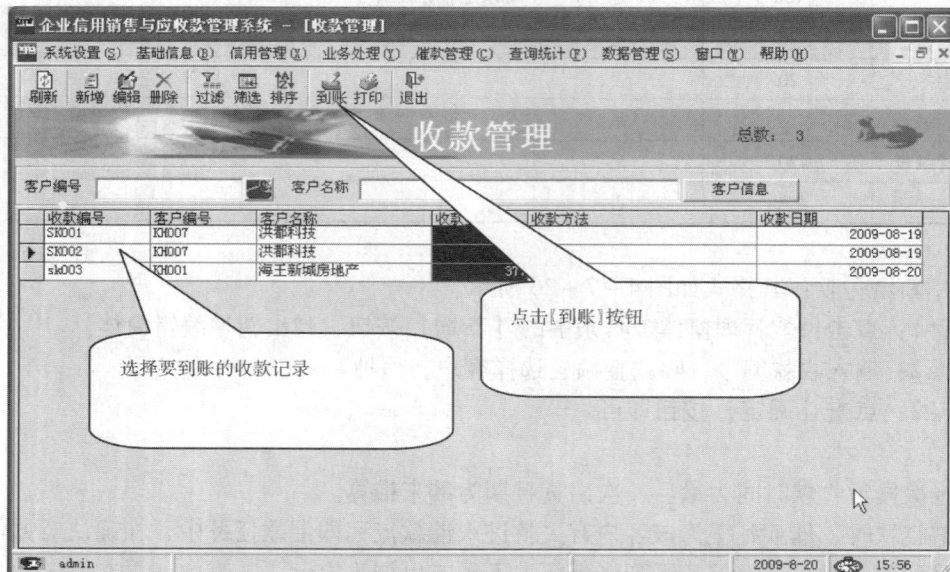

图 4 - 7 - 27　分步到账设置

步骤 1：在收款管理中选择要到账的记录。

步骤 2：在收款管理工具条中选择【到账】按钮。

步骤3：在到账确认窗体中点击到账确认和输入到账金额：其格式如图4-7-28所示。

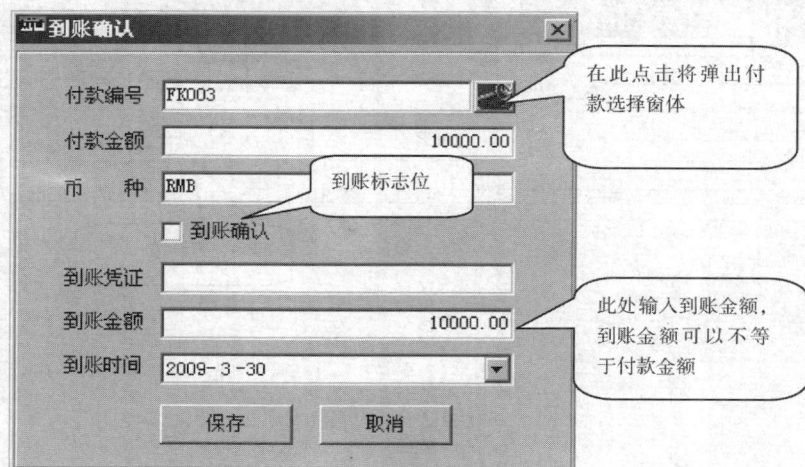

图4-7-28 到账确认

步骤4：点击【保存】即可。

（5）催款停止日的作用。如果客户有了一笔付款，在付款时可对该客户所有的欠款货单停止催款提醒数日，即催款停止日，过了这个天数再继续催款。所以最新的催款起始日期是在这个日数设置之后。而这个催款起始日可在催款管理的催款起始模块中再重新设置。

（6）收款的资金流向。

直接到账：收款金额直接流向客户的到账金额中，有了到账金额就可去冲销货单，或进行币制转换。

间接到账：收款金额流向客户的在途金额中，到账后再流向客户到账金额中；有了到账金额就可去冲销货单，或进行币值转换。

4. 冲销管理。进入方法："业务处理"→"冲销管理"。

（1）冲销方式：其格式如图4-7-29所示。

可以有两种不同的冲销模式：自动冲销、选择性冲销。

① 自动冲销：根据付款约定的时间顺序，由前往后排列，依次冲销。

步骤1：选择客户，设置日期。

步骤2：点击"自动冲销"，系统按照货单付款约定的先后顺序，由前往后冲销。

步骤3：点击"确认"。

② 选择性冲销：选择要冲销的货单（此货单根据付款方式已被分成了，不同的小项）进行冲销。此处可跳跃冲销货单。其格式如图4-7-30所示。

步骤1：选择客户，设置日期。

步骤2：点击"选择性冲销"，可根据合同号或出货单号或时间段等三种方式冲销。待冲销的货单显示在下面一栏的备选区。

步骤3：鼠标双击，要冲销的货单添加进入最下面一栏的冲销货单区。

步骤4：点击"确认"。

（2）生成冲销数据表：其格式如图4-7-31所示。

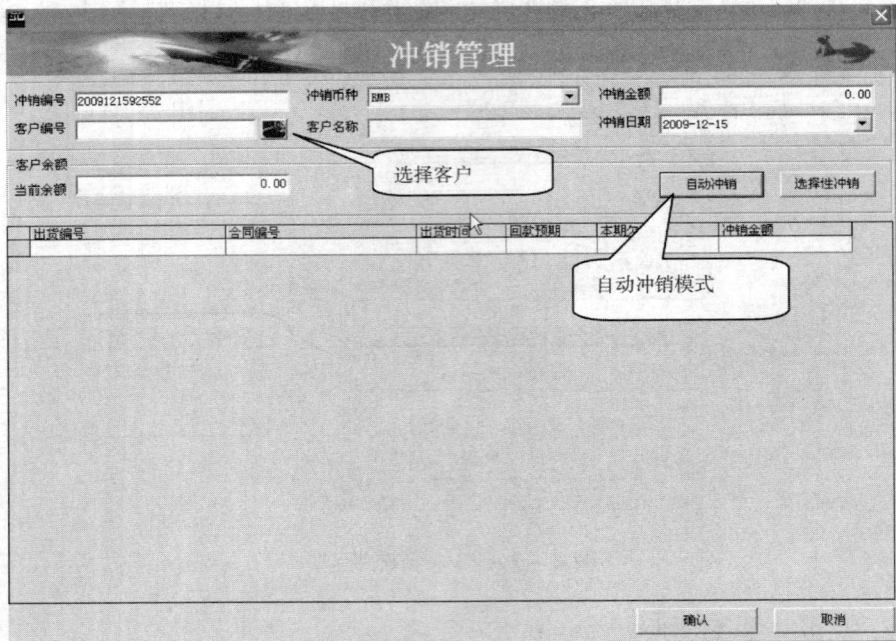

图 4 – 7 – 29　冲销方式

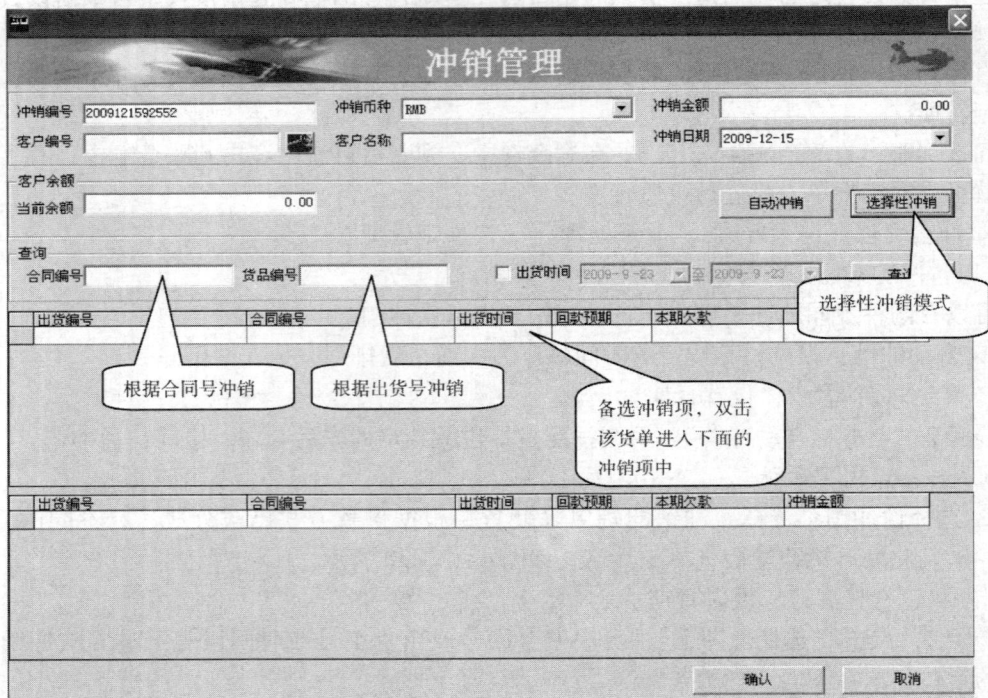

图 4 – 7 – 30　选择性冲销

收款编号	客户	金额	币种	日期	预冲合同编号	预冲出货编号	备注
SK000001	深圳市大兴惠业电子有限公司	500	USD	2009-12-1	THX04081088-LJX		
SK000002	银科科技发展（深圳）有限公	500	RMB	2009-12-2		THX04081088-LJX0	
SK000003	恒亚电工（深圳）有限公司	7881.2	RMB	2009-12-4			
SK000004	银科科技发展（深圳）有限公	1000	RMB	2009-12-2	THX04071071-ZXJ		
SK000005	深圳市盛世创业光电科技有限	10000	RMB	2009-12-3		THX04081036-ZXJ0	
SK000006	深圳市惠尔益电子有限公司	18500	RMB	2009-12-4	THX04111021-TS	THX04111021-TS1	

图 4 - 7 - 31　冲销数据表

5. 资金管理：其格式如图 4 - 7 - 32 所示。

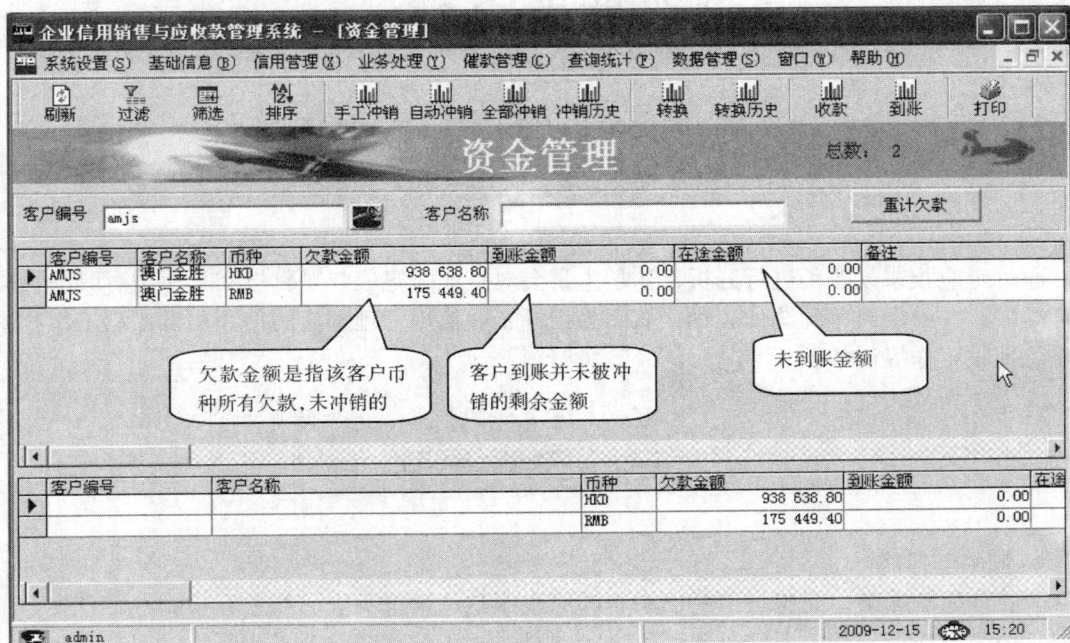

图 4 - 7 - 32　资金管理

注：当"欠款金额"和"到账金额"都有金额时，将提示"请立即冲销"予以提示。

实验八

应 收 款 账 龄 分 析

（验证性实验）

（一）　实验目的

通过对应收账款账龄进行分析，让学生学会对企业每笔应收账款按对其所持有时间长短进行排序，并给予简单的统计表述，从而为指导企业信用管理部门的信用额度控制工作和逾期账款催收工作提供依据。

（二）　实验原理

1. 账龄的概念

应收账款的账龄，是指资产负债表中的应收账款从销售实现、产生应收账款之日起，至资产负债表日止所经历的时间，简而言之，就是应收账款在账面上未收回的时间。

2. 账龄分析的作用

对应收账款的账龄进行分析，对内有利于评价销售部门的经营绩效，加快货款回笼，减少坏账损失；对外有利于会计报表使用者了解公司应收账款的周转情况、分析应收账款的质量状况、评价坏账损失核算方法的合理性。

3. 账龄分析的特点

分期内期外及期外分时段统计；账龄段的间距大小可以随意更改，从而可以系统分析应收账的分布；账龄分析添加了 DSO 项，可更系统地把握客户的回款能力，通过计算 DSO，了解到企业的现金储备是否充足，企业管理政策是否合理和有效，以及信用管理改进的目标。把 DSO 和所有赊销业务合同规定的平均赊销期限进行比较，可以清楚地了解到企业资金被占压的时间和损失。

4. 将所有客户的逾期账款按风险程度进行等级分类。

5. DSO（Dales Sales Outstanding）值的常用计算方法。

DSO，中文翻译为"销售未清账期"。即一个企业的所有赊销业务员中，每笔应收账款平均多长时间内收回。DSO 的重要意义在于，它可以使销售变得理性化。企业通过计算

DSO，了解到企业的现金储备是否充足，企业管理政策是否合理和有效，以及信用管理改进的目标。把 DSO 和所有赊销业务合同规定的平均赊销期限进行比较，可以清楚地了解到企业资金被占压的时间和损失。

（1）倒推法：总应收款减去总的日销售额，逐日算回去，直到总应收款数字被减光为止。

（2）季度平均法：DSO =（应收货款×92）/前 3 个月销售额，这种方法实际上是取得了与应收款最为相关的 3 个月销售的日平均值用于结算。

（3）年度平均法：DSO =（年底应收货款×365）/年销售额，这是当只有年底数据已知时使用的计算方法。

（4）按账龄分类计算的方法。

贷款在外天数 = 每月未收账款/日销售额

DSO = 各月贷款在外天数之和

（三） 实验内容

1. 熟悉应收款账龄的列表分析、二维象限分析方法。
2. 掌握应收账款逾期的确认方法。
3. 学会按逾期时间对应收账款进行分类管理。

（四） 实验步骤

以下实验数据项根据提供的示例数据来操作。

实验项一：账龄横向统计

1. 将客户交易所产生的每笔应收账款按对其所持有时间长短进行排序。

2. 在系统中自动生成每个客户的账龄分析表和总表。

3. 生成逾期账龄分析表：其格式如图 4 - 8 - 1 所示。

4. 根据逾期的金额和逾期时间确定催收对象和催收工作重点：其格式如图 4 - 8 - 2 所示。

实验项二：账龄纵向统计

步骤 1：点击菜单 "业务处理" → "出货管理"。

步骤 2：点击【过滤】按钮，进入多条件查询页面。其格式如图 4 - 8 - 3 所示。

步骤 3：输入查询条件。查选逾期账龄在 1～2 年的出货单据。

查询栏目：选择 "逾期账龄"。

查询模式：选择 "包含"。

查询内容：填写 "1～2 年"。

提示：

"合同管理" 也可以进行账龄纵向查询，但其账龄是最后一次出货时间所定的。

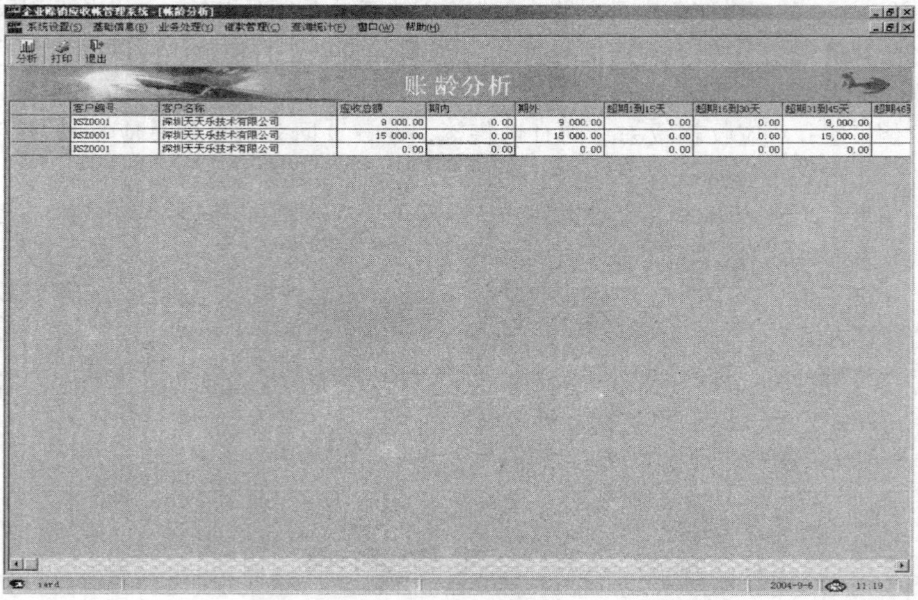

图 4-8-1　逾期账龄分析表

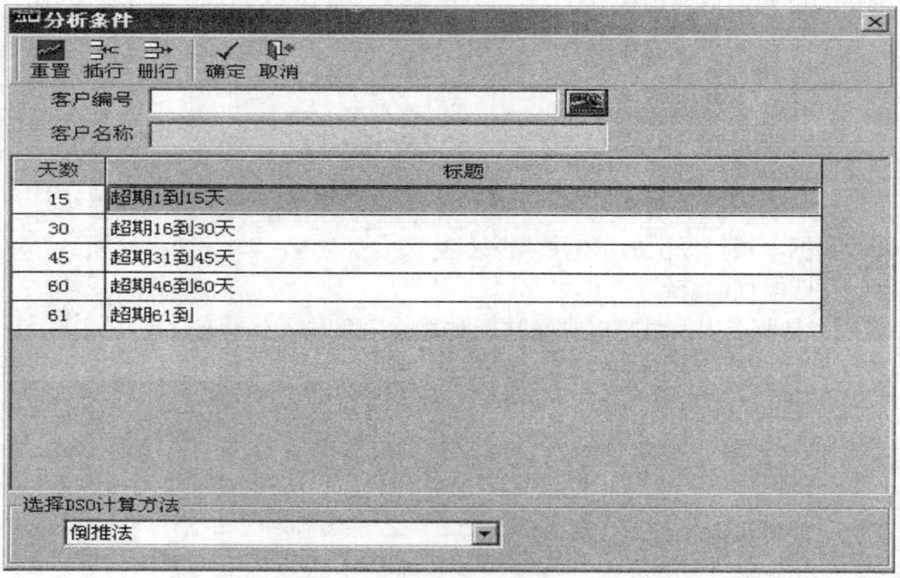

图 4-8-2　确定催收对象

点击查询统计前，事先确定出货管理界面内出货时间段是否有出货数据。"过滤"中有两个以上查询条件时，查询结果必须同时满足才可显示出来。

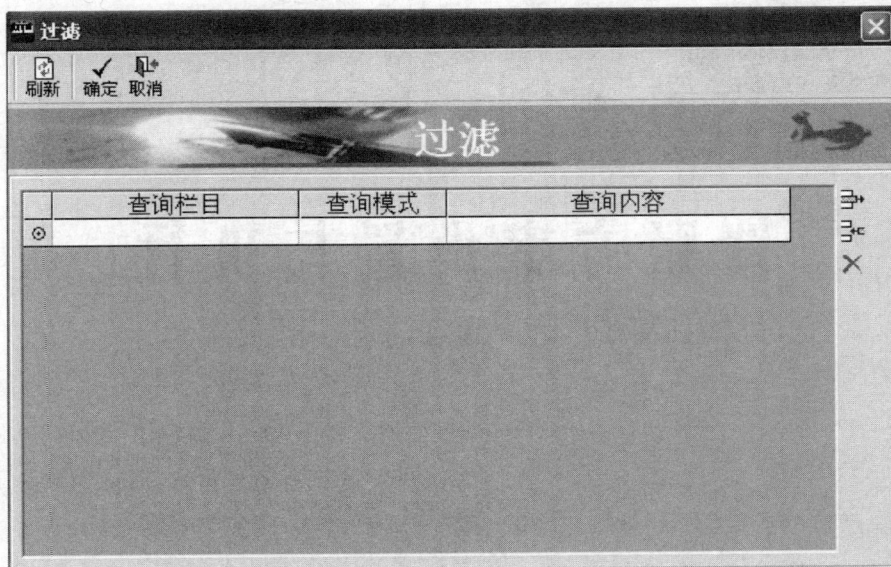

图 4 – 8 – 3　过滤

催 账 方 案 设 置 与 执 行
（设计、演示性实验）

（一） 实验目的

通过对催账方案设置与执行的实验，让学生掌握逾期的应收账款的催收策略，学会对企业不同程度逾期的应收账款应采用什么样的催收策略、催款任务和催收方案。

（二） 实验原理

1. 设定催款策略需考虑的因素。催款策略是针对客户逾期账款追账而采取的政策性指导和行动方针，它直接对账款催账和追收活动的范围及深度作出了限制。要达到理想的催账效果，需要考虑和处理好客户、销售部门、公关部门等多方面的关系。因此，给客户设定催款策略要考虑如下问题：

（1）客户关系问题：是否继续对某个已有拖欠记录的客户继续赊销？是否改变交易方式？

（2）内部关系问题：对拖欠客户进行催款，有可能得罪该客户，影响销售部门个别人员的利益关系。

（3）催款方式和力度问题：对客户施加的压力越大，客户关系就会越紧张。

2. 催款任务产生流程：其格式如图 4 - 9 - 1 所示。催款任务的作用就是对已到回款期的欠款，在策略执行计划内进行欠款提醒。

图 4 - 9 - 1　催款任务流程

3. 催款任务的分配。分配催款任务属于信用管理部门日常管理工作内容，信用经理或部门的负责人必须了解不同收账方法的任务量、不同客户的催账难度、不同催账人员的能力和特长。可以根据催账的难度大小，将拖欠客户分成不同的等级，以均衡各人员的工作量或工作强度。

客户群的组成和类别是分配催账任务时考虑的一项因素。通常，对于信用管理制度不太完善的企业，催账的成功率取决于账龄。对于信用管理制度较完善的企业，影响催账工作的因素主要包括客户企业经理人的品德、工作作风、经营状况、所在地域、所在行业等。在分配催款任务时，信用经理或部门的负责人要根据内勤催账人员的能力、擅长手段、客户关系等特点，将不同的催款任务交给不同的人员办理。如有的催款人员追踪能力强，适合接受那些试图逃避债务的违约客户，有的催款人员对客户施加压力的能力较突出，可以分配一些棘手客户的催款任务。

业内同岗位的平均工作量指标也是分配催款任务的依据之一。对于企业的内勤催账人员的任务分配指标，可以参考专业类商账追收机构的工作量情况。

在分配催款任务时，少数情况需派出外勤催款人员，与违约客户面对面协商。上门催款人员需要同时考虑合法操作、人身安全、追账成本等一系列问题。在时间安排上，可以考虑与销售人员共同上门的时间，在地点安排上，要尽可能安排外勤催款人员在一天内顺路完成计划的催款任务，以节省时间和成本。

4. 催款程序的设置。信用管理部门应设计一个行之有效的逾期应收账款追收程序，它是内勤催账工作成功的保障，也是内勤催款人员的业务操作指南。逾期应收账款的催账程序应从应收账款到期开始，通过信函、电话或邮件的形式礼貌地提醒客户付款期已到，应予付款。如仍未收到客户付款，催款人员可能再次通过欠款客户的反馈仔细分析原因，包括应收账款发生原因和无法回收的原因，寻找对策。然后再次通过函电或专程上门实施催款，对欠款客户施加的压力要逐步增强。执行催账程序的每一步都可在系统中列表查看，可作为内勤催款人员的备忘录，也便于信用经理检查工作。催款程序见表4-9-1所示。

表4-9-1　　　　　　　　　　　　　催款程序

步骤	逾期时间	追收内容	联系方法	追收方式	执行人员
1	3天内	提醒客户	传真或信函	礼貌提示	客户协调员
2	第7天	提醒客户	传真或信函	再度提示	客户协调员
3	2周	了解问题	电话	了解情况	客户协调员
4	4周	第一次正式催账	传真或信函	显示证据	信用监理
5	5周	第二次正式催账	传真或信函	严肃通知	信用监理
6	6周	压迫式谈话	通话或拜访	表达不满	信用监理
7	7周	第一次经理对话	通话或拜访	催账升级	信用部经理
8	8周	第二次经理对话	通话或拜访	催账升级	信用部经理或主管副总
9	8周后3天	最后通知	挂号信	最后通牒	公司名义
10	9周	专业追账	不再联系	多种方式	信用部、律师、专业机构

（三）实验内容

1. 掌握催收策略。
2. 制订相应的催收方案。在出货后，便形成了欠款，此时涉及催收、账龄统计的信用信息。
3. 催款任务。催款任务的作用就是对已到回款期的欠款，在策略执行计划内进行欠款提醒。

客户绑定了催款策略，在客户出货后产生欠款，根据付款约定的时间来推算该笔欠款是否逾期，逾期即提出相应的警示。

（四）实验步骤

实验项一：制定催款策略：其格式如图4-9-2和图4-9-3所示。

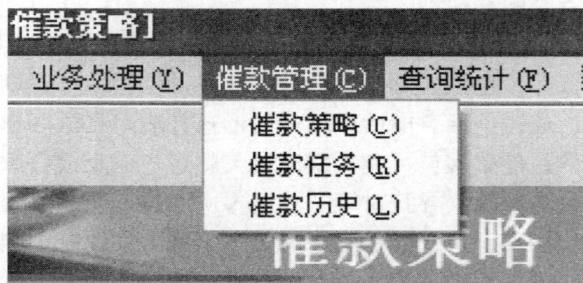

图4-9-2 催款管理

步骤1：点击菜单"催款管理"→"催款策略"。

步骤2：进入催款策略管理界面。

步骤3：点击"新增"。

如何使用策略编辑窗体：其格式如图4-9-4所示。

插行：点击【插行】按钮，在编辑区域将插入一行空记录，等待数据输入。

删行：先选中编辑区域中的一个记录，再点击【删行】按钮，即删除此记录。

另注：在催款间隔输入一个数字，再在催款任务中输入任务内容，按回车就可新增一空记录。

输入表4-9-2所列内容。

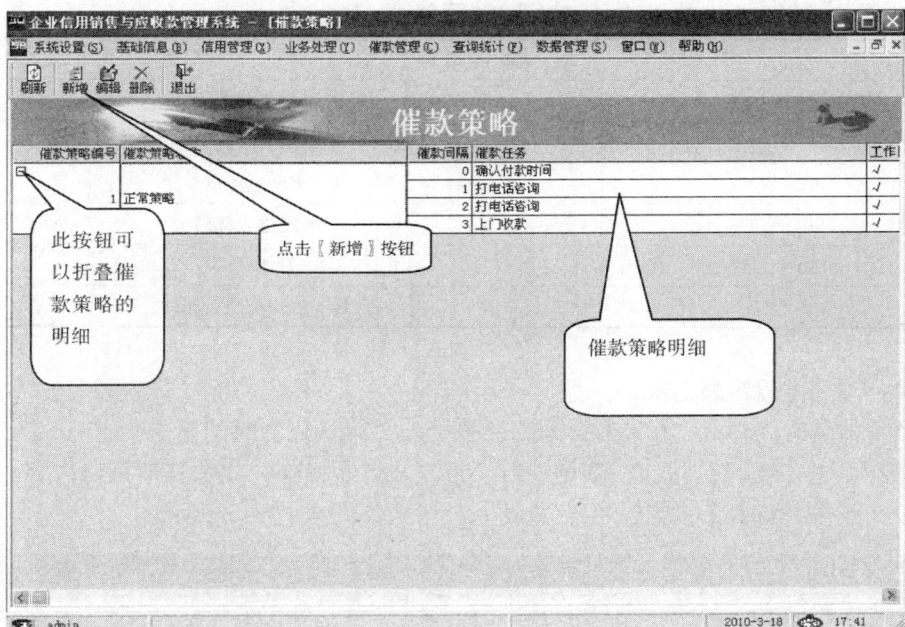

图 4 - 9 - 3　催款策略管理

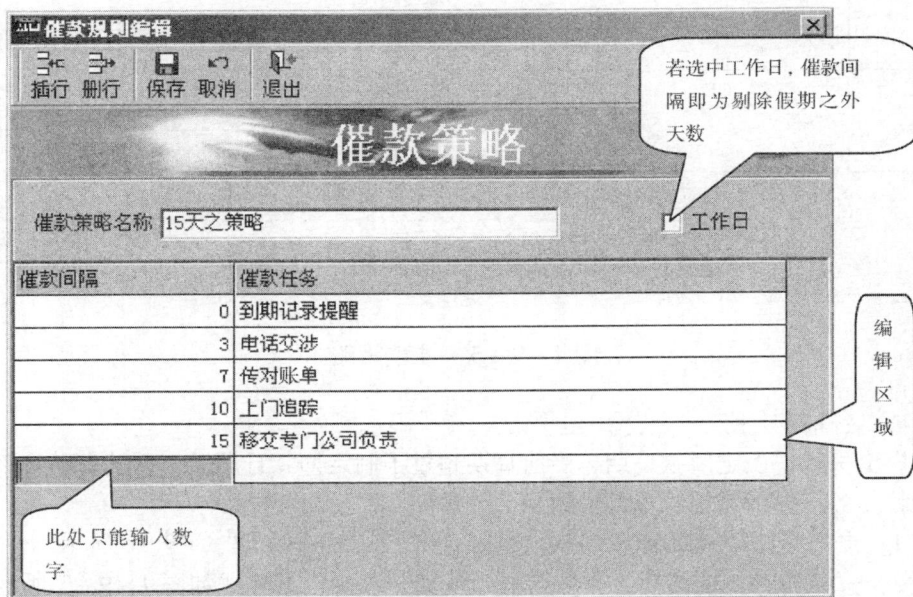

图 4 - 9 - 4　新增催款策略

表 4 - 9 - 2 赊销策略

赊 销 策 略	
催款间隔（天）	催款任务
0	确认付款时间
30	询问业务员
90	转交催收部门
180	发律师函
365	转交法律部门，起诉

步骤 4：填写催款策略名称。

步骤 5：催款时间输入"0"天，催款任务输入"确认付款时间"。

步骤 6：点击【插行】按钮，新增一行。重复步骤 5 操作，添加其他策略内容。

步骤 7：点击【保存】按钮，保存成功。其格式如图 4 - 9 - 5 所示。

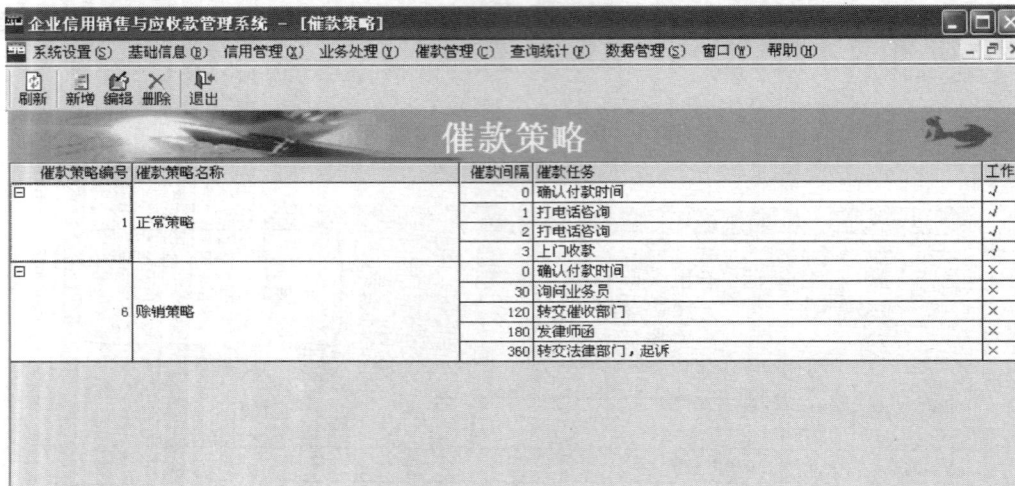

图 4 - 9 - 5　催款策略

实验项二：催款任务

当客户出货后，设定回款日期，当前日期超过了制定回款日期后，系统自动将该笔出货加入到催款任务，提示信用管理人员做相关处理。

步骤 1：点击菜单"催款管理"→"催款任务"，其格式如图 4 - 9 - 6 所示。

步骤 2：选择任意一个催款任务，点击"反馈"按钮。其格式如图 4 - 9 - 7 所示。

步骤 3：输入催款反馈内容。

步骤 4：点击"确定"。

提示：当天有反馈处理的欠款，只要该笔出货仍有欠款，在隔天后还是会出现提示。

实验项三：延缓催款

客户欠款，通过催收对方予以付款，但有的时候款项到账并未及时。比如银行结算等原因。这时需要在付款操作中设定"催款延缓"项，以及在该付款日期的几天内，不提示催收任务。

企业信用销售与应收款管理系统 - 【催款任务】

系统设置(S) 基础信息(B) 信用管理(X) 业务处理(Y) 催款管理(C) 查询统计(F) 数据管理(S) 窗口(W) 帮助(H)

刷新　浏览　删除　过滤　筛选　排序　反馈　追增　打印　退出

催款任务

总数：44

编号	业务员姓名	客户名称	出货编号	本期欠款	币种	应回款日期	逾期天数	工作日	催款任务	催款反馈	生成日期
45	陈国伟	东莞高森电子有限公司	HT00033110	8,400.00	RMB	2009-7-7	255	是	上门收款		2010-3-19
46	陈国伟	东莞高森电子有限公司	HT00033150	37,500.00	RMB	2009-7-7	255	是	上门收款		2010-3-19
47	陈国伟	东莞高森电子有限公司	HT00033580	37,500.00	RMB	2009-8-14	217	是	上门收款		2010-3-19
48	陈国伟	东莞高森电子有限公司	HT00033960	37,500.00	RMB	2009-9-11	189	是	上门收款		2010-3-19
49	陈国伟	东莞高森电子有限公司	HT00034120	37,500.00	RMB	2009-9-25	175	是	上门收款		2010-3-19
50	陈国伟	东莞高森电子有限公司	HT00034200	37,500.00	RMB	2009-10-15	155	是	上门收款		2010-3-19
51	周志阳	东莞贝特利电子有限公司	HT00030673	20,100.00	RMB	2008-12-10	464	是	上门收款		2010-3-19
52	周志阳	东莞贝特利电子有限公司	HT00031600	10,000.00	RMB	2009-2-26	386	是	上门收款		2010-3-19
53	周志阳	东莞贝特利电子有限公司	HT00031601	9,500.00	RMB	2009-2-26	386	是	上门收款		2010-3-19
54	周志阳	东莞贝特利电子有限公司	HT00031610	50,000.00	RMB	2009-4-21	332	是	上门收款		2010-3-19
55	周志阳	东莞贝特利电子有限公司	HT00034220	74,500.00	RMB	2009-10-9	161	是	上门收款		2010-3-19
56	周志阳	东莞贝特利电子有限公司	HT00034290	129,500.00	RMB	2009-10-12	158	是	上门收款		2010-3-19
57	李娜	深圳市天地光电科技有限	HT00033010	7,820.00	RMB	2009-10-30	140	是	上门收款		2010-3-19
58	李娜	深圳市天地光电科技有限	HT00033010	7,720.00	RMB	2009-6-24	268	是	上门收款		2010-3-19
59	李娜	深圳市天地光电科技有限	HT00033440	15,540.00	RMB	2009-8-7	224	是	上门收款		2010-3-19
60	李娜	深圳市天地光电科技有限	HT00033830	3,980.00	RMB	2009-9-11	189	是	上门收款		2010-3-19
61	陈国伟	深圳市恒达电子有限公司	HT00019688	191,785.76	RMB	2008-7-23	604	是	上门收款		2010-3-19
62	陈国伟	深圳市恒达电子有限公司	HT00019690	39,000.00	RMB	2008-7-23	604	是	上门收款		2010-3-19
63	陈国伟	深圳市恒达电子有限公司	HT00019691	38,900.00	RMB	2008-7-23	604	是	上门收款		2010-3-19
64	陈国伟	深圳市恒达电子有限公司	HT00019692	38,900.00	RMB	2008-7-23	604	是	上门收款		2010-3-19
65	陈国伟	深圳市恒达电子有限公司	HT00019700	831,238.70	RMB	2008-12-19	455	是	上门收款		2010-3-19
66	陈国伟	深圳市恒达电子有限公司	HT00019701	1,631,492.88	RMB	2008-12-19	455	是	上门收款		2010-3-19
67	陈国伟	深圳市恒达电子有限公司	HT00019702	58,400.00	RMB	2008-12-19	455	是	上门收款		2010-3-19
68	陈国伟	深圳市恒达电子有限公司	HT00019710	38,000.00	RMB	2009-5-20	303	是	上门收款		2010-3-19
69	陈国伟	深圳市恒达电子有限公司	HT00019720	10,430.00	RMB	2008-12-26	448	是	上门收款		2010-3-19
70	徐葱	东莞宏宇电子有限公司	HT00032521	121,437.00	RMB	2009-7-23	239	是	上门收款		2010-3-19
71	徐葱	东莞宏宇电子有限公司	HT00032522	272,750.00	RMB	2009-7-23	239	是	上门收款		2010-3-19
72	徐葱	东莞宏宇电子有限公司	HT00033340	1,116,000.00	RMB	2009-8-12	219	是	上门收款		2010-3-19
73	徐葱	东莞宏宇电子有限公司	HT00033341	36,000.00	RMB	2009-8-12	219	是	上门收款		2010-3-19
74	徐葱	东莞宏宇电子有限公司	HT00033342	1,026,000.00	RMB	2009-8-12	219	是	上门收款		2010-3-19

图4-9-6　催款任务

催款反馈

编　号　60

催款反馈

确定　　取消

图4-9-7　催款反馈

步骤1：点击菜单"业务处理"→"收款管理"。

步骤2：点击【新增】按钮，其格式如图4-9-8所示。

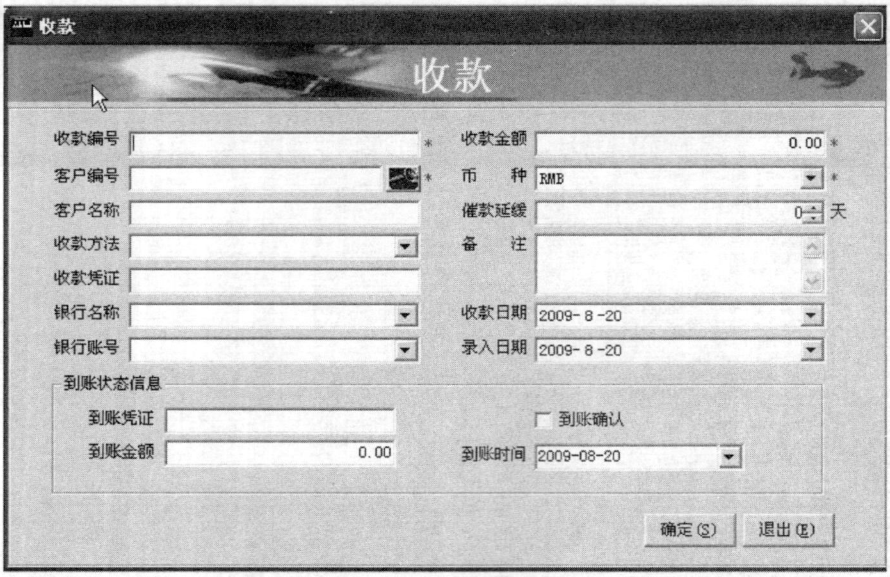

图 4 - 9 - 8　收款管理

统 计 查 询
（验证性实验）

（一） 实验目的

通过统计查询能查询到系统自动生成的各种信用报表，以分析企业的应收款的回款情况、应收款预算的完成情况、客户欠款等，以确保应收款的尽快回收；分析业务员以及客户的销售情况，以评价业务员的业绩。

（二） 实验原理

1. 应收款明细报表（以回款为单位）的统计和分析。应收账款的发生和回收情况可以通过查询应收款明细表进行，可以了解有多少应收账款是在信用期内支付的，有多少应收账款是逾期支付的，有多少应收账款仍未支付，有多少应收账款已成为呆账、坏账。一般来说，应收账款拖欠时间越长，款项收回的可能性越小，形成坏账的可能性就越大。通过应收款明细的账龄分析可以揭示每个客户的风险性和每笔应收账款产生坏账的可能性，便于及时催收，及时地调整信用政策。

2. 应收款明细报表（以客户为单位）的统计和分析。通过以客户为单位来生成应收款明细表，可以了解每个客户的应收款情况和逾期拖欠情况，作为以后对其交易时的资金审批参考，通过这一记录，可以随时观察、掌握客户在各个不同时间段内的付款情况。

3. 呆账表的统计和分析。一般来说，如果应收款逾期 3 年以上，就应该列为呆账。按应收账款逾期 3 年以上的账龄的长短不同分别制定不同的比率计提坏账准备金，加速企业的资金周转。

4. 客户交易记录的统计和分析。通过查询客户交易记录，可以了解客户相关的出货记录，退货记录，折扣记录，兑换转入，兑换转出等，为应收账款的发生额和逾期额提供依据。

5. 业务员销售统计表的统计和分析。可以了解业务员的销售情况，据此评判业务员的销售业绩。

6. 客户对账单。由于企业在赊销交易的过程中会出现本单位明细账余额与客户单位往来余额对不上的现象，使得客户有借口说往来账目不清楚拒绝付款或拖延付款，给企业造成损失。这主要是对账工作脱节所致。因此，可以通过系统按业务发生的实际情况自动生成客户对账单，与客户进行定期对账，以确保双方在应收账款数额、还款期限、付款方式等方面的认可一致。

7. 客户欠款统计表。主要描述客户欠款的基本信息，包括欠款金额、欠款时间分布等，从而制定相应的催款策略。

8. 对账函。与客户对账之后要形成具有法律效力的文字记录，而不是口头承诺。系统可以生成对账函，从业务的第一笔起由信用管理人员定期与客户对账并将收款情况及时反馈，确保双方在货款数额方面的认同，由对方确认，从而为及时清收应收账款打好基础。

（三） 实验内容

1. 掌握统计报表的查询方法。
2. 掌握各种统计报表的分析方法。
3. 提供企业管理所需要的各种报表。

（四） 实验步骤

1. 应收款明细报表（以回款为单位）。

进入方法："查询统计"→"应收款明细报表（以回款为单位）"。

出货依照回款期而产生的出货单回款明细记录；其格式如图 4 - 10 - 1 所示。货单出货时都绑定一回款方式上，由此产生相对应的回款期记录。

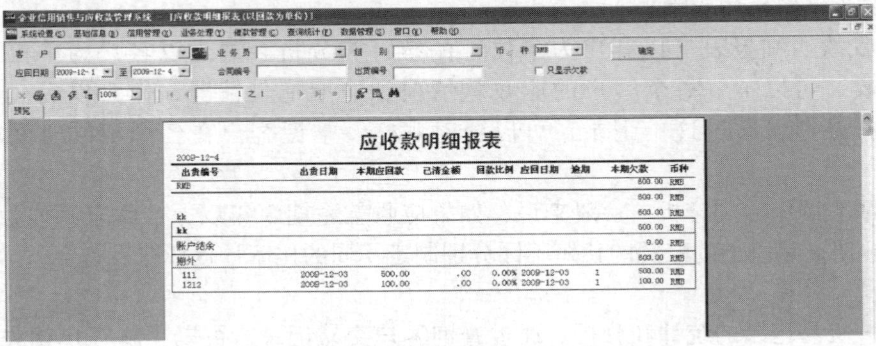

图 4 - 10 - 1 应收款明细表 （以回款为单位）

2. 应收款明细报表（以货单为单位）。

进入方法："查询统计"→"应收款明细报表（以货单为单位）"。

以货单为主元素统计货单欠款。其格式如图4-10-2所示。

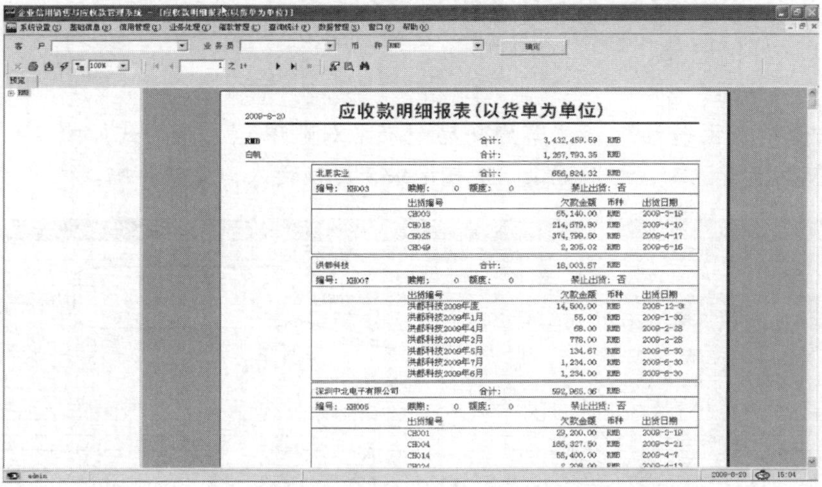

图4-10-2 应收款明细报表（以货单为单位）

3. 应收款明细报表（以客户为单位）。

进入方法："查询统计"→"应收款明细报表（以客户为单位）"。

以客户为主元素统计出货欠款。其格式如图4-10-3所示。

图4-10-3 应收款明细报表（以客户为单位）

4. 呆账统计。

进入方法："查询统计"→"呆账统计"。

（1）呆账定义。即指因种种原因而回款无望的欠款。

（2）如何把货单状态置为呆账。在出货或合同管理模块里设置。

（3）设置呆账的意义。把应收款回款无望的出货单进行归类。

5. 货单冲销查询。

进入方法："查询统计"→"呆账统计"。

查询货单的冲销记录。

6. 客户交易记录。

进入方法："查询统计"→"客户交易记录（对账单)"。其格式如图4-10-4所示。交易记录，包括出货记录，退货记录，折扣记录，兑换转入，兑换转出。

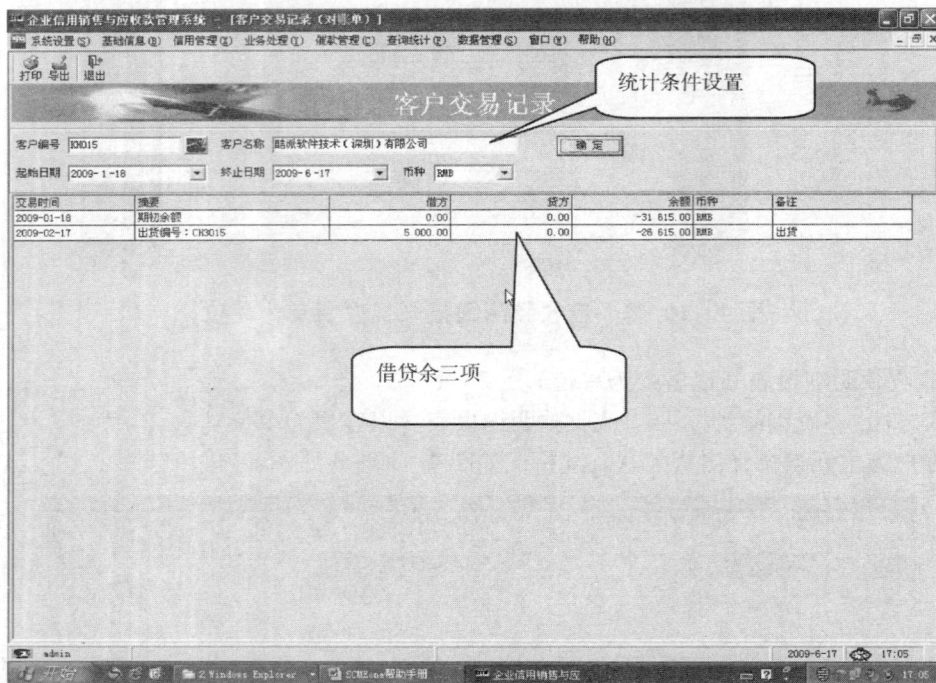

图4-10-4　客户交易记录

（1）此表中"借、贷、余"的意义。

借：表示出货或资金库兑换转出的金额。

贷：表示付款到账，退货，折扣，或兑换转入的金额。

余：交易后产生的最新客户欠款金额。

（2）如何通过交易记录了解业务运转。交易记录通过借、贷、余关系，动态地跟踪客户的交易状况以及欠款状况，每完成一笔交易，都会产生最新的欠款金额，即余。当这个值为负数时，表示客户回款资金有剩余。

7. 客户对账单。

进入方法："查询统计"→"客户对账单"。其格式如图4-10-5所示。统计某一客户某一币种在某段时间里的交易状况，包括出货信息，折扣信息，退货信息，回款信息以及该币种兑换进出信息。

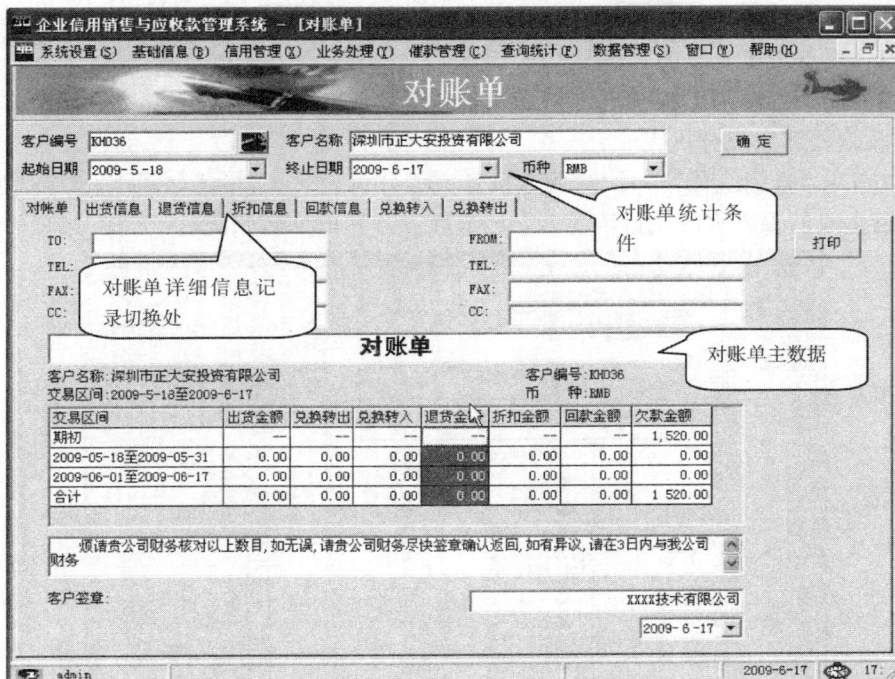

图 4 – 10 – 5　对账单

8. 应收款预算表。

进入方法："查询统计"→"应收款预算表"。其格式如图 4 – 10 – 6 所示。在指定的时间里，生成某个月客户出货的回款期已到的应收账；截止日期为这个月的最后一天。

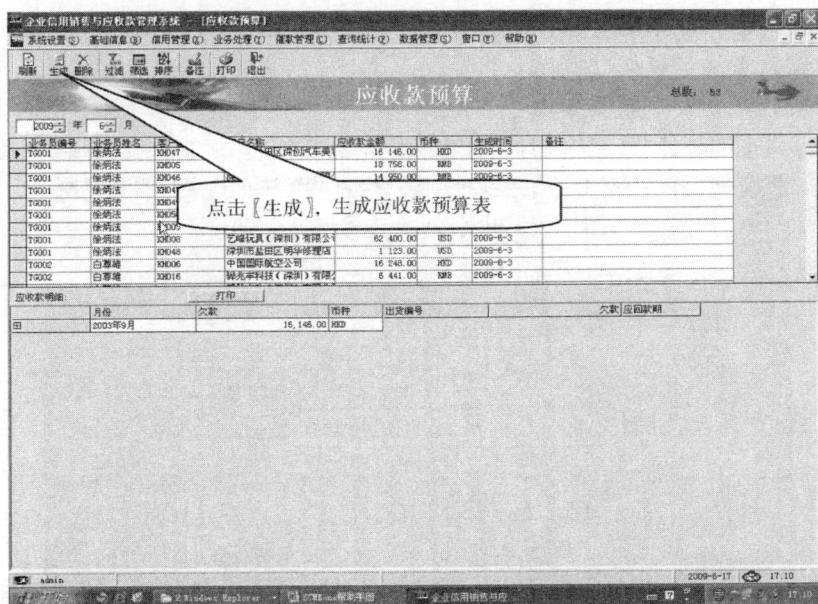

图 4 – 10 – 6　应收款预算表

步骤1：选择应收款预算表的记录。

步骤2：再点击工具条的【备注】按钮。

步骤3：输入备注信息按【确定】即可。

9. 应收款预算完成分析表。

进入方法："查询统计"→"应收款预算完成分析表"。其格式如图4-10-7所示。

跟踪已生成的预算表的执行情况，了解应收款预算的回款状况。

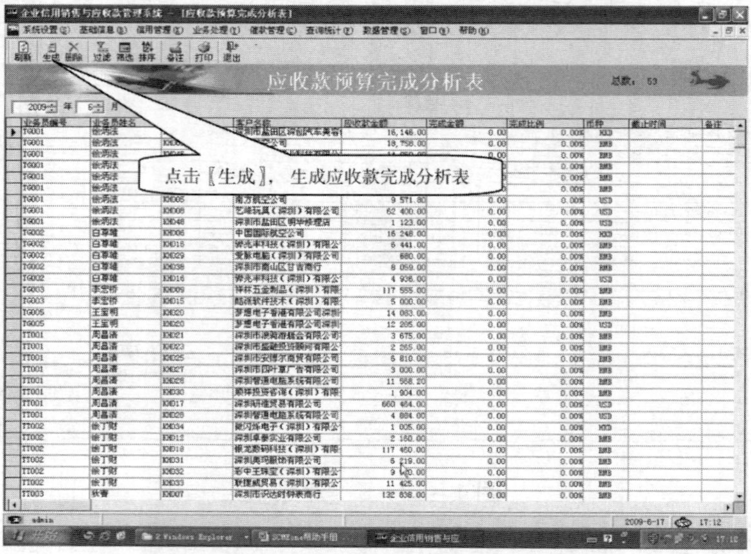

图4-10-7 应收款预算完成分析表

步骤1：选择应收款预算完成分析表的记录。

步骤2：再点击工具条的【备注】按钮。

步骤3：输入备注信息按【确定】即可。

10. 当月应收账款发生额明细表。

进入方法："查询统计"→"当月应收账款发生额明细表"。其格式如图4-10-8所示。

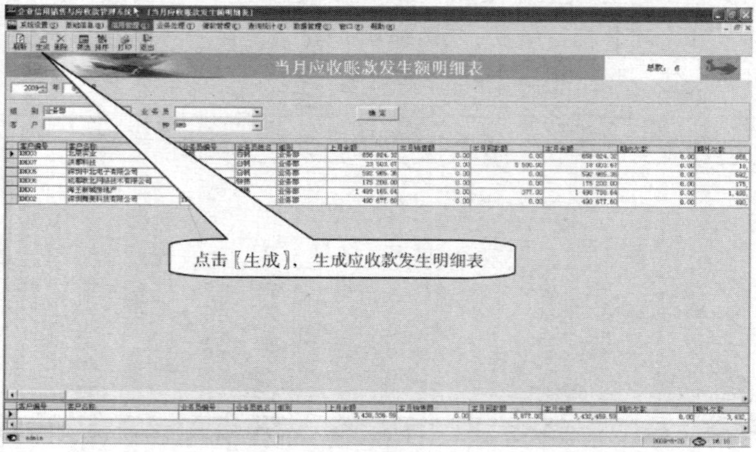

图4-10-8 当月应收账款发生额明细表

11. 业务员销售统计表。

进入方法:"查询统计"→"业务员销售统计表"。其格式如图 4 - 10 - 9 所示。

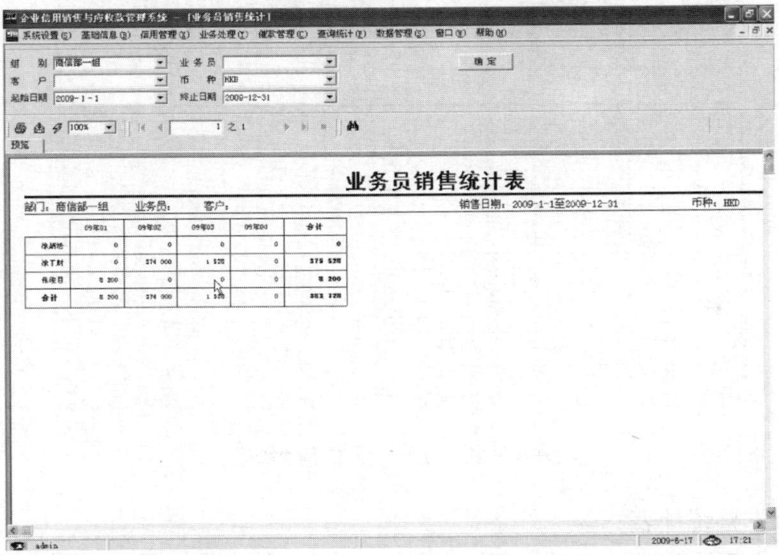

图 4 - 10 - 9　业务员销售统计表

12. 客户销售统计表。

进入方法:"查询统计"→"客户销售统计表"。其格式如图 4 - 10 - 10 所示。

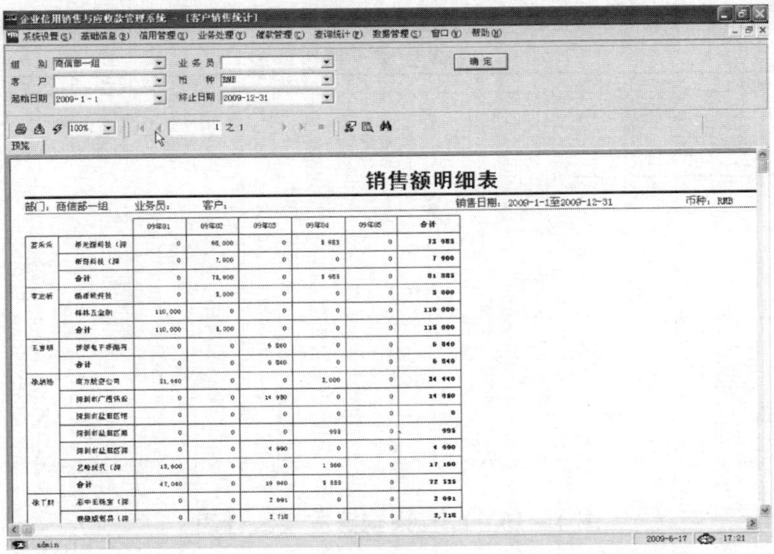

图 4 - 10 - 10　销售明细表

13. 核销统计表。

进入方法:"查询统计"→"核销统计表"。其格式如图 4 - 10 - 11 所示。

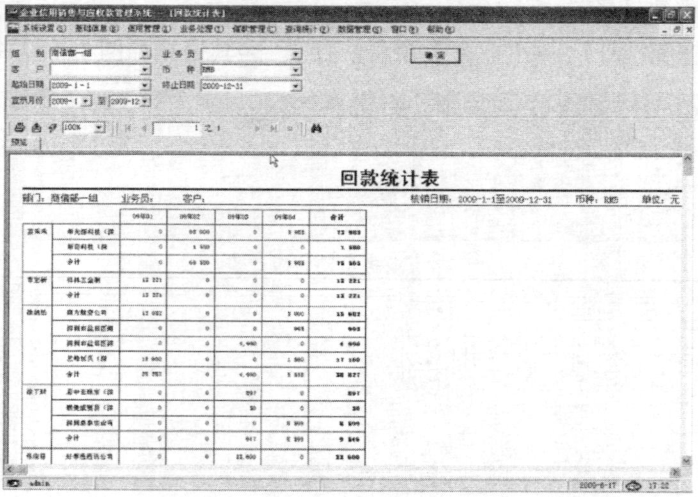

图 4 – 10 – 11　回款统计表

14. 未到账支票统计表。

进入方法："查询统计" → "未到账支票统计表"。其格式如图 4 – 10 – 12 所示。

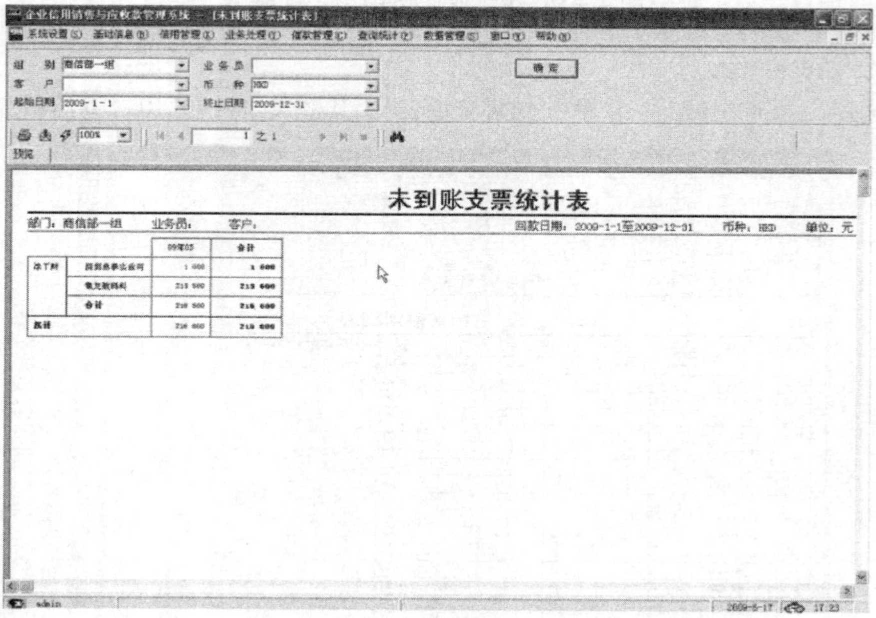

图 4 – 10 – 12　未到账支票统计表

15. 客户欠款统计表。

进入方法："查询统计" → "客户欠款统计表"。其格式如图 4 – 10 – 13 所示。

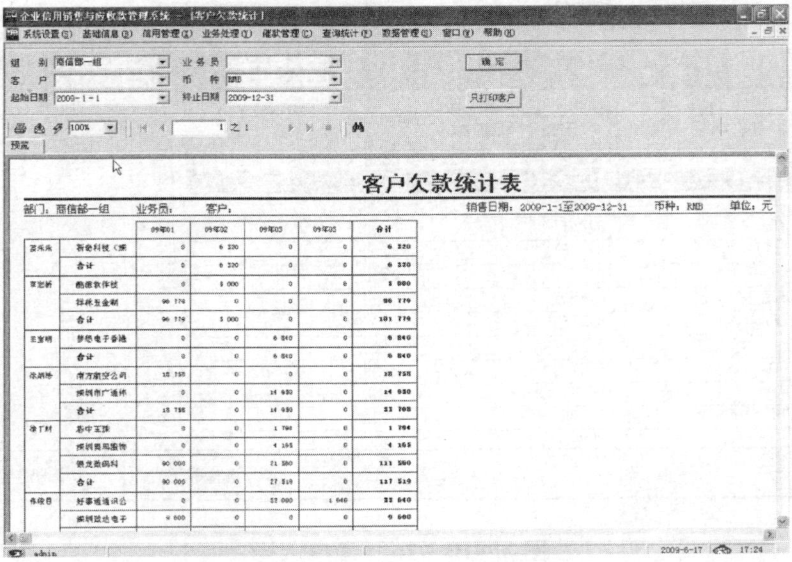

图 4 - 10 - 13　客户欠款统计表

16. 对账函。

进入方法:"查询统计"→"对账函"。其格式如图 4 - 10 - 14 所示。

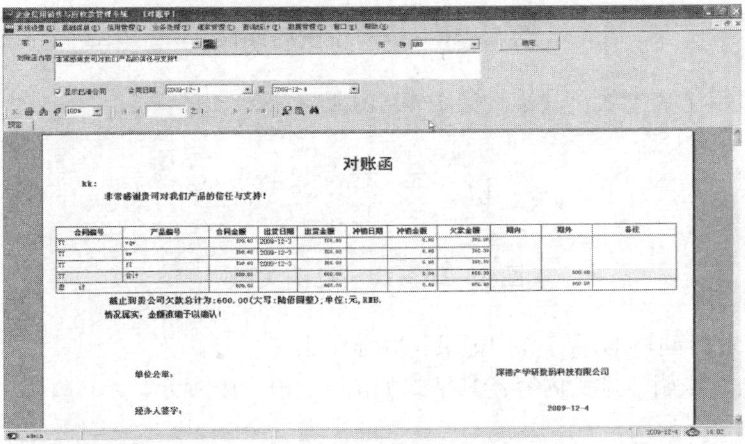

图 4 - 10 - 14　对账函

(1) 客户选择:其格式如图 4 - 10 - 15 和图 4 - 10 - 16 所示。点选按钮,进入客户对话框。选中客户,选择【确定】即可。

图 4 - 10 - 15　客户选择

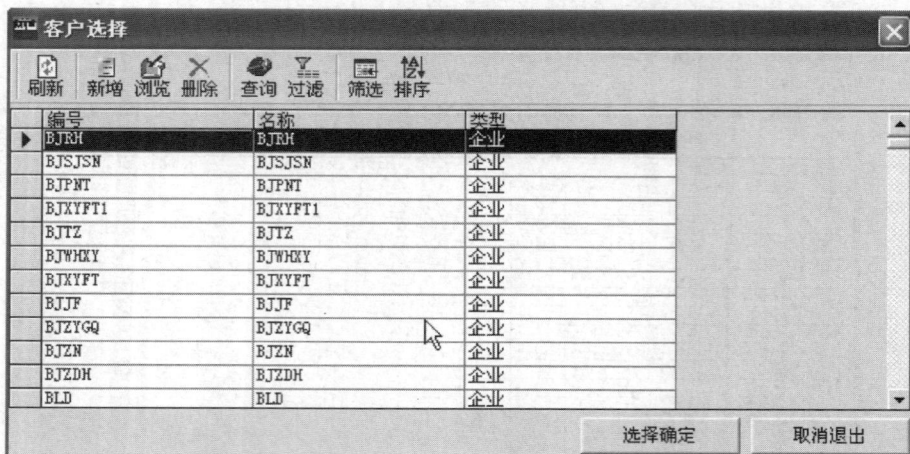

图 4 - 10 - 16　客户选择

（2）设置时间段：其格式如图 4 - 10 - 17 所示。

图 4 - 10 - 17　设置时间段

（3）是否显示已清欠款：其格式如图 4 - 10 - 18 所示。

图 4 - 10 - 18　已清欠款

选中，及将此时间段的所有合同记录一并显示出来。

（4）自定义对账函，排头内容：其格式如图 4 - 10 - 19 所示。

图 4 - 10 - 19　对账函内容

17. 合同明细报表。

进入方法："查询统计" → "合同明细报表"。其格式如图 4 - 10 - 20 所示。

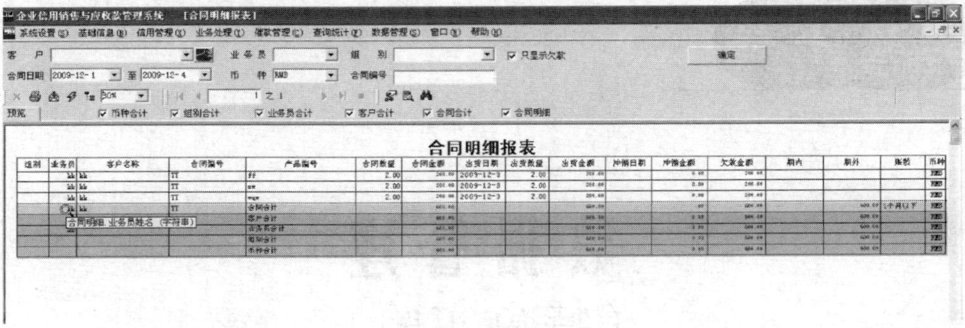

图 4 – 10 – 20　合同明细报表

（1）可以根据分别查询"客户"、"业务员"、"币种"、"时间段"等条件来分别显示。

（2）报表分类统计。

数据管理
（特色实验）

（一） 实验目的

通过数据管理掌握数据的导入和导出，以简化赊销管理过程，减少赊销管理工作量。

（二） 实验原理

目前大部分企业的管理都是采用信息化管理，如大部分企业都采用 ERP 系统来对企业进行管理，ERP 系统是将企业所有资源进行整合集成管理，简单地说是将企业的三大流：物流、资金流、信息流进行全面一体化管理的管理信息系统。在企业的赊销管理中，我们可以有效地利用 ERP 系统中已有的数据资料，进行导入处理，这样可以大大提高工作效率。

（三） 实验内容

1. 数据导入。
2. 交易记录导出。

（四） 实验步骤

其格式如图 4 - 11 - 1 所示。

图 4 -11 -1　交易记录导出界面

1. 数据导入：其格式如图 4 -11 -2 所示。

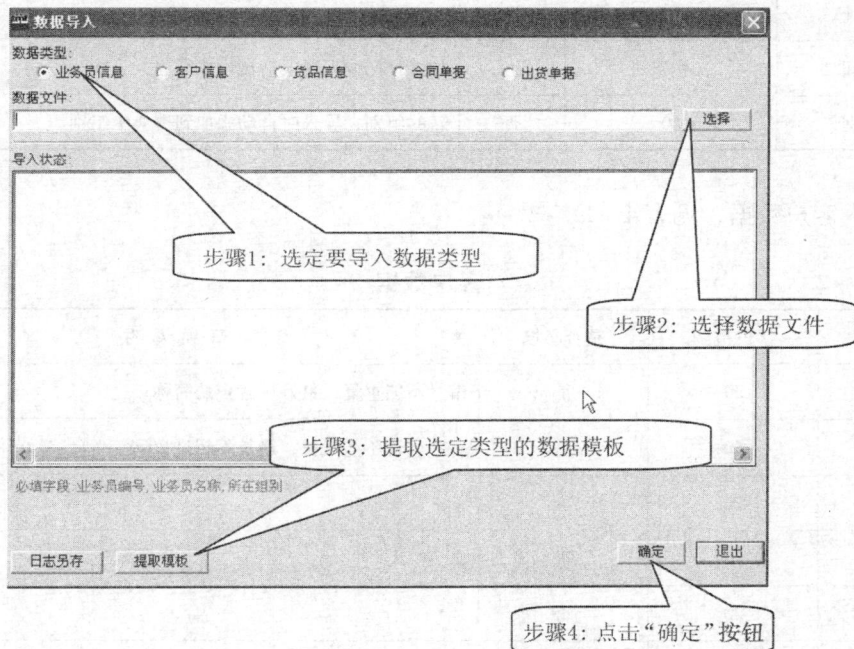

步骤1：选定要导入数据类型

步骤2：选择数据文件

步骤3：提取选定类型的数据模板

步骤4：点击"确定"按钮

图 4 -11 -2　数据导入

步骤 1：选定要导入数据类型。

步骤 2：选择数据文件。

步骤 3：提取选定类型的数据模式。

步骤 4：点击【确定】按钮。

（1）数据模板格式。

① 导入业务员数据，见表 4 -11 -1。

表 4 -11 -1 　　　　　　　　　　　　　　　**业务员数据**

字段名称	字段范围	必填	事 项 说 明
业务员编号	20	是	业务员编号和业务员名字可以相同。但编号不能相重复
业务员名称	50	是	
性别	20	否	
身份证号	20	否	
手机号码	20	否	
邮箱	40	否	
家庭电话	20	否	
家庭住址	50	否	
入职时间	日期格式	否	如果日期输入错误，自动填写当天日期
所在组别	50	否	新的组别，导入时自动添加到事典中组别

② 导入客户数据，见表 4 -11 -2。

表 4 -11 -2 　　　　　　　　　　　　　　　**客户数据**

字段名称	字段范围	是否必填	事 项 说 明
客户编号	20	是	编号不能重复，最好用客户的简称
客户名称	50	是	客户名称不能太长，最长不超过 20 个字符，最好用客户的简称
客户电话	20	否	
客户地址	80	否	
负责人姓名	20	否	
负责人电话	20	否	
联系人姓名	20	否	
联系人电话	20	否	
联系人邮箱	40	否	
业务员		是	系统必须已经存在的业务员，可以是编号或名称
催款策略		是	不是系统存在的策略，导入客户对应催款策略为空，不对该客户进行催款提醒

③ 导入货品数据，见表 4 -11 -3。

表 4 – 11 – 3　　　　　　　　　　　　**货品数据**

字段名称	字段范围	是否必填	事项说明
货品编号	20	是	编号不能重复,最好用简称
货品名称	150	是	名称不能太长,最好用简称
单位	20	是	
规格	20	否	
单价		是	小数点后 3 位,其他的四舍五入
币种	20	是	系统必须已经存在的,英文大小写无区别
备注	250	否	

④ 导入合同单据,见表 4 – 11 – 4。

表 4 – 11 – 4　　　　　　　　　　　　**合同单据**

字段名称	字段范围	是否必填	事项说明
合同编号		是	不可重复
录单日期		否	合同录入日期
客户		是	客户名称或编号
业务员		否	业务员名称或编号,不填默认客户关联的业务员
货品编号		是	
单位		是	
数量		是	负数为退货
单价		是	
金额		是	
币种		是	系统中没有改币种,将报错
发货日期		是	
发货数量		是	
发货金额		否	
收款日期		否	导入系统自动做冲销处理。如果是以前数据即可填写收款金额,但不能导入多笔付款
收款金额		否	和收款金额对应填写
回款预期		否	就是"预计还款日期"
备注		否	填写付款约定等备注信息

⑤ 导入出货单据,见表 4 – 11 – 5。

表 4 – 11 – 5 　　　　　　　　　　　　　**出货单据**

字段名称	字段范围	是否必填	事项说明
出货单号	50	是	出货编号相同的作为同一出货导入，后面货品为出货详单。也不可太多，最好 20 个，否则报表显示不全
合同编号	20	否	只作为一个标识字段
客户	50	是	可以是名称或编号
业务员	50	否	不填，自动查找该客户绑定的业务员
出货日期		是	
货品编号	20	是	
货品名称	150	是	
货品单位	20	是	
货品单价		是	3 位
货品数量		是	负数为退货
币种		是	
出货金额		是	可以用公式计算得出。"单价×数量＝金额"
回款预期		否	就是"预计还款日期"
收款金额		否	导入系统自动做冲销处理。如果是以前数据即可填写收款金额，但不能导入多笔付款
收款日期		否	和收款金额对应填写
备注		否	填写付款约定等备注信息

⑥ 付款记录，见表 4 – 11 – 6。

表 4 – 11 – 6 　　　　　　　　　　　　　**付款记录**

字段名称	字段范围	是否必填	事项说明
收款编号	20	是	编号不能重复，最好用简称
客户	150	是	可以是名称或编号
金额	20	是	
日期	20	否	
预冲合同编号		是	
预冲出货编号	20	是	
备注	250	否	

（2）辅助修正。合同已经出货或出货已经有付款冲销的将不允许更改合同或出货内容，但工作实际中付款约定等规则很复杂有需要不断变化计算账龄等问题，为了减少操作，修改备注等操作，放到数据导入后由人工来更改。

① 修改付款约定。可以根据合同备注如"货到验收合格付 90％，10％ 质保金一年内付清"，修改出货的付款约定，点击"更改付款约定"按钮后，将重新计算账龄等相关信息。

② 备注。在数据导入过程中，为确定"付款约定"或只有文字描述，可将内容填写到备注中。

③ 冲销。货单或合同中存在负数或付款导入后都有资金进入到客户中，必须人工进行冲销。

冲销模式是根据出货单约定的付款方式，由前到后按顺序冲销。

修改付款约定也会将该合同的付款做重新分配冲销。

（3）系统提示。

① 导入正确：其格式如图4-11-3~图4-11-8所示。

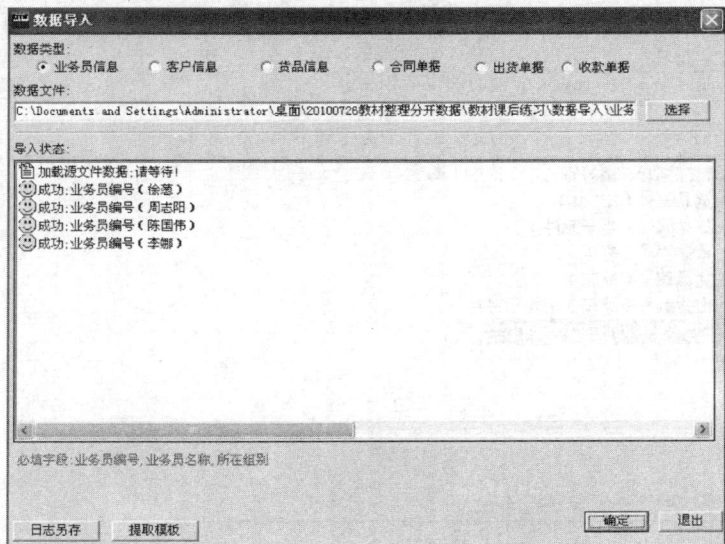

图4-11-3 导入业务员信息

注：选择组别时，如果事典设置中没有组别的，将要去事典设置添加组别才可选择。但通过数据导入，则会自动添加该组别到事典中。业务员数据导入，只能导入业务员关键信息。如果该业务还有其他信息没有通过导入输入系统，则可人工进行添加修改。

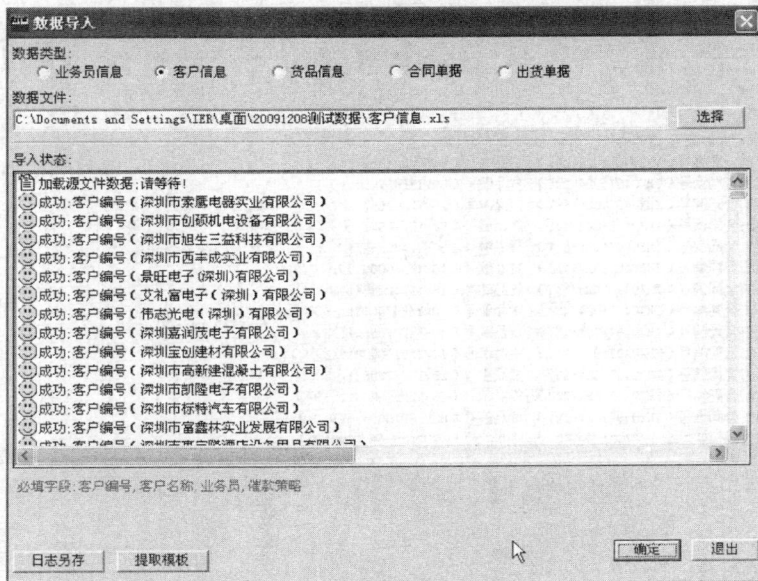

图4-11-4 导入客户信息

注：数据导入方式，客户如果客户的催款策略名称与软件系统里的一致，则自动绑定该催款策略。如果不一致，该客户的催款策略为空。数据导入，客户一定要绑定业务员，否则不予以导入。客户数据导入，只能导入客户关键信息。如果该客户还有其他信息没有通过导入输入系统，则可人工进行添加修改。

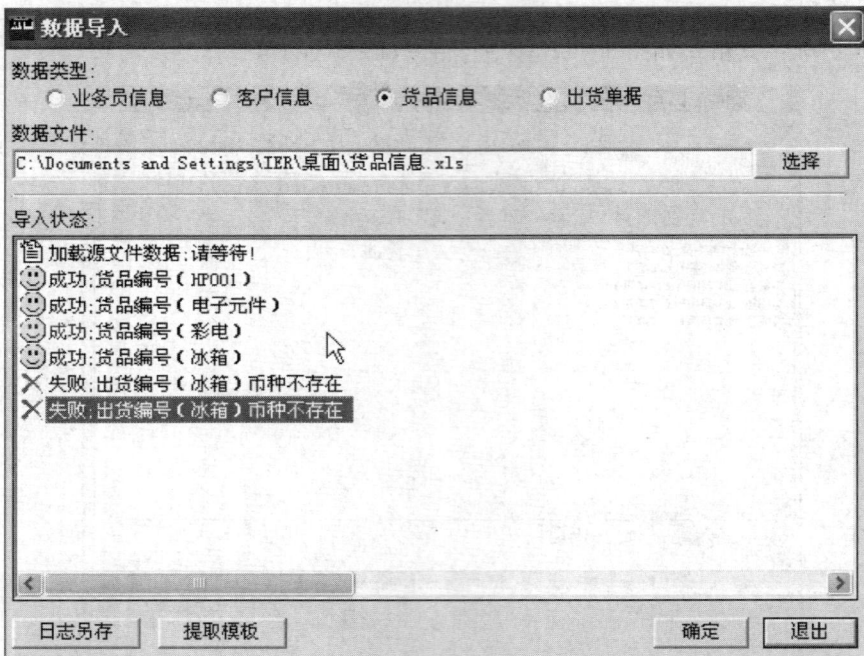

图 4 - 11 - 5　导入货品信息

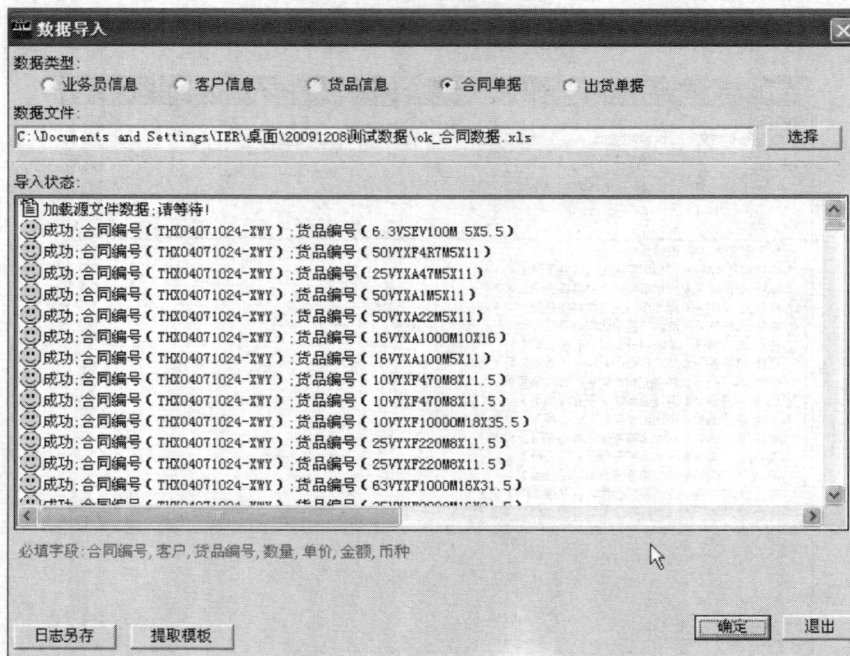

图 4 - 11 - 6　导入合同信息

注：数据表中，客户信息只能是客户全称或客户编号。业务员也同样。数据导入方式，付款方式直接添加到合同的
备注中，必须根据备注的文字描述，手动更改合同的付款方式。

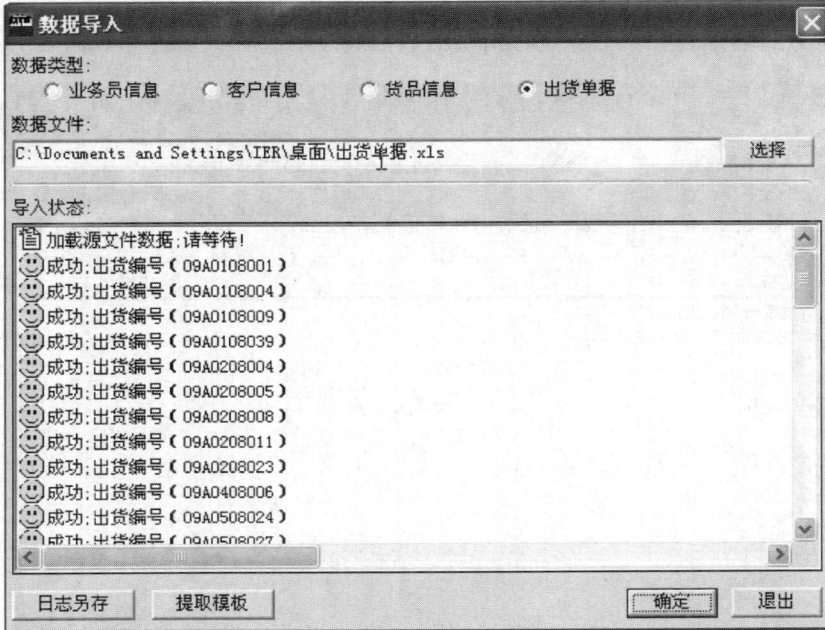

图4-11-7 导入出货信息

注：数据表中，客户信息只能是客户全称或客户编号。业务员也同样。数据导入方式，付款方式直接添加到合同的备注中，必须根据备注的文字描述，手动更改出货的付款方式。特别声明：出货导入与合同导入只能取其中的一种。即选择一种业务方式。出货导入模板中填写有付款金额与付款日期的，系统将自动进行冲销。

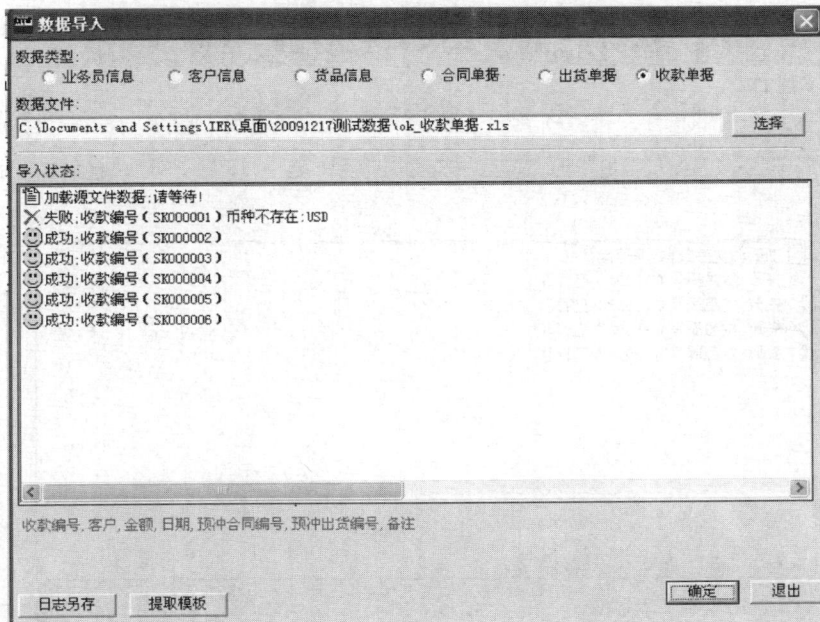

图4-11-8 导入收款信息

注：合同信息和出货信息只能填写一个。填写上会自动冲销对应的出货或合同下的出货欠款。

② 错误示例：其格式如图 4 – 11 – 9 和图 4 – 11 – 10 所示。

导入不匹配的数据表。原因：选择错误的数据表。解决：重新选择数据表。

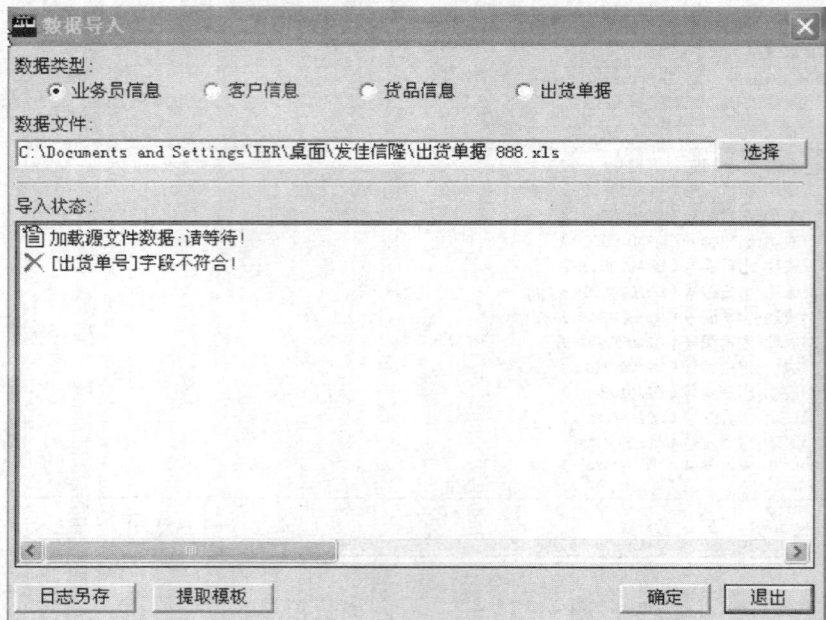

图 4 – 11 – 9　错误出货信息

重复导入数据。原因：系统中已经存在该记录。解决：不予理睬，不会重复录入数据。

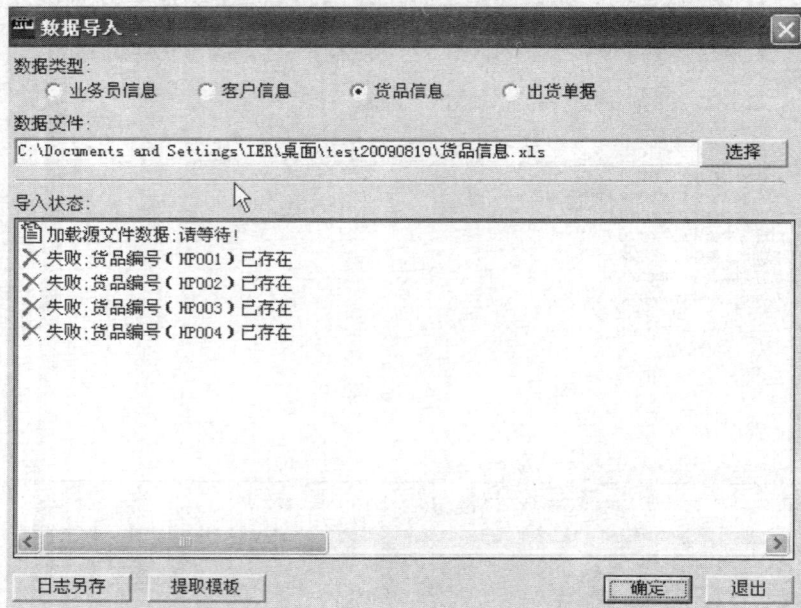

图 4 – 11 – 10　错误货品信息

数据格式不正确：其格式如图 4 - 11 - 11 所示。原因：模板中单元格输入数据格式不正确。解决：业务员编号、货品编号、客户编号、出货编号等尽量使用"字符 + 数字"。

图 4 - 11 - 11　数据格式不正确

数据长度超限：其格式如图 4 - 11 - 12 所示。原因：数据源字符太长。解决：修减数据源。

图 4 - 11 - 12　数据长度超限

赊销应收款实验

（综合实验）

（一） 实验目的

通过选择一个企业从资信调查、信用信息的录入、生成信用档案、信用分析和评估、信用政策的制定和信用额度的授予、赊销合同的签订、出货、收款、到账、冲销以及应收账款管理、逾期账款的催收等多个模块进行综合设计实验，使学生掌握赊销与账款管理的业务全部流程。

（二） 实验原理

赊销应收款业务处理流程如图 4 – 12 – 1 所示。

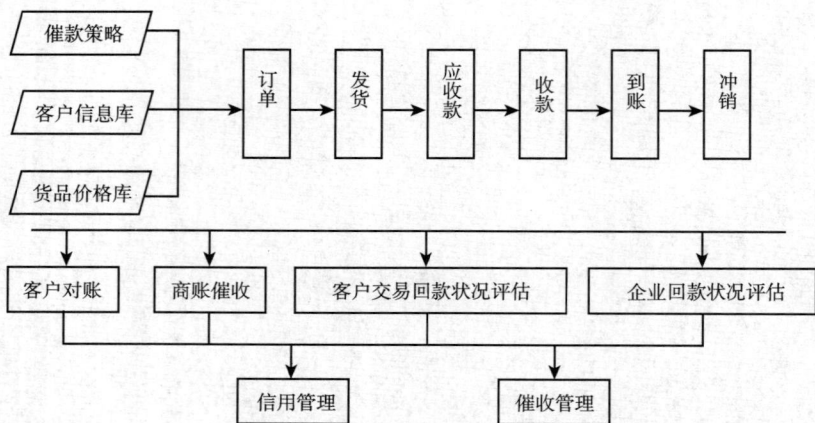

图 4 – 12 – 1 赊销应收款业务处理流程

（三）实验内容

1. 熟悉各种信用信息资料的录入。
2. 对信用信息分析的基础上对企业信用状况进行评估。
3. 正确设计企业合理的信用政策。
4. 掌握应收账款事中管理的业务流程。
5. 掌握逾期应收账款的管理和催收。

（四）实验步骤

1. 导入业务数据。
（1）导入业务员数据。
（2）导入客户数据。
（3）导入货品数据。
（4）导入合同单据；导入出货单据。
（5）导入付款记录。
2. 根据系统生成客户信用档案。
3. 根据系统生成业务员档案。
4. 根据系统生成货品明细表。
5. 根据系统生成合同明细表。
6. 根据系统生成出货明细表。
7. 根据系统生成收款明细表。
8. 各种报表的查询与分析。
（1）合同报表。
进入方法："查询统计"→"合同明细报表"。
（2）应收款明细报表。
进入方法："查询统计"→"应收款明细报表（以回款为单位）"。
（3）对账单。
进入方法："查询统计"→"对账函"。
（4）冲销记录报表。
进入方法："查询统计"→"货单冲销查询"。
9. 逾期催收方案与执行。

附件

广东红鲤鱼数码科技有限公司资信报告

目标公司：广东红鲤鱼数码科技有限公司
报告编号：JXL0901017－2
委托日期：2009 年 2 月 12 日
完成日期：2009 年 2 月 19 日
报告类型：☑标准　　　□深度　　　□行业
报告情况：☑普通　　　□加急　　　□特急

报告导读

企业概况	联络信息。目标公司的注册联络信息和对外的联络信息可能不一致，但是相关的法规规定，公司的注册地址应为主营业务所在地且必须登记
	注册信息。是对公司合法性进行验证的重要依据。注册资本是股东必须投入目标公司的资金，法定经营范围可验证自身与目标公司的业务是否符合法律规定
	历史沿革。注册变化情况和历史沿革可以了解目标公司历史及历次变化的可能原因及对信用风险的影响
	股东及股份。通过股东及股份可以了解目标公司的资本结构
	关联企业。母子公司存在关联交易，相互支持的情况较为普遍。股东的背景和实力对目标公司的资信状况有很大的影响，而通过附属机构可以了解目标公司活动的区域范围和业务领域
经营状况	主要经营者。管理人员的背景和从业经历可以一定程度上反映目标公司的经营思路和行为风格
	员工数量。可以真实反映公司的规模，通过与其他规模指标相比可以了解公司的效率和管理水平
	产品采购及销售。了解目标公司所经营的产品及服务的种类，主要的供应商和主要客户及销售区域、销售方式、渠道等。此信息可以帮助客户决定对自己最有利的合作方式，而销售方式及渠道直接影响目标公司的信用风险
往来银行	一般为目标公司向政府部门申报的账号，一个单位多个账号较为常见，且目标公司在银行的贷款抵押担保记录对其评级极具参考价值
公共记录	从各种公开的渠道获取的不良记录将直接影响到目标公司的公众形象
财务状况	是评估企业信用等级较为重要的依据，如果目标公司为分支机构、政府机关、事业单位、成立时间不足一年的企业则没有财务资料。财务指标可以如实的反映企业的财务状况
信息核查	对目标公司内部人员或关联企业人员进行实地访问或电话访问，可以了解到目标公司的办公场所情况、工作氛围以及员工对企业的评价等信息，加深对企业实际运营情况的了解
综合评述	对目标公司目前的整体经营情况、发展趋势、资产结构、经营效率和所处行业的发展情况进行结论性描述，对目标公司作出信用额度和信用等级的评估，且提出信用政策建议

信用风险评级表

信用等级	信用风险评估/评价	建立信用额度
CR1	风险极低/可作优惠条件的信贷安排	大额
CR2	风险低/可作迅速的信贷安排	中大额
CR3	风险普通/可按正常程序安排信贷	中额
CR4	风险较高/对信贷安排要加倍监察	小额定期监督
CR5	风险颇高/要在担保下才可考虑信贷	小额
CR6	风险极高/暂不考虑信贷安排	现金交易
NR	缺乏足够数据和资料	不予评估

以上信用评分体系作为工具和指引，评价目标公司的信用状况。信用风险评定和信用额度的测定以报告中每一主要因素所获取的加权数进行合成分析得来。报告中每一重要信息系数所占比重如下：

财务状况（30%）　　　信用记录（15%）　　　管理架构（10%）
经营状况（20%）　　　业务/行业趋势（15%）　　分析师评价（10%）

在我们的信用分析中，如果目标公司是一家新成立的公司或它的财务数据不充足，通常情况下我们会将30%的比重分别分配到管理、付款及追账和法庭记录中。

注：本报告货币单位除特别说明外，均为人民币。

一、企业概况

1. 联络信息。

公司名称	广东红鲤鱼数码科技有限公司
地　　址	广东省广州市广州大道北片开发区
邮　　编	521000
电　　话	020－23844402
传　　真	020－23844417
网　　址	www. redfish. com

2. 注册信息。

中文名称	广东红鲤鱼数码科技有限公司
英文名称	Guangdong RedFish Digital Technolique Co. , Ltd.
注　册　号	675100004001333
注册地址	广东省广州市广州大道北端高新技术区
注册登记日期	1993 年 3 月 5 日
注册资本	6 000 万元
实收资本	6 000 万元

登记机关	广州市工商行政管理局
企业类型	有限责任公司（港澳台地区的法人独资）
法人代表	张胜利
经营范围	自营和代理电子产品和技术的进出口（国家禁止或限制类商品和技术除外，涉及配额许可证管理、专项规定管理的商品按国家有关规定办理）；电子器材的研发、生产和销售；智能大厦及综合布线系统工程，包括安全技术防范工程及楼宇自动化工程的设计及施工及其设备、器材的销售；电子计算机的培训与服务（法律、法规禁止经营的不得经营，法律、法规规定需提交前置审批的凭许可证经营）
经营期限	自 1993 年 3 月 5 日至 2018 年 3 月 13 日
登记电话	2805209
行业代码	4050（电子器件制造）
进出口权	有
年检情况	2007 年度已年检

3. 历史沿革。

变更时间	变更事项	变更前	变更后
1994 年 8 月 26 日	经营方式	加工，制造，代购，代销，批发，零售	服务，批发，零售
	经营范围	技术咨询、技术转让、科学器材设备、电脑、电子元器件及原材料、通讯器材及原材料、仪器仪表	工业自动化工程、计算机工程和其他电子工程的设计、安装、维护、咨询服务
	企业名称	广州市科技工贸公司	广州市自动化工程公司
	兼营范围	家用电器、五金机械、塑料化工、食品、建筑器材、装饰材料及配件、纺织服装、文化用品	电脑，自动化设备及其他电子产品、元器件的销售
	法定代表人	孟冬	张胜利
1999 年 3 月 30 日	住所	广州市西荣路八号三楼	广州市城新西路信怡园怡景大厦三层 2/1 号及 4 号
	经营范围	工业自动化工程、计算机工程和其他电子工程的设计、安装、维护、咨询服务	智能大厦及综合布线系统工程，包括计算机网络系统工程，通信工程，安全技术防范工程，消防工程及楼宇自动化工程的设计及施工
	兼营范围	电脑，自动化设备及其他电子产品、元器件的销售	智能大厦及综合布线系统的设备及器材的销售
	注册资金	60 万元	208 万元
	注册号	38225649 - 0	675100004001333
	投资者	广州市科学技术开发中心	广州市科学技术委员会

变更时间	变更事项	变更前	变更后
2000 年 8 月 15 日	经营方式	服务，批发，零售	生产，服务，批发，零售
	经营范围	智能大厦及综合布线系统工程，包括计算机网络系统工程，通信工程，安全技术防范工程，消防工程及楼宇自动化工程的设计及施工	智能大厦及综合布线系统工程，包括计算机网络系统工程，通信工程，安全技术防范工程，消防工程及楼宇自动化工程的设计及施工，电子器材的研制及生产
	经济性质	集体所有制	股份合作制企业
	兼营范围	智能大厦及综合布线系统的设备及器材的销售	智能大厦及综合布线系统的设备及器材的销售，电子器材的销售
	注册资金	208 万元	518 万元
	投资者	广州市科学技术委员会	张胜利、谢进茂、谢元、张钦、林璇荣
2000 年 10 月 23 日	企业名称	广州市自动化工程公司	广东红鲤鱼数码科技有限公司
2003 年 6 月 4 日	住所	广州市城新西路信怡园怡景大厦三层 2/1 号及 4 号	广东省广州市广州大道北端高新技术区
	经营范围	智能大厦及综合布线系统工程，包括计算机网络系统工程，通信工程，安全技术防范工程，消防工程及楼宇自动化工程的设计及施工，电子器材的研制及生产	智能大厦及综合布线系统工程，包括计算机网络系统工程，通信工程，安全技术防范工程，消防工程及楼宇自动化工程的设计及施工，电子器材的研制及生产（未取得专项专控许可证的项目不准经营）。智能大厦及综合布线系统的设备及器材的销售，电子器材的销售。电子计算机的培训、服务
	实收资本	518 万元	1 060 万元
	注册资本	518 万元	1 060 万元
	企业类型	股份合作制	有限责任公司（自然人投资或控股）
	股东	张胜利、谢进茂、谢元、张钦、林璇荣	张胜利、谢进茂、谢元、张钦、林璇荣
2003 年 11 月 10 日	经营范围	智能大厦及综合布线系统工程，包括计算机网络系统工程，通信工程，安全技术防范工程，消防工程及楼宇自动化工程的设计及施工，电子器材的研制及生产（未取得专项专控许可证的项目不准经营）。智能大厦及综合布线系统的设备及器材的销售，电子器材的销售。电子计算机的培训、服务	自营和代理各类商品及技术的进出口，但国家限定公司经营或禁止进出口的商品和技术除外。智能大厦及综合布线系统工程，包括计算机网络系统工程，通信工程，安全技术防范工程，消防工程及楼宇自动化工程的设计及施工，电子器材的研制及生产（未取得专项专控许可证的项目不准经营）。智能大厦及综合布线系统的设备及器材的销售，电子器材的销售。电子计算机的培训、服务
2007 年 8 月 21 日	注册号	6751001000357	675100004001333
	股东	张胜利、周珊妮、谢德茂、谢进元、林璇、张钦荣	张胜利、周珊妮、谢德茂、谢进元、李魁镇、钟粤韩

变更时间	变更事项	变更前	变更后
2008年2月4日	实收资本	1 060万元	6 000万元
	注册资本	1 060万元	6 000万元
	股东	张胜利、周珊妮、谢德茂、谢进元、李魁镇、钟粤韩	张胜利、周珊妮、谢德茂、李魁镇、钟粤韩、谢进元
2008年3月21日	经营范围	自营和代理各类商品及技术的进出口，但国家限定公司经营或禁止进出口的商品和技术除外。智能大厦及综合布线系统工程，包括计算机网络系统工程，通信工程，安全技术防范工程，消防工程及楼宇自动化工程的设计及施工，电子器材的研制及生产（未取得专项专控许可证的项目不准经营）。智能大厦及综合布线系统的设备及器材的销售，电子器材的销售。电子计算机的培训、服务	自营和代理电子产品及技术的进出口（国家禁止或限制类商品和技术除外，涉及配额许可证管理、专项规定管理的商品按国家有关规定办理）；电子器材的研发、生产和销售；智能大厦及综合布线系统工程，包括安全技术防范工程及楼宇自动化工程的设计及施工及其设备、器材的销售；电子计算机的培训与服务（法律、法规禁止经营的不得经营，法律、法规规定需提交前置审批的凭许可证经营）。
	投资总额	1 060万元	6 000万元
	经营期限	长期	自1993年3月5日至2018年3月13日
	企业类型	有限责任公司（自然人投资或控股）	有限责任公司（港澳台地区法人独资）
	股东	张胜利、周珊妮、谢进茂、李魁镇、钟粤韩、谢元	佳丽和有限公司

4. 股东情况。

股 东	出资额（万元）	股权比例（%）	出资方式
佳丽和有限公司	6 000	100	货币
合计	6 000	100	—

5. 分支机构（对外投资），无。

二、经营状况

1. 主要经营者简介。

姓　　名：张胜利

性　　别：男

年　　龄：52岁

证件号码：440520195705091616

学　　历：研究生

职　　务：董事长

户籍地址：广东广州市白云区广州大道中和广场四层 A2 幢

职　　责：负责企业的整体运营与管理

行业经验：35 年

管理经验：28 年

升迁原因：委派

不良记录：无

工作经历：1978 年 9 月至 1978 年 12 月，潮安电器厂职工

　　　　　1979 年 1 月至 1981 年 1 月，华南师大物理系学生

　　　　　1981 年 1 月至 1992 年 11 月，韩山师范物理系教师

　　　　　（其中，1989 年 7 月至 1991 年 9 月在广东机械学院计算机应用研究生班学习）

　　　　　1992 年 12 月至 1993 年 7 月，潮州市金信新技术开发公司经理

　　　　　1993 年 7 月至今，广东响石数码科技有限公司董事长

2. 人员状况。

	数量（人）
员工总数	500
其中：管理人员	50
技术人员	150
其他人员	300

3. 经营场所。

	生产场所
地　　址	广东省广州市广州大道北片开发区红鲤鱼数码园
地理位置	较好
建筑面积	17 130 平方米
产权所有	自有
房屋条件	一般

4. 主要产品。

主要产品	监控器材
产品品牌	红鲤鱼
2008 年销售额	1 亿元

5. 采购情况。

国内	50%
主要区域	广东及周边地区
主要付款方式	现金、电汇
国外	50%
主要区域	日本、欧美地区
主要付款方式	现金、电汇
主要设备和材料供应商	公司：中国三星电子广州分公司 地址：广州市中山二路 18 号电信广场 30 楼 电话：020 – 88888199 产品：显示屏
对供应商付款情况	正常

6. 销售情况。

国内	70%
主要区域	全国
主要付款方式	现金、电汇
国外	30%
主要区域	美国、欧洲、印度、非洲
主要付款方式	现金、电汇、信用证
销售/服务对象	安防工程商、代理商
销售渠道	通过网络推广、业务员寻找客源
主要客户	公司：深圳华电数码器材有限公司 地址：深圳市福田区福虹路世贸广场 B 座 8A 电话：0755 – 83679908
客户付款情况	正常

三、往来银行

1. 往来银行。

开户银行	中国建设银行广州分行营业部（资本金账号）
账　号	44001208643050073786
币　种	人民币
地　址	广东省广州市白云区南风路瑾地花园 A 座
电　话	020 – 21913008
银行评价	已注销

2. 抵押担保情况：无。

四、公共记录

1. 海关处罚记录：无。

2. 法律诉讼记录：无。

3. 获得资质：

目标公司已通过 ISO9001、ISO14001 质量体系认证；

2004 年被评为"安防领域优秀企业"、"中国安防产业百家最具成长性企业"；

2005 年被评为"中国安防产业知名品牌企业"；

2006 年被评为"首届中国安防产业 50 强企业"；

目标公司产品多次获奖：

"模拟辊道窑温度曲线的微机控制箱式电阻炉"获 1993 年省高等教育厅科技进步三等奖；

"数码彩色监视器视频处理程序"被信息产业部列入 2002 年信息产业科技成果推广计划，荣获 2003 年省科学技术奖励三等奖、市科技进步二等奖；

"高密度光盘盘片测试仪和评价仪"被列入 2004 年粤港关键领先重点突破项目；

"SCM－14A 数码彩色监视器"、"FJ－9401 微机控制防盗报警/闭路监控联动系统"、"双向视听电教系统"曾获市科技进步一、二、三等奖；

"一种数字视频录像液晶监视器"、"一种用于液晶视频拼接幕墙独立寻址的键盘"、"一种液晶裸屏拼装监视幕墙"已取得实用新型专利证书；

"液晶监视幕墙"、"液晶监视器"、"多媒体液晶监视器"已取得外观设计专利证书。

五、财务状况

1. 资产表。

单位：元

项　目	2006 年 12 月 31 日	2007 年 12 月 31 日
流动资产		
货币资金	2 180 127.48	17 829 550.89
应收票据	0	0
应收账款	8 002 000.00	1 043 000.00
预付账款	0	0
其他应收账款	736 000.00	927 000.00
存货	12 470 000.00	28 493 000.00
待摊费用	10 000.00	40 000.00
其他流动资产	**0**	**0**
流动资产合计	23 398 127.48	48 332 550.89

项　目	2006 年 12 月 31 日	2007 年 12 月 31 日
长期投资	510 000.00	510 000.00
长期投资合计	**510 000.00**	**510 000.00**
固定资产		
固定资产原值	24 370 000.00	46 285 000.00
减：累计折旧	7 290 000.00	13 401 000.00
固定资产净值	17 080 000.00	32 884 000.00
在建工程	0	0
固定资产合计	**17 080 000.00**	**32 884 000.00**
无形资产及递延资产		
递延资产	607 000.00	1 049 000.00
无形资产	5 879 000.00	16 890 000.00
无形资产及递延资产合计	**6 486 000.00**	**17 939 000.00**
资产总计	**47 474 127.48**	**99 665 550.89**

2. 负债表。

单位：元

项　目	2006 年 12 月 31 日	2007 年 12 月 31 日
流动负债		
短期借款	7 890 000.00	10 011 000.00
应付票据	0	0
应付账款	2 430 000.00	5 781 000.00
预收账款	6 559 159.89	14 492 000.00
应付工资	106 430.00	283 600.00
应付福利费	136 430.00	332 960.44
应交税金	2 204 700.00	4 619 000.00
其他应付款	0	0
预提费用	70 000.00	70 000.00
其他流动负债	30 000.00	0
流动负债合计	**19 426 719.89**	**35 589 560.44**
长期负债		
长期借款	8 320 000.00	0
长期负债合计	**8 320 000.00**	**0.00**
负债合计	**27 746 719.89**	**35 589 560.44**
所有者权益		
实收资本	10 600 000.00	60 000 000.00

项　　目	2006 年 12 月 31 日	2007 年 12 月 31 日
资本公积	2 162 100.00	2 162 100.00
盈余公积	1 440 637.59	1 000 000.00
其中：公益金	0	0
未分配利润	5 524 670.00	913 890.45
所有者权益合计	19 727 407.59	64 075 990.45
负债及所有者权益总计	47 474 127.48	99 665 550.89

3. 损益表。

单位：元

项　　目	2006 年	2007 年
主营业务收入	64 830 543.20	101 393 267.12
减：主营业务成本	53 878 247.87	69 565 296.39
主营业务税金及附加	1 067 928.13	4 635 870.96
主营业务利润	9 884 367.20	27 192 099.77
加：其他业务利润	0	0
减：营业费用	0	0
管理费用	3 864 152.00	4 014 060.00
财务费用	1 574 732.00	1 034 286.00
营业利润	4 445 483.20	22 143 753.77
加：营业外收入	0	8 048 346.00
减：营业外支出	313 861.40	0
利润总额	4 131 621.80	30 192 099.77
减：所得税	959 894.47	4 483 814.95
税后利润	3 171 727.33	25 708 284.82

4. 重要财务状况比率表。

偿债能力		2006 年	2007 年
资产负债率（％）	负债总额/资产总额	58.45	35.71
产权比率（％）	负债总额/所有者权益总额	140.65	55.54
流动比率	流动资产/流动负债	1.20	1.36
速动比率	（流动资产 – 库存）/流动负债	0.56	0.56

投资回报能力		2006 年	2007 年
权益收益率（%）	税前利润/所有者权益	20.94	47.12
应收账款周转率（次）	营业收入/应收账款	8.10	97.21
资产收益率（%）	税前利润/总资产	8.70	30.29

盈利能力		2006 年	2007 年
销售利润率（%）	税后利润/营业收入	4.89	25.36
总资产周转率（%）	营业收入/资产总额	136.56	101.73

资金周转时间		2006 年	2007 年
资金周转时间（天）	资产总额/营业收入×365	267	359

5. 财务分析。

从目标公司 2007 年财务报表来看：

目标公司的资产负债比维持在正常运行水平，资金的流动速度较快，目标公司整体的偿债压力较小。

目标公司应收账款周转率为 97.21，周转效率较高；资金周转天数为 3.7 天，资金周转能力较好，目标公司运营效率较强。

目标公司销售业务收入约为 1 亿元，同期净利润为 2 500 万元，企业盈利能力较高。

与目标公司 2006 年同期财务数据相比较：

目标公司偿债能力、盈利能力有明显提高，营运状况有一定增强。

六、信息核查

1. 目标公司经营地址与注册地址一致，均为广东省广州市广州大道北片开发区红鲤鱼数码园，该处基础设施较好，交通便利。

2. 目标公司大门挂有"广东红鲤鱼数码科技有限公司"铭牌，有专门设计的整套厂房和电子生产设备，并配置有办公楼、电力房、空调房、货运电梯、宿舍楼、车库等辅助设施。目标公司工厂总建筑面积为 17 130 平方米，产权属自建性质。

3. 据目标公司员工介绍：

• 目标公司是从事监控器材和电子工程的开发、制造、推广和应用的高新技术公司。目标公司为通用电器审核通过的大陆代工生产厂家。产品均是中高档走向，销往全球 50 多个国家，内销市场遍布全国各大城市，外销一般销往美国、印度及中东地区国家。

• 目标公司显示屏主要采购自三星、夏普等国际知名品牌。在交易过程中目标公司多采取现金结款的交易模式，大部分客户均是款到发货，只有少数合作多年的老客户采取货到付款的模式。

- 目标公司每年年底及年初两个月为生意淡季，5 月份开始进入旺季。受全球金融危机影响目标公司在美国地区销量有所下降，其他地方销量尚属正常。据获悉，由于目标公司销售区域遍布全球，风险较为分散，其业务受金融风暴影响不大。
- 目标公司液晶拼接技术已到第五代的 3D 插值技术，属嵌入式拼接技术，性能较稳定，视觉效果清晰有立体感。据其员工透露，2007 年中央公安部春节联欢晚会用的拼接幕墙即是红鲤鱼牌的此种产品。
- 员工工资按国家劳动法标准执行，目标公司为员工购买社保，员工待遇在当地属较高水平。据获悉，目标公司员工对公司满意度较高，员工流动性较小，多是工作多年以上的老员工。

4. 经调查了解到，目标公司为中国安防科技公司（CSST）下属公司，在广州市属纳税大户，公司产品属高新技术，享受国家高新技术津费补贴。

七、综合信用评价

1. 行业概况及前景。

自 2008 年以来，受出口退税下调、人民币升值、劳动力成本增加、生产材料费用攀升、银根收紧等诸多因素的影响，安防制造业面临的经营环境日趋严峻。在此大环境下，中国安防器材制造市场 2008 年走出了平稳的市场态势值得关注。

从全国市场上看，视频监控仍是市场主力。行业应用差异化是视频监控的特点，不同行业需求的差异化必然要求差异化的产品和方案，因此，2008 年也是安防产品不断推陈出新的一年，同时，大企业为形成规模效应或市场扩张，联盟、合作、兼并、扩建事件不断出现。总体来讲，中国安防器材制造市场仍存在产业结构不够合理，竞争层次较低；整体企业规模偏小，经营管理方式不高的现象。

2. 综合分析。

目标公司成立于 1993 年 3 月，目标公司为佳丽和有限公司在大陆全资子公司，注册资本为 6 000 万元，由张胜利担任目标公司法定代表人。目标公司成立时间较早，经过十余年的发展已成为行业内颇具影响力的中型企业。

目标公司主要从事监控器材和电子工程的开发、制造、推广和应用，目标公司已通了ISO，3C，FC，FDA，UL 等多种国际认证，产品销售往全球 50 多个国家，国内市场占 70% 左右比重。目标公司财务报表显示，目标公司 2007 年偿债能力、营运状况、盈利能力较2006 年有显著改善。

目标公司是国内较早的以生产监控器材为主的生产厂家，有一定经济实力与技术优势，加之目标公司从事行业属高科技技术产业，政府较为重视，出台各种扶持及鼓励政策，目标公司前景看好。目标公司于 2008 年被 CSST 并购，依赖其母公司强大的经济实力，目标公司抗风险能力进一步加强。

综合分析，建议可按正常程序安排信贷。

八、信用评级

信用评级说明

项 目		分 值	实际得分
管理因素	组织结构	5分	3
	管理者	5分	4
经营因素	经营情况	15分	10
	其他因素	5分	3
信用因素	购销支付信用	10分	5
	往来银行	10分	6
	公共记录	5分	3
财务因素	偿债能力	10分	6
	营运能力	10分	5
	盈利能力	10分	7
其他因素	行业发展潜力	5分	3
	企业行业地位	5分	3
	企业发展潜力	5分	3
	调研人员综合评价	±10分	6
合 计			67

信用等级评定

信用等级	分 值	建议信用额度
CR1	80~100	大额
CR2	70~79	中大额
CR3	60~69	中额
CR4	50~59	小额定期监督
CR5	40~49	小额
CR6	0~39	现金交易
NR	—	不予评估

深圳市恒达电子有限公司资信报告

目标公司：深圳市恒达电子有限公司
报告编号：JXL0901042 - 15
委托日期：2009 年 3 月 7 日
完成日期：2009 年 3 月 19 日
报告类型：☑标准　　　□深度　　　□行业
报告情况：☑普通　　　□加急　　　□特急

报告导读

企业概况	联络信息。目标公司的注册联络信息和对外的联络信息可能不一致，但是相关的法规规定，公司的注册地址应为主营业务所在地且必须登记
	注册信息。是对公司合法性进行验证的重要依据。注册资本是股东必须投入目标公司的资金，法定经营范围可验证自身与目标公司的业务是否符合法律规定
	历史沿革。注册变化情况和历史沿革可以了解目标公司历史及历次变化的可能原因及对信用风险的影响
	股东及股份。通过股东及股份可以了解目标公司的资本结构
	关联企业。母子公司存在关联交易，相互支持的情况较为普遍。股东的背景和实力对目标公司的资信状况有很大的影响，而通过附属机构可以了解目标公司活动的区域范围和业务领域
经营状况	主要经营者。管理人员的背景和从业经历可以在一定程度上反映目标公司的经营思路和行为风格
	员工数量。可以真实反映公司的规模，通过与其他规模指标相比可以了解公司的效率和管理水平
	产品采购及销售。了解目标公司所经营的产品及服务的种类，主要的供应商和主要客户及销售区域、销售方式、渠道等。此信息可以帮助客户决定对自己最有利的合作方式，而销售方式及渠道直接影响目标公司的信用风险
往来银行	一般为目标公司向政府部门申报的账号，一个单位多个账号较为常见，且目标公司在银行的贷款抵押担保记录对其评级极具参考价值
公共记录	从各种公开的渠道获取的不良记录将直接影响到目标公司的公众形象
财务状况	是评估企业信用等级较为重要的依据，如果目标公司为分支机构、政府机关、事业单位、成立时间不足一年的企业则没有财务资料。财务指标可以如实的反映企业的财务状况
信息核查	对目标公司内部人员或关联企业人员进行实地访问或电话访问，可以了解到目标公司的办公场所情况、工作氛围以及员工对企业的评价等信息，加深对企业实际运营情况的了解
综合评述	对目标公司目前的整体经营情况、发展趋势、资产结构、经营效率和所处行业的发展情况进行结论性描述，对目标公司做出信用额度和信用等级的评估，且提出信用政策建议

信用风险评级表

信用等级	信用风险评估/评价	建议信用额度
CR1	风险极低/可作优惠条件的信贷安排	大额
CR2	风险低/可作迅速的信贷安排	中大额
CR3	风险普通/可按正常程序安排信贷	中额（授信额度<65万元）
CR4	风险较高/对信贷安排要加倍监察	小额定期监督
CR5	风险颇高/要在担保下才可考虑信贷	小额
CR6	风险极高/暂不考虑信贷安排	现金交易
NR	缺乏足够数据和资料	不予评估

以上信用评分体系作为工具和指引，评价目标公司的信用状况。信用风险评定和信用额度的测定以报告中每一主要因素所获取的加权数进行合成分析得来。报告中每一重要信息系数所占比重如下：

财务状况（30%）　　　　信用记录（15%）　　　　管理架构（10%）
经营状况（20%）　　　　业务/行业趋势（15%）　　分析师评价（10%）

在我们的信用分析中，如果目标公司是一家新成立的公司或它的财务数据不充足，通常情况下我们会将30%的比重分别分配到管理、付款及追账和法庭记录中。

注：本报告货币单位除特别说明外，均为人民币；本报告中"－"表示"未获取"；"—"表示"无法获取"。

一、企业概况

1. 联络信息。

公司名称	深圳市恒达电子有限公司
地　址	深圳市宝安区民治街道博爱电子工业园1#、2#厂房
邮　编	518131
电　话	0755－28190000
传　真	0755－28190001
网　址	www.dxgtech.com.cn

2. 注册信息。

中文名称	深圳市恒达电子有限公司
英文名称	Deai Electronic（Shenzhen）Co., Ltd.
注　册　号	440306503900000
注册地址	深圳市宝安区民治街道博爱电子工业园1#、2#厂房

注册登记日期	1991 年 1 月 30 日
注册资本	9 000.00 万港元
实收资本	9 000.00 万港元
登记机关	深圳市工商行政管理局
企业类型	有限责任公司（外国法人独资）
法人代表	管紫玉
经营范围	生产经营数字电子钟表、指针石英钟表、计算器及文具。计算器 100% 外销，其余产品 80% 外销。增营：生产经营鼠标器。增营产品 100% 外销。（深环批〔2007〕900836 号，有效期至 2012 年 10 月 19 日）
经营期限	自 1991 年 1 月 30 日至 2020 年 1 月 30 日止
登记电话	0755 – 28190000
行业代码	4130（钟表与计时仪器制造）
进出口权	有
年检情况	2007 年度已年检

3. 历史沿革。

变更时间	变更事项	变更前	变更后
1992 年 9 月 26 日	经营范围	生产经营数字电子钟表、指针石英钟表、计算器及文具	生产经营数字电子钟表、指针石英钟表、计算器及文具。指针表、计算器全部外销，其余产品 80% 外销
2007 年 3 月 13 日	住所	深圳市宝安区龙华镇博爱电子工业园 1#、2#厂房	深圳市宝安区民治街道博爱电子工业园 1#、2#厂房
2008 年 5 月 20 日	经营范围	生产经营数字电子钟表、指针石英钟表、计算器及文具。计算器 100% 外销，其余产品 80% 外销。增营：生产经营鼠标器。增营产品 100% 外销	生产经营数字电子钟表、指针石英钟表、计算器及文具。计算器 100% 外销，其余产品 80% 外销。增营：生产经营鼠标器。增营产品 100% 外销。（深环批〔2007〕900836 号，有效期至 2012 年 10 月 19 日）

注：目标公司自成立至今变更资料共 13 次，本报告只提供第一次变更及最后两次变更情况，供贵公司参考。

4. 股东情况。

股 东	出资额（万元）	股权比例（%）	出资方式
TIME WHITE ENTERPRISES LTD.	9 000	100	货币
合计	9 000	100	—

主要股东介绍

企业名称	TIME WHITE ENTERPRISES LTD.
注册地址	英属维尔京群岛
成立日期	1996 年 12 月 3 日
法人代表	管紫玉
电 话	1－888－843－0000
与目标公司关系	股东
公司介绍	总部设在英属维尔京群岛亚利桑那州凤凰城。主要为进出口企业提供国际贸易数据情报，利用该公司的国际贸易数据库为客户提供供应商和竞争对手信息查询。2007 年，设立 ImportScan（一个强大的竞争情报查询工具）。也提供产品出口和货运代理服务。客户群主要有：进口商、出口商、企业家、货运代理、银行、私人侦探和外国工厂等

5. 分支机构（对外投资），无。

二、经营状况

1. 董事成员情况。

姓 名	职 务	性 别	年 龄	学 历	住 址
黄 慧	副总经理	女	58 岁	大学	中国台湾
廖美雪	董事	女	54 岁	高中	中国台湾
卢少芬	董事	女	65 岁	大学	中国台湾
池仲达	副董事长	男	68 岁	大学	中国台湾
管紫玉	董事长	男	56 岁	大学	中国台湾
于彩霞	董事	女	62 岁	大学	中国台湾
陈德立	总经理	男	50 岁	大学	中国台湾
池明君	董事	女	42 岁	高中	中国台湾

2. 主要经营者简介。

姓　　名：管紫玉

性　　别：男

年　　龄：56 岁

证件号码：A103320000

学　　历：大学

职　　务：董事长

户籍地址：中国台湾

职　　责：负责企业的整体运营与管理

行业经验：30 年

管理经验：30 年

升迁原因：委派

不良记录：无

工作经历：1982 年至今，任德爱企业有限公司董事长

3. 人员状况。

	数量（人）
员工总数	1200
其中：管理人员	120
技术人员	250
其他人员	830

4. 经营场所。

	生产场所
地　　址	深圳市宝安区民治街道博爱电子工业园 1#、2#厂房
地理位置	较好
建筑面积	3 万平方米
产权所有	自有
房屋条件	良好

5. 主要产品。

主要产品	数字电子钟表、指针石英钟表、计算器及文具、鼠标器
产品品牌	JAGA
2008 年销售额	6 000 万元（人民币）

6. 采购情况。

国内	10%
主要区域	广东省内
主要付款方式	月结、电汇
国外	90%
主要区域	北美、西欧
主要付款方式	月结、电汇
主要设备和材料供应商	公司：东莞市大朗康和塑胶原料部 地址：大朗镇水口村影剧院左侧 电话：0769 – 83310000 产品：塑胶原料 公司：深圳市合裕隆实业有限公司 地址：深圳市龙岗区坪山镇田头村新曲工业小区 电话：0755 – 84230000 产品：五金配件，电镀制品
对供应商付款情况	正常

7. 销售情况。

国内	无
国外	100%
主要区域	北美、西欧
主要付款方式	电汇、信用证
销售/服务对象	北美、西欧
销售渠道	股东销售、代理销售
主要客户	公司：W&YHK（FAREAST）LTD. 地址：17F., CHINABEST INTERNATIONAL CENTER, NO. 8, KWAI ON RD., KWAI CHUNG, HONG KONG（香港葵涌葵安道 8 号中信国际中心 17 楼） 电话：852 – 2370 – 0000
	公司：PROJAGA INTERNATIONAL LTD. 地址：361 – 1 Dongyung St., Pate City, Taoyuan Hsien, Taiwan 334（台湾桃园八德市东勇街 361 – 1 号） 电话：886 – 3 – 362 – 0000
客户付款情况	未评价

三、往来银行

1. 往来银行。

开户银行	中国银行深圳市分行龙华支行
账　号	0140030000000
币　　种	港币
地　　址	宝安区龙华镇人民路
电　　话	0755 – 27700000
银行评价	未评价

2. 抵押担保情况。

短期借款银行为中国银行龙华支行，借款条件是土地、房产抵押，还款期限为 2008 年 2 月 6 日，借款利率按照年利率（浮动利率）计算，期末借款余额原币 USD2 200 000 美元，本位币 USD16 070 120 美元。

四、公共记录

1. 海关处罚记录：目标公司海关登记号：4403940042，企业级别 AA 级。

2. 法律诉讼记录：目标公司涉及多起法律纠纷，包括民事案件、劳动争议等纠纷，此处仅提供典型案例，供参考。

案号：（2008）深宝法民劳初字第 9000 号

各当事人地位：深圳市恒达电子有限公司（被告）

案件类型：民事案件

案件形成方式：一审

结案案由：劳动争议

结案日期：2008 年 3 月 14 日

结案方式：调解

案号：（2003）深中法民一终字第 4000 号

各当事人地位：深圳市恒达电子有限公司（上述人）

案件类型：民事案件

案件形成方式：二审

结案案由：劳动合同纠纷

结案日期：2005 年 1 月 1 日

案号：（2007）深宝法民劳初字第 2000 号

各当事人地位：深圳市恒达电子有限公司（被告）

案件类型：民事案件

案件形成方式：一审

结案案由：劳动争议

结案日期：2007 年 11 月 2 日

结案方式：判决

3. 获得资质。

2000 年，荣获美国 COMDEX 展会最佳数位产品创新奖；

2001 年，荣获美国（INNOVATIVE DIGITAL PRODUCT）PMA 国际展会最佳数位产品创新奖；

2001 年，以"零缺失"一次性通过了 ISO9001（2000 版）品质体系认证；

2002 年，荣获德国 CeBIT 国际展德国工业设计 IF 奖；

2004 年，通过了 ISO14001 环境体系认证；

2004 年，荣获德国工业设计 IF 奖；

2005 年，荣获德国汉诺威 IF 设计奖；

2005 年，导入欧盟 ROHS 指令；

2006 年 3 月，被深圳市劳动和社会保障局、深圳市总工会、深圳市企业家协会和深圳特区报社联合授予"深圳市首届遵守劳动法模范企业"的光荣称号；

2006 年 5 月，深圳市劳动和社会保障局及深圳市卫生区联合授予"深圳市劳务工医疗保险试点先进单位"；

2006 年 10 月，深圳市政府授予深圳首批"循环经济发展"的示范企业；

2007 年 9 月，深圳市政府评为"人才成长好企业"。

五、财务状况

1. 资产表。

单位：元

项　　目	2006 年 12 月 31 日	2007 年 12 月 31 日
流动资产		
货币资金	32 865 197. 06	16 085 126. 51
应收票据	0	0
应收账款	652 960. 61	13 132 569. 42
预付账款	871 651. 54	106. 24
其他应收账款	826 895. 69	824 083. 32
存货	73 734 588. 72	59 595 246. 69
待摊费用	217 528. 67	259 481. 04
其他流动资产	0	0
流动资产合计	**109 168 822. 29**	**89 896 613. 22**
长期投资	0	0
长期投资合计	**0**	**0**
固定资产		
固定资产原值	149 209 153. 34	159 273 356. 80
减：累计折旧	59 669 350. 26	71 681 267. 68
固定资产净值	89 539 803. 08	87 592 089. 12
在建工程	1 201 403. 36	1 297 309. 13
固定资产合计	**90 741 206. 44**	**88 889 398. 25**
无形资产及递延资产		
递延资产	0	0
无形资产	31 857 605. 68	30 783 694. 64
无形资产及递延资产合计	**31 857 605. 68**	**30 783 694. 64**
资产总计	**231 767 634. 41**	**209 569 706. 11**

2. 负债表。

单位：元

项　　目	2006 年 12 月 31 日	2007 年 12 月 31 日
流动负债		
短期借款	19 521 750. 00	16 070 120. 00
应付票据	0	2 851 273. 80
应付账款	12 135 225. 85	21 362 076. 34

项　目	2006 年 12 月 31 日	2007 年 12 月 31 日
预收账款	68 022 745.76	68 183 902.37
应付工资	1 849 204.99	2 619 378.64
应付福利费	0	0
应交税金	(400 055.14)	492 919.53
其他应付款	674 033.39	722 307.32
预提费用	364 480.02	429 293.66
其他流动负债	0	0
流动负债合计	102 167 384.87	112 731 271.66
长期负债		
长期借款	30 000 000.00	0
长期负债合计	30 000 000.00	0
负债合计	132 167 384.87	112 731 271.66
所有者权益		
实收资本	91 954 710.43	91 954 710.43
资本公积	89 248.39	89 248.39
盈余公积	0	755 629.07
其中：公益金	0	0
未分配利润	7 556 290.72	4 038 846.56
所有者权益合计	99 600 249.54	96 838 434.45
负债及所有者权益总计	231 767 634.41	209 569 706.11

3. 损益表。

单位：元

项　目	2006 年	2007 年
主营业务收入	131 491 678.21	161 688 475.45
减：主营业务成本	124 856 333.13	158 145 804.11
主营业务税金及附加	68 951.70	127 379.33
主营业务利润	6 566 393.38	3 415 292.01
加：其他业务利润	3 118 309.92	3 638 028.24
减：营业费用	652 909.49	866 148.40
管理费用	9 172 417.39	9 744 272.00
财务费用	(1 561 526.26)	(3 810 403.49)
营业利润	1 420 902.68	253 303.34
加：营业外收入	17 926.14	35 194.37
减：营业外支出	214 205.59	87 365.77
利润总额	1 224 623.23	201 131.94
减：所得税	225 126.72	111 673.23
税后利润	999 496.51	89 458.71

4. 重要财务状况比率表。

偿债能力		2006 年	2007 年
资产负债率（%）	负债总额/资产总额	57.03	53.79
产权比率（%）	负债总额/所有者权益总额	132.70	116.41
流动比率	流动资产/流动负债	1.07	0.80
速动比率	（流动资产－库存）/流动负债	0.35	0.27

投资回报能力		2006 年	2007 年
权益收益率（%）	税前利润/所有者权益	1.23	0.21
应收账款周转率（次）	营业收入/应收账款	201.38	12.31
资产收益率（%）	税前利润/总资产	0.53	0.10

盈利能力		2006 年	2007 年
销售利润率（%）	税后利润/营业收入	0.76	0.06
总资产周转率（%）	营业收入/资产总额	56.73	77.15

资金周转时间		2006 年	2007 年
资金周转时间（天）	资产总额/营业收入×365	643	473

5. 财务分析。

从目标公司 2007 年的财务报表来看：

目标公司资产负债率处于正常水平，资金流动速度缓慢，存货变现能力一般，企业的偿债能力一般。

目标公司应收账款周转率为 12.31，应收账款周转天数为 29.24 天，企业应收账款管理水平较好。

权益收益率、销售利润率数值反映企业的盈利能力一般。

与目标公司 2006 年同期财务数据相比较：

目标公司 2007 年度销售收入虽比去年同期增加，但是受其他成本影响，盈利数值明显下降。

六、信息核查

1. 目标公司经营地址与注册地址一致，均为深圳市宝安区民治街道博爱电子工业园 1#、2#厂房。

2. 目标公司大门有"德爱电子"铭牌，建筑面积为 3 万平方米，于 2001 年 2 月 28 日组织设计、建设，并于2002年1月6日竣工完成后一直在此生产经营至今。属于自有厂房，目前使用状况良好。厂房共三层，其中一层租赁给德之杰科技有限公司。

3. 据目标公司员工介绍：

目标公司主要从事电子数字表、指针表等消费性电子产品，并已致力投入高像素数码相机、MP3、PDA等具有发展潜力的信息科技产品之研发与制造。

目标公司国内采购占10%，国外采购占90%，与各采购对象一直保持长期稳定的合作关系。

员工工资900元底薪，加班费另计，按照1.5~2倍支付，员工月工资在1 600~1 700元。受金融危机影响，目标公司员工人数有所下降，加班时间也有所减少。

目标公司只负责生产，其采购和销售由其股东公司（TIME WHITE ENTERPRISES LTD）全面负责。

4. 经调查了解到，目标公司与德之杰科技有限公司同属于德爱企业有限公司的分公司。

七、综合信用评价

1. 行业概况及前景。

过去几年，我国钟表行业发展速度很快，在世界钟表市场上获得了较大的份额。2007年，该行业实现累计工业总产值170亿元，同比增长20%。但是，我国的钟表企业多数规模较小，企业及其品牌在国际市场上的信誉度和影响力微乎其微，占据世界70%的产量却只占世界30%的产值。这也决定了国内大多数产品属于中低档产品，竞争力和利润主要来源于报酬较低的加工阶段。进入2008年以来的人民币升值和劳动力成本的上升，已经使国内企业的国际竞争力下降，出口增长呈现颓势。

短期内国内企业难以撼动瑞士品牌对于高端市场的垄断地位，将通过内部挖潜及技术创新巩固低端市场的占有率，并逐渐向日本品牌、香港品牌等所占据的中档市场发展。

2. 综合分析。

目标公司成立于1991年，是台湾地区台北市的德爱企业有限公司在深圳的一个生产基地。注册资本9 000万港元，注册地址为深圳市宝安区民治街道博爱电子工业园1#、2#厂房，法定代表人为管紫玉。目标公司的总公司德爱企业有限公司于1982年5月在中国台北成立，董事长为管紫玉，到20世纪80年代末已成为一家颇具规模的表业公司。目标公司在2008年7月中国钟表与计时仪器制造行业百强企业发展分析报告中名列该行业重点企业的第20名。

目标公司属于生产制造型企业，主要研发、生产电子手表，年产量逾千万。目标公司的采购和销售都由其总公司（德爱企业有限公司）和股东（TIME WHITE ENTERPRISES LTD）负责。受到国际经济环境的影响，目标公司目前的采购和销售额大约下滑了1/4。

目标公司生产规模较大，厂房建筑面积约3万平方米，属于自有厂房。目前在职员工约有1 200人。目标公司在2009年年初有过工种招聘，在我司调查时招聘已结束。

综合以上的所有分析，建议可按正常程序安排与目标公司之信用销售。

八、信用评级

信用评级说明

项 目		分值（分）	实际得分（分）
管理因素	组织结构	5	3
	管理者	5	3
经营因素	经营情况	15	10
	其他因素	5	3
信用因素	购销支付信用	10	6
	往来银行	10	6
	公共记录	5	2
财务因素	偿债能力	10	6
	营运能力	10	6
	盈利能力	10	6
其他因素	行业发展潜力	5	3
	企业行业地位	5	2
	企业发展潜力	5	3
	调研人员综合评价	±10	6
合 计			65

信用等级评定

信用等级	分值（分）	建议信用额度
CR1	80～100	大额
CR2	70～79	中大额
CR3	**60～69**	**中额**
CR4	50～59	小额定期监督
CR5	40～49	小额
CR6	0～39	现金交易
NR	—	不予评估

深圳市天地光电科技有限公司资信报告

目标公司：深圳市天地光电科技有限公司

报告编号：JXL0909111-1

委托日期：2009 年 9 月 1 日

完成日期：2009 年 9 月 9 日

报告类型：☑标准　　　□深度　　　□行业

报告情况：☑普通　　　□加急　　　□特急

报告导读

企业概况	联络信息。目标公司的注册联络信息和对外的联络信息可能不一致，但是相关的法规规定，公司的注册地址应为主营业务所在地且必须登记
	注册信息。是对公司合法性进行验证的重要依据。注册资本是股东必须投入目标公司的资金，法定经营范围可验证自身与目标公司的业务是否符合法律规定
	历史沿革。注册变化情况和历史沿革可以了解目标公司历史及历次变化的可能原因及对信用风险的影响
	股东及股份。通过股东及股份可以了解目标公司的资本结构
	关联企业。母子公司存在关联交易，相互支持的情况较为普遍。股东的背景和实力对目标公司的资信状况有很大的影响，而通过附属机构可以了解目标公司活动的区域范围和业务领域
经营状况	主要经营者。管理人员的背景和从业经历可以在一定程度上反映目标公司的经营思路和行为风格
	员工数量。可以真实反映公司的规模，通过与其他规模指标相比可以了解公司的效率和管理水平
	产品采购及销售。了解目标公司所经营的产品及服务的种类，主要的供应商和主要客户及销售区域、销售方式、渠道等。此信息可以帮助客户决定对自己最有利的合作方式，而销售方式及渠道直接影响目标公司的信用风险
往来银行	一般为目标公司向政府部门申报的账号，一个单位多个账号较为常见，且目标公司在银行的贷款抵押担保记录对其评级极具参考价值
公共记录	从各种公开的渠道获取的不良记录将直接影响到目标公司的公众形象
财务状况	是评估企业信用等级较为重要的依据，如果目标公司为分支机构、政府机关、事业单位、成立时间不足一年的企业则没有财务资料。财务指标可以如实的反映企业的财务状况
信息核查	对目标公司内部人员或关联企业人员进行实地访问或电话访问，可以了解到目标公司的办公场所情况、工作氛围以及员工对企业的评价等信息，加深对企业实际运营情况的了解
综合评述	对目标公司目前的整体经营情况、发展趋势、资产结构、经营效率和所处行业的发展情况进行结论性描述，对目标公司作出信用额度和信用等级的评估，且提出信用政策建议

信用风险评级表

信用等级	信用风险评估/评价	建议信用额度
CR1	风险极低/可作优惠条件的信贷安排	大额
CR2	风险低/可作迅速的信贷安排	中大额
CR3	风险普通/可按正常程序安排信贷	中额
CR4	风险较高/对信贷安排要加倍监察	小额定期监督
CR5	风险颇高/要在担保下才可考虑信贷	小额
CR6	风险极高/暂不考虑信贷安排	现金交易
NR	缺乏足够数据和资料	不予评估

以上信用评分体系作为工具和指引，评价目标公司的信用状况。信用风险评定和信用额度的测定以报告中每一主要因素所获取的加权数进行合成分析得来。报告中每一重要信息系数所占比重如下：

财务状况（30%） 信用记录（15%） 管理架构（10%）

经营状况（20%） 业务/行业趋势（15%） 分析师评价（10%）

在我们的信用分析中，如果目标公司是一家新成立的公司或它的财务数据不充足，通常情况下我们会将30%的比重分别分配到管理、付款及追账和法庭记录中。

注：本报告货币单位除特别说明外，均为人民币。

一、企业概况

1. 联络信息。

公司名称	深圳市天地光电科技有限公司
地 址	广东省深圳市深南大道 1711 号
邮 编	518034
电 话	0755－8980188、8980181
传 真	0755－8980168
网 址	www. tdgd. com

2. 注册信息。

中文名称	深圳市天地光电科技有限公司
英文名称	—
注 册 号	654300400003247
注册地址	深圳市深南大道 1711 号

注册登记日期	2004 年 12 月 27 日
注册资本	3 000 万元
实收资本	3 000 万元
登记机关	深圳市工商行政管理局
企业类型	有限责任公司（台港澳地区与境内合资）
法人代表	刘长文
经营范围	一般经营项目：生产、开发、销售自产的液晶显示器和模块等电子产品
经营期限	2004 年 12 月 27 日至 2019 年 12 月 27 日
登记电话	0755 – 8083136
行业代码	—
进出口权	有
年检情况	2008 年度已年检

3. 历史沿革。

单位：万元

变更时间	变更事项	变更前	变更后
2007 年 6 月 21 日	外方实收资本	890.08	900
2008 年 4 月 11 日	法人代表（负责人、独资投资人）	李文	刘长文

4. 股东情况。

单位：万元

股东	出资额	股权比例（%）	出资方式
深圳力宏科技股份有限公司	2 100	70	货币
美好科技有限公司	900	30	货币
合计	3 000	100	—

股东介绍

名称：深圳力宏科技股份有限公司

地址：深圳市南山科技园高新一路 767 号

电话：0755 –6075780

简介：该公司是深圳华光玻璃集团作为主发起人，与浙江大学、国家建材局深圳玻璃工业设计研究院、深圳市建设投资有限公司、深圳市珠光复合材料有限责任公司联合发起，经广东省人民政府批准设立的股份有限公司。其注册资本 5 000 万元，是国家"火炬计划"重点高新技术企业和广东省高新技术企业，主要的产品是主导产品 ITO 导电膜玻璃、CVD 在线镀膜玻璃。

名称：美好科技有限公司

简介：该公司是一家香港本土的电子企业，与国内多家电子企业有合资项目。

5. 分支机构。

目标公司未在相关政府部门登记成立分支机构。

二、经营状况

1. 董事成员情况。

姓　名	职　务	性　别	年　龄	学　历	身份证号码	住　址
白俞家	董事	男	37 岁	工程师	440304197201100639	广东省深圳市
刘晓春	董事	男	41 岁	硕士	—	香港
刘长文	董事长	男	36 岁	硕士	440304197302020438	—
王建军	董事	男	44 岁	—	—	—

2. 主要经营者简介。

姓　　　名：刘长文

年　　　龄：36 岁

证件号码：440304197302020438

学　　　历：硕士

职　　　务：董事长

户籍地址：广东省深圳市南山区

职　　　责：负责目标公司日常经营运作及重大项目决策

行业经验：—

升迁原因：委派

不良记录：无

工作经历：曾出任深圳力宏科技股份有限公司和深圳华益导电膜玻璃有限公司董事、
总经理。

自目标公司成立任职董事长至今。

3. 人员状况。

	数量（人）
员工总数	215
其中：管理人员	26
技术人员	35
其他人员	154

4. 经营场所。

	生产场所
地　　址	广东省深圳市深南大道1711号
地理位置	较好
建筑面积	近5 000平方米，厂房面积约3 000平方米
产权所有	自有
房屋条件	好

5. 主要产品。

主要产品	液晶显示模块
产品品牌	天地
生产能力	年产能力达600万片

6. 采购情况。

国内	90%
主要区域	华东地区
主要付款方式	月结
国外	10%
主要区域	日本
主要付款方式	电汇、信用证
主要设备和材料供应商	公司：深圳力宏科技股份有限公司 地址：深圳市南山科技园高新一路767号 电话：0755－6067780 公司：深圳市方园电子应用研究所 地址：深圳市高新技术开发区常青南路13号 电话：0755－6326029
对供应商付款情况	正常

7. 销售情况。

国内	80%
主要区域	华南、华中地区
主要付款方式	月结
国外	20%
主要区域	东南亚、中东
主要付款方式	信用证、电汇
销售/服务对象	手机生产商
销售渠道	直销

主要客户	公司：广州鹏辉集团有限公司 地址：广州科学城神舟路 19 号 电话：020 – 2571401 公司：百酷计算机通信科技（深圳）有限公司 地址：深圳市南山区高新科技园（南区）百酷信息港 电话：0755 – 63302299
客户付款情况	正常

三、往来银行

1. 往来银行。

开户银行	中国银行深圳分行
账　号	—
币　种	人民币
地　址	深圳市和平街 24 号
电　话	0755 – 6050627
银行评价	据该银行的内部员工介绍，目标公司在其设有往来账号，并有一定的现金存款，该员工没有透露其具体的数量

2. 抵押担保情况：无。

四、公共记录

1. 海关处罚记录：目标公司未有进出口处罚记录。
2. 法律诉讼记录：截至调查之日，未发现目标公司有重大法律诉讼记录。
3. 获得资质：目标公司通过了液晶显示模块——液晶屏的国家生产标准。

五、财务状况

1. 资产表。

单位：万元

项　目	2007 年 12 月 31 日	2008 年 12 月 31 日
流动资产		
货币资金	624	657
应收票据	—	—

应收账款	210	226
预付账款	—	—
其他应收账款	89	94
存货	521	547
待摊费用	—	—
其他流动资产	265	139
流动资产合计	**1 709**	**1 663**
长期投资	—	—
长期投资合计	**—**	**—**
固定资产		
固定资产原值	—	—
减：累计折旧	—	—
固定资产净值	—	—
在建工程	—	—
固定资产合计	**874**	**859**
无形资产及递延资产		
递延资产	—	—
无形资产	—	—
无形资产及递延资产合计	**—**	**—**
资产总计	**2 583**	**2 522**

2. 负债表。

单位：万元

项　目	2007 年 12 月 31 日	2008 年 12 月 31 日
流动负债		
短期借款	—	—
应付票据	—	—
应付账款	319	324
预收账款	—	—
应付工资	—	—
应付福利费	—	—
应交税金	—	—
其他应付款	178	130
预提费用	—	—
其他流动负债	31	17
流动负债合计	**528**	**471**

项　目	2007 年 12 月 31 日	2008 年 12 月 31 日
长期负债		
长期借款	—	—
长期负债合计	—	—
负债合计	528	471
所有者权益		
实收资本	3 000	3 000
资本公积	—	—
盈余公积	—	—
其中：公益金	—	—
未分配利润	—	—
所有者权益合计	2 055	2 051
负债及所有者权益总计	2 583	2 522

3. 损益表。

单位：万元

项　目	2007 年	2008 年
主营业务收入	**2 750**	**2 243**
减：主营业务成本	2 282	1 784
主营业务税金及附加	7	5
主营业务利润	**461**	**454**
加：其他业务利润	—	—
减：营业费用	249	274
管理费用	213	181
财务费用	2	3
营业利润	**0**	**0**
加：营业外收入	—	—
减：营业外支出	—	—
利润总额	（3）	（4）
减：所得税	—	—
税后利润	**（3）**	**（4）**

4. 重要财务状况比率表。

偿债能力		2007 年	2008 年
资产负债率（%）	负债总额/资产总额	20.4	18.7
产权比率（%）	负债总额/所有者权益总额	25.7	23.0
流动比率	流动资产/流动负债	3.2	3.5
速动比率	（流动资产－库存）/流动负债	2.2	2.4

投资回报能力		2007 年	2008 年
权益收益率（%）	税前利润/所有者权益	− 0.1	− 0.2
应收账款周转率（次）	营业收入/应收账款	13	10
资产收益率（%）	税前利润/总资产	− 0.1	− 0.2

盈利能力		2007 年	2008 年
销售利润率（%）	税后利润/营业收入	− 0.1	− 0.2
总资产周转率（%）	营业收入/资产总额	106.5	88.9

资金周转时间		2007 年	2008 年
资金周转时间（天）	资产总额/营业收入 ×365	343	410

5. 财务分析。

从目标公司 2008 年的财务报表来看：

目标公司资产负债率处于低位运行水平，资金流动速度较快，存货变现能力较强，企业的整体偿债能力较好。

目标公司应收账款周转率为 10%，应收账款管理水平较好，资金周转天数为 410 天，企业运营能力尚可。

目标公司销售利润率为负，处于亏损状态，企业的盈利能力较差。

与目标公司 2007 年同期财务数据相比较：

目标公司偿债能力有所提升，整体较平稳，但近两年销售利润为负，处于亏损状态，盈利能力有待提高。

六、信息核查

1. 目标公司经营地址与注册地址一致，均为广东省深圳市深南大道 1711 号，地理位置较好，交通便利。

2. 目标公司建筑面积近 5 000 平方米，其中厂房面积约为 3 000 平方米，房屋属自由性质。

3. 据目标公司员工介绍：

目标公司主要从事液晶显示模块的开发、生产、销售，并拥有液晶显示屏模组生产线 4 条，年生产能力 600 万片。

目标公司原材料主要供应商为股东公司"深圳力宏科技股份有限公司"，也在日本采购部分材料。其主要销售客户分布在广东省内。

4. 经调查了解到，目标公司的产品主要运用在移动通讯产品、数码影像及车载显示产品中，以国内手机品牌为主，与部分国内手机品牌生产商合作稳定，如，金鹏手机。

七、综合信用评价

1. 行业概况及前景。

我国液晶显示模块行业起步较晚，发展迅速，目前该行业由 200 家左右主要生产厂商构成，其中以外资企业为主导。从产品结构来看，液晶显示模块有 TN、STN 和 TFT 三种主要类型，TN 模块主要运用在低端产品上，而 CSTN 和 TFT 液晶显示模块则面向高端市场；由于 TFT 液晶显示模块与 OLED 显示器之间的竞争日益激烈，国内厂商相应作出调整，把生产重心转向 TFT 液晶显示模块。

由于受金融风暴的影响，液晶显示模块行业的订单也日趋减少，出口市场惨淡，国内市场也出现危机，因此，厂商正探索维持经营的新道路，部分企业通过加速产品转向以及下单后锁住汇率来减小损失。有些厂商则对劳动密集型液晶模块生产线实现生产自动化。

2. 综合分析。

目标公司成立于 2004 年 12 月，是一家由美好科技有限公司和深圳力宏科技股份有限公司共同投资的合资企业，注册资本为 3 000 万元，主要从事液晶显示模块的开发、生产、销售，产品大量应用于手机。

综上所述，目标公司成立至今客户较为稳定，货源较为充足，发展相对较为稳定，但是近年受金融危机影响，市场需求量下滑，业务量相对减少，盈利能力有所下降，因此，建议贵司给予其小额定期监督信贷。

八、信用评级

信用评级说明

项　目		分值（分）	实际得分（分）
管理因素	组织结构	5	2
	管理者	5	2
经营因素	经营情况	15	11
	其他因素	5	2
信用因素	购销支付信用	10	5
	往来银行	10	—
	公共记录	5	3
财务因素	偿债能力	10	6
	营运能力	10	6
	盈利能力	10	5
其他因素	行业发展潜力	5	2
	企业行业地位	5	2
	企业发展潜力	5	2
	调研人员综合评价	±10	5
合　计			53

信用等级评定

信用等级	分值（分）	建议信用额度
CR1	80～100	大额
CR2	70～79	中大额
CR3	60～69	中额
CR4	**50～59**	**小额定期监督**
CR5	40～49	小额
CR6	0～39	现金交易
NR	—	不予评估

东莞宏宇电子有限公司资信报告

目标公司：东莞宏宇电子有限公司
报告编号：JXL0901017－1
委托日期：2009 年 2 月 3 日
完成日期：2009 年 2 月 12 日
报告类型：☑标准　　　　□深度　　　　□行业
报告情况：☑普通　　　　□加急　　　　□特急

报告导读

企业概况	联络信息。目标公司的注册联络信息和对外的联络信息可能不一致，但是相关的法规规定，公司的注册地址应为主营业务所在地且必须登记
	注册信息。是对公司合法性进行验证的重要依据。注册资本是股东必须投入目标公司的资金，法定经营范围可验证自身与目标公司的业务是否符合法律规定
	历史沿革。注册变化情况和历史沿革可以了解目标公司历史及历次变化的可能原因及对信用风险的影响
	股东及股份。通过股东及股份可以了解目标公司的资本结构
	关联企业。母子公司存在关联交易，相互支持的情况较为普遍。股东的背景和实力对目标公司的资信状况有很大的影响，而通过附属机构可以了解目标公司活动的区域范围和业务领域
经营状况	主要经营者。管理人员的背景和从业经历可以在一定程度上反映目标公司的经营思路和行为风格
	员工数量。可以真实反映公司的规模，通过与其他规模指标相比可以了解公司的效率和管理水平
	产品采购及销售。了解目标公司所经营的产品及服务的种类，主要的供应商和主要客户及销售区域、销售方式、渠道等。此信息可以帮助客户决定对自己最有利的合作方式，而销售方式及渠道直接影响目标公司的信用风险
往来银行	一般为目标公司向政府部门申报的账号，一个单位多个账号较为常见，且目标公司在银行的贷款抵押担保记录对其评级极具参考价值
公共记录	从各种公开的渠道获取的不良记录将直接影响到目标公司的公众形象
财务状况	是评估企业信用等级较为重要的依据，如果目标公司为分支机构、政府机关、事业单位、成立时间不足一年的企业则没有财务资料。财务指标可以如实地反映企业的财务状况
信息核查	对目标公司内部人员或关联企业人员进行实地访问或电话访问，可以了解到目标公司的办公场所情况、工作氛围以及员工对企业的评价等信息，加深对企业实际运营情况的了解
综合评述	对目标公司目前的整体经营情况、发展趋势、资产结构、经营效率和所处行业的发展情况进行结论性描述，对目标公司作出信用额度和信用等级的评估，且提出信用政策建议

信用风险评级表

信用等级	信用风险评估/评价	建议信用额度
CR1	风险极低/可作优惠条件的信贷安排	大额
CR2	风险低/可作迅速的信贷安排	中大额
CR3	风险普通/可按正常程序安排信贷	中额
CR4	风险较高/对信贷安排要加倍监察	小额定期监督
CR5	风险颇高/要在担保下才可考虑信贷	小额
CR6	风险极高/暂不考虑信贷安排	现金交易
NR	缺乏足够数据和资料	不予评估

以上信用评分体系作为工具和指引，评价目标公司的信用状况。信用风险评定和信用额度的测定以报告中每一主要因素所获取的加权数进行合成分析得来。报告中每一重要信息系数所占比重如下：

财务状况（30%）　　　　信用记录（15%）　　　　管理架构（10%）

经营状况（20%）　　　　业务/行业趋势（15%）　　分析师评价（10%）

在我们的信用分析中，如果目标公司是一家新成立的公司或它的财务数据不充足，通常情况下我们会将30%的比重分别分配到管理、付款及追账和法庭记录中。

注：本报告货币单位除特别说明外，均为人民币。

一、企业概况

1. 联络信息。

公司名称	东莞宏宇电子有限公司
地　　址	东莞市长安振华工业区
邮　　编	511744
电　　话	0769 – 87760000
传　　真	0769 – 87760003
网　　址	www. hongyu. com. hk

2. 注册信息。

中文名称	东莞宏宇电子有限公司
英文名称	Dongguan Hong Yu Electronic Ltd.
注 册 号	企独粤莞总字第 003466 号
注册地址	东莞市长安振华工业区

注册登记日期	1995 年 12 月 23 日
注册资本	3 676 万港元
实收资本	3 676 万港元
登记机关	东莞市工商行政管理局
企业类型	有限责任公司（台港澳地区法人独资）
法人代表	关文斌
经营范围	生产和销售微型音响、收录（放）机、机顶盒、MP3 数码收录（放）机、数字放声设备，数字音、视频编解码设备、数字有线电视系统设备
经营期限	自 1995 年 12 月 23 日至 2010 年 12 月 22 日
登记电话	0769 – 7762000
行业代码	4072（家用音响设备制造）
进出口权	有
年检情况	2007 年度已年检

3. 历史沿革。

变更时间	变更事项	变更前	变更后
2000 年 5 月 12 日	经营范围	生产微型音响、收录（放）机，产品 100% 外销	生产微型音响、收录（放）机，产品内外销比例按批文执行
	投资总额	1 600 万港元	1 689 万港元
	注册资本	1 600 万港元	1 689 万港元
2002 年 1 月 15 日	经营范围	生产和销售微型音响、收录（放）机，产品内外销比例按批文执行（涉及许可证的项目，须领证后才能经营）	生产和销售微型音响、收录（放）机、机顶盒、MP3 数码收录（放）机，产品内外销比例按批文执行（涉及许可证的项目，须领证后才能经营）
	投资总额	1 689 万港元	2 196 万港元
	注册资本	1 689 万港元	2 196 万港元
2004 年 11 月 9 日	经营范围	生产和销售微型音响、收录（放）机、机顶盒、MP3 数码收录（放）机，产品内外销比例按批文执行（涉及许可证的项目，须领证后才能经营）	生产和销售微型音响、收录（放）机、机顶盒、MP3 数码收录（放）机、数字放声设备，产品内外销比例按批文执行（涉及许可证的项目，须领证后才能经营）
	投资总额	2 196 万港元	3 156 万港元
	实收资本	1 776.26 万港元	2 196 万港元
	注册资本	2 196 万港元	3 156 万港元
	股东	东莞市长安振经济发展总公司，0 万元；（香港地区）宏宇实业有限公司，2 196 万港元，102.58%	（香港地区）宏宇实业有限公司，3 156 万港元，100%

变更时间	变更事项	变更前	变更后
2006 年 11 月 4 日	实收资本	2 196 万港元	3 156 万港元
	股东	（香港地区）宏宇实业有限公司 100% 货币出资	（香港地区）宏宇实业有限公司货币出资 951.5 万港元，进口设备 2 204.5 万港元
2006 年 12 月 29 日	经营范围	生产和销售微型音响、收录（放）机、机顶盒、MP3 数码收录（放）机、数字放声设备，产品内外销比例按批文执行（涉及许可证的项目，须领证后才能经营）	生产和销售微型音响、收录（放）机、机顶盒、MP3 数码收录（放）机、数字放声设备，数字音、视频编解码设备、数字有线电视系统设备
	投资总额	3 156 万港元	3 676 万港元
	注册资本	3 156 万港元	3 676 万港元
	股东	（香港地区）宏宇实业有限公司 3 156 万港元	（香港地区）宏宇实业有限公司 3 676 万港元
2007 年 3 月 29 日	实收资本	3 156 万港元	3 676 万港元

4. 股东情况。

单位：万港元

股　东	出资额	股权比例（%）	出资方式
（香港地区）宏宇实业有限公司	3 676	100	货币、实物
合计	3 676	100	—

主要股东介绍

企业名称	（香港地区）宏宇实业有限公司
注册地址	香港沙田火炭坳背湾街喜利工业区大厦
成立日期	1989 年
负责人	关文斌
电话	00852 – 26900069
与目标公司关系	股东

5. 分支机构（对外投资）。目标公司未在相关政府部门登记成立分支机构。

二、经营状况

1. 董事成员情况。

姓名	职务	性别	年龄	学历	住址
关文斌	董事长	男	53 岁	高中	香港九龙四海花园
刘名瑞	董事	男	46 岁	大学	—
王海林	董事	男	40 岁	大学	—

2. 主要经营者简介。

姓　　名：关文斌
性　　别：男
年　　龄：53 岁
证件号码：E824115（9）
学　　历：高中
职　　务：董事长
户籍地址：香港九龙四海花园
职　　责：负责企业的整体运营与管理
行业经验：34 年
管理经验：28 年
升迁原因：委派
不良记录：无
工作经历：1975 年任职于香港东茗集团；
　　　　　1989 年至今任香港宏宇实业有限公司董事长。

3. 人员状况。

	数量（人）
员工总数	280
其中：管理人员	20
技术人员	10
其他人员	250

4. 经营场所。

	生产场所
地　　址	东莞市长安振华工业区
地理位置	较好
建筑面积	20 000 平方米
产权所有	自建
房屋条件	一般

5. 主要产品。

主要产品	MP3、录音机
产品品牌	OEM 代工
2008 年销售额	1 亿元

6. 采购情况。

国内	10%
主要区域	广东省内
主要付款方式	月结、电汇
国外	90%
主要区域	中国香港、日本
主要付款方式	月结、电汇、信用证
主要设备和材料供应商	公司：（香港地区）宏宇实业有限公司 地址：香港沙田火炭坳背湾街喜利工业区大厦 B 座 电话：00852－26931669
对供应商付款情况	正常

7. 销售情况。

国内	无
国外	100%
主要区域	欧美、日韩等地
主要付款方式	电汇、信用证
销售/服务对象	MP3、录音机生产厂商
销售渠道	通过业务员寻找客源
主要客户	公司：Radio Corporation of America 地址：Newyork 电话：＋1－877－794－7977
客户付款情况	正常

三、往来银行

1. 往来银行：目标公司未在相关政府部门留有银行资料。
2. 抵押担保情况：无。

四、公共记录

1. 海关处罚记录：目标公司未有进出口处罚记录。
2. 法律诉讼记录：截至调查之日，未发现目标公司已有重大法律诉讼记录。
3. 获得资质：目标公司已通过 ISO9001：2000 质量管理体系认证；通过 ISO14001 环境管理体系认证；通过法国 THOMSON SGS 认证 A 级 OEM 生产厂家认证。

五、财务状况

1. 资产表。

单位：元

项　　目	2006 年 12 月 31 日	2007 年 12 月 31 日
流动资产		
货币资金	2 426 478.68	2 400 093.24
应收票据	704 624.98	0
应收账款	2 409 659.41	4 539 447.36
预付账款	0	0
其他应收账款	1 459 962.62	853 899.46
存货	12 222 881.02	30 785 900.24
待摊费用	32 228.14	0
其他流动资产	0	34 099.56
流动资产合计	**19 255 834.85**	**38 613 439.86**
长期投资	0	0
长期投资合计	**0**	**0**
固定资产		
固定资产原值	37 565 098.54	42 118 054.54
减：累计折旧	19 991 434.65	21 924 480.33
固定资产净值	17 573 663.89	20 193 574.21
在建工程	0	0
固定资产合计	**17 573 663.89**	**20 193 574.21**
无形资产及递延资产		
递延资产	231 236.96	132 135.32
无形资产	0	0
无形资产及递延资产合计	**231 236.96**	**132 135.32**
资产总计	**37 060 735.70**	**58 939 149.39**

2. 负债表。

单位：元

项　　目	2006 年 12 月 31 日	2007 年 12 月 31 日
流动负债		
短期借款	0	0
应付票据	0	0
应付账款	0	17 966 013.62

项　目	2006 年 12 月 31 日	2007 年 12 月 31 日
预收账款	0	0
应付工资	0	0
应付福利费	1 999 558.40	0
应交税金	110 734.54	-392 253.64
其他应付款	14 571.40	10 640
预提费用	0	0
其他流动负债	0	0
流动负债合计	**2 124 864.34**	**17 584 399.98**
长期负债		
长期借款	0	0
长期负债合计	**0**	**0**
负债合计	**2 124 864.34**	**17 584 399.98**
所有者权益		
实收资本	33 416 168.72	38 598 280.72
资本公积	0	314 683.82
盈余公积	181 175.58	211 175.29
其中：公益金	0	0
未分配利润	1 338 527.06	2 230 609.58
所有者权益合计	**34 935 871.36**	**41 354 749.41**
负债及所有者权益总计	**37 060 735.70**	**58 939 149.39**

3. 损益表。

单位：元

项　目	2006 年	2007 年
主营业务收入	**180 575 342.57**	**102 075 214.80**
减：主营业务成本	170 543 542.36	101 056 570.12
主营业务税金及附加	0	0
主营业务利润	**10 031 800.21**	**1 018 644.68**
加：其他业务利润	0	111 310.51
减：营业费用	625 369.59	0
管理费用	7 095 379.53	0
财务费用	223 926.85	0
营业利润	**2 087 124.24**	**1 129 955.19**
加：营业外收入	95 639.22	0
减：营业外支出	144 691.84	277 783.79
利润总额	**2 038 071.62**	**852 171.40**

项　　目	2006 年	2007 年
减：所得税	550 819.33	230 086.28
税后利润	1 487 252.29	622 085.12

4. 重要财务状况比率表。

偿债能力		2006 年	2007 年
资产负债率（％）	负债总额/资产总额	5.73	29.83
产权比率（％）	负债总额/所有者权益	6.08	42.52
流动比率（％）	流动资产/流动负债	9.06	2.20
速动比率（％）	（流动资产－库存）/流动负债	3.31	0.45

投资回报能力		2006 年	2007 年
权益收益率（％）	税前利润/所有者权益	5.83	2.06
应收账款周转率（次）	营业收入/应收账款	74.94	22.49
资产收益率（％）	税前利润/总资产	5.50	1.45

盈利能力		2006 年	2007 年
销售利润率（％）	税后利润/营业收入	0.82	0.61
总资产周转率（％）	营业收入/资产总额	487.24	173.19

资金周转时间		2006 年	2007 年
资金周转时间（天）	资产总额/营业收入×365 天	75	211

5. 财务分析。

从目标公司 2007 年的财务报表来看：

目标公司资产负债比为 29.83％，资金流动速度较好，产权比率为 42.52％，债权人承担风险较小，企业长期偿债能力较好；流动比率为 2.2，资金周转速度较快，但是企业存货较多，企业存货销售能力有待提高。综合分析，目标公司整体偿债能力较好。

目标公司应收账款周转率为 22.49，应收账款回收时间为 16 天，应收账款管理水平较高，目标公司运营效率较好。

目标公司利润率 0.61％，利润率较小，企业盈利能力一般。

与目标公司 2006 年同期财务数据相比较：

目标公司 2007 年销售收入降低了 43.47％，营业利润下降了 0.21，盈利能力有所减弱。

六、信息核查

1. 目标公司经营地址与注册地址一致，均为东莞市长安振华工业区。交通便利，位置尚可。

2. 目标公司厂房建筑面积近 20 000 平方米，属自有性质，厂区内有一栋 5 层厂房，一个仓库及一栋员工宿舍楼。目标公司大门上有"宏宇"标识及"东莞宏宇电子有限公司"铭牌。

3. 据目标公司员工介绍：

- 目标公司主要从事微型音响、数码录音机、数码 MP3、放音机等产品的生产和销售，目前为 Casio，Thomson，Samsung 等公司做 OEM 产品，产品全部外销。目标公司的销售主要是通过目标公司总公司（香港）宏宇实业有限公司进行中转交易，其采购也多通过（香港）宏宇实业有限公司实现。

- 目标公司员工称由于金融危机的影响，目标公司已大幅裁员，原有员工 350 人左右，现已裁至 280 人左右。员工工资按国家劳动法标准发放，上班时间采取 5 天 8 小时制，普通员工底薪为 770 元/月，加班费另计，公司提供吃住，但每月需扣除 40 元住宿费及少量伙食费用。目标公司员工生活区内设有图书室、娱乐室等配套设施以供员工休闲时使用。

- 据获悉，目标公司每年 8、9 月两个月是销售旺季，此期间加班时间较多。但是 2008 年以来，由于订单量的下滑，加班时间有大幅削减，员工工资也有所减少。

4. 我公司调研人员调查了解到，目标公司受金融危机影响订单量有较大幅度下降，今年开工时间有所推迟，其员工透露，开工后订单量也较少。且目标公司目前存货仍然较多，导致企业资金周转速度有所减缓。

七、综合信用评价

1. 行业概况及前景。

我国的 MP3 播放机市场在经历了连续几年高速增长的无限风光之后，目前已经进入衰退期，品牌数量骤减，市场销量萎缩；而 PMP 播放机经过近 4 年的市场培育，现在市场正趋于发展与扩张期，品牌数量日益增多，竞争更加激烈。

MP3 市场各季度销量同比去年均呈现较大幅度的下滑。2008 年第一季度，MP3 播放机销量比去年同期增长 -25.3%，第二季度销量同比增长 -50.3%，第三季度销量比去年同期增长了 -53.4%。

2008 年，在供需的双重作用以及以"奥运效应"的引领下，中国 PMP 播放机市场继续保持平稳发展的态势。

对比分析 2008 年三个季度 MP3 的销售情况：其中一季度的销量最高，二季度为传统的销售淡季，而传统热销的第三季度，市场仍然下滑 -13.6%。7、8 月份是传统的暑促时节，但 2008 年主要受奥运会的影响，再加上 PMP、手机等竞争性产品的冲击，使得该市场的关注度下降，成为全年销售最弱的季度。

受全球经济危机以及中国经济发展趋缓等因素影响，2008年第四季度，MP3/PMP播放机行业将不会呈现快速增长的势头，但年终礼品市场的启动，在一定程度上仍然会拉动整体市场向前发展。

2. 综合分析。

目标公司成立于1995年12月，是（香港）宏宇实业有限公司在中国大陆投资成立的全资子公司，现注册资本为3 676万港元，法定代表人为关文斌。目标公司主要从事MP3、录音机等数码产品的生产、销售，产品全部外销。目标公司与CASIO、THOMSON、SAMSUNG等知名公司均有合作，为其提供OEM代加工服务。

目标公司成立时间较早，在行业内具有一定的影响力，年销售收入过亿元。目标公司业务均由其总公司（香港）宏宇实业有限公司操作，凭借其母公司的经济实力与技术优势，目标公司占据一定的市场份额。

目标公司两年财务数据相比较，2007年的偿债能力、营运效率、盈利能力均不如上年，但企业的经营状况在同行业中仍处于较高的水平。2008年受金融危机的影响，目标公司业务量有大幅下滑，且目标公司是以代工为主，企业盈利空间较小，抗击风险能力相对较弱，目标公司发展前景一般。

综合分析，建议贵司对目标公司信贷安排要加倍监察，可安排小额定期监督信贷。

八、信用评级

信用评级说明

项 目		分值（分）	实际得分
管理因素	组织结构	5	3
	管理者	5	3
经营因素	经营情况	15	9
	其他因素	5	2
信用因素	购销支付信用	10	5
	往来银行	10	5
	公共记录	5	3
财务因素	偿债能力	10	6
	营运能力	10	5
	盈利能力	10	5
其他因素	行业发展潜力	5	2
	企业行业地位	5	2
	企业发展潜力	5	2
	调研人员综合评价	±10	5
合 计			57

信用等级评定

信用等级	分值	建议信用额度
CR1	80 ~ 100	大额
CR2	70 ~ 79	中大额
CR3	60 ~ 69	中额
CR4	**50 ~ 59**	**小额定期监督**
CR5	40 ~ 49	小额
CR6	0 ~ 39	现金交易
NR	—	不予评估

东莞贝特利电子有限公司资信报告

目标公司：东莞贝特利电子有限公司

报告编号：JXL0908104 - 4

委托日期：2009 年 8 月 5 日

完成日期：2009 年 8 月 13 日

报告类型：☑标准   □深度   □行业

报告情况：☑普通   □加急   □特急

报告导读

企业概况	联络信息。目标公司的注册联络信息和对外的联络信息可能不一致，但是相关的法规规定，公司的注册地址应为主营业务所在地且必须登记
	注册信息。是对公司合法性进行验证的重要依据。注册资本是股东必须投入目标公司的资金，法定经营范围可验证自身与目标公司的业务是否符合法律规定
	历史沿革。注册变化情况和历史沿革可以了解目标公司历史及历次变化的可能原因及对信用风险的影响
	股东及股份。通过股东及股份可以了解目标公司的资本结构
	关联企业。母子公司存在关联交易，相互支持的情况较为普遍。股东的背景和实力对目标公司的资信状况有很大的影响，而通过附属机构可以了解目标公司活动的区域范围和业务领域
经营状况	主要经营者。管理人员的背景和从业经历可以一定程度上反映目标公司的经营思路和行为风格
	员工数量。可以真实反映公司的规模，通过与其他规模指标相比可以了解公司的效率和管理水平
	产品采购及销售。了解目标公司所经营的产品及服务的种类，主要的供应商和主要客户及销售区域、销售方式、渠道等。此信息可以帮助客户决定对自己最有利的合作方式，而销售方式及渠道直接影响目标公司的信用风险
往来银行	一般为目标公司向政府部门申报的账号，一个单位多个账号较为常见，且目标公司在银行的贷款抵押担保记录对其评级极具参考价值
公共记录	从各种公开的渠道获取的不良记录将直接影响到目标公司的公众形象
财务状况	是评估企业信用等级较为重要的依据，如果目标公司为分支机构、政府机关、事业单位、成立时间不足一年的企业则没有财务资料。财务指标可以如实地反映企业的财务状况
信息核查	对目标公司内部人员或关联企业人员进行实地访问或电话访问，可以了解到目标公司的办公场所情况、工作氛围以及员工对企业的评价等信息，加深对企业实际运营情况的了解
综合评述	对目标公司目前的整体经营情况、发展趋势、资产结构、经营效率和所处行业的发展情况进行结论性描述，对目标公司作出信用额度和信用等级的评估，且提出信用政策建议

信用风险评级表

信用等级	信用风险评估/评价	建议信用额度
CR1	风险极低/可作优惠条件的信贷安排	大额
CR2	风险低/可作迅速的信贷安排	中大额
CR3	**风险普通/可按正常程序安排信贷**	**中额**
CR4	风险较高/对信贷安排要加倍监察	小额定期监督
CR5	风险颇高/要在担保下才可考虑信贷	小额
CR6	风险极高/暂不考虑信贷安排	现金交易
NR	缺乏足够数据和资料	不予评估

以上信用评分体系作为工具和指引，评价目标公司的信用状况。信用风险评定和信用额度的测定以报告中每一主要因素所获取的加权数进行合成分析得来。报告中每一重要信息系数所占比重如下：

财务状况（30%）　　　　信用记录（15%）　　　　管理架构（10%）

经营状况（20%）　　　　业务/行业趋势（15%）　　分析师评价（10%）

在我们的信用分析中，如果目标公司是一家新成立的公司或它的财务数据不充足，通常情况下我们会将30%的比重分别分配到管理、付款及追账和法庭记录中。

注：本报告货币单位除特别说明外，均为人民币；本报告中"–"表示"未获取"；"—"表示"无法获取"。

一、企业概况

1. 联络信息。

公司名称	东莞贝特利电子有限公司
地　　址	广东省东莞市长平镇冈田第五工业区
邮　　编	523712
电　　话	0769–87725501
传　　真	0769–87725809
网　　址	—

2. 注册信息。

中文名称	东莞贝特利电子有限公司
英文名称	—
注　册　号	441900402219579
注册地址	东莞市长平镇冈田村

注册登记日期	1994 年 1 月 4 日
注册资本	12 000 万港币
实收资本	10 849.54 万港币
登记机关	东莞市工商行政管理局
企业类型	有限责任公司
法人代表	万维刚
经营范围	生产和销售电子玩具、电子表、计算器、电子钟表、塑胶玩具及其配件
经营期限	自 1994 年 1 月 4 日至 2014 年 1 月 3 日
登记电话	0769 – 7727201
行业代码	玩具制造（2440）
进出口权	有
年检情况	2008 年度已年检

3. 历史沿革。

变更时间	变更事项	变更前	变更后
1995 年 11 月 21 日	注册资本	3 600 万港币	4 400 万港币
1996 年 12 月 17 日	注册资本	4 400 万港币	5 400 万港币
2000 年 8 月 24 日	经营范围	生产电子玩具、电子表、计算器、电子钟表，产品全部外销	生产电子表、电子玩具、计算器、电子钟表，产品内外销比例按批文规定执行
	注册资本	5 400 万港币	6 400 万港币
2002 年 6 月 6 日	注册资本	6 400 万港币	8 800 万港币
2002 年 9 月 26 日	注册资本	8 800 万港币	12 000 万港币
2008 年 11 月 26 日	注册号	企独粤莞总字第 000456 号	441900402219579

4. 股东情况。

单位：万元（港币）

股　　东	出资额	股权比例（％）	出资方式
香港贝特利企业有限公司	12 000	100	货币
合计	12 000	100	—

主要股东介绍

企业名称	香港贝特利企业有限公司
注册地址	香港
成立日期	1976 年 11 月 9 日
负责人	万维刚
与目标公司关系	股东
公司介绍	生产和销售电子表、电子玩具、计算器等电子产品

5. 分支机构。目标公司未在相关政府部门登记成立分支机构。

二、经营状况

1. 董事成员情况。

姓　名	职　务	性　别	证　件	学　历	住　址
万维刚	董事长	男	E182680（1）	大学	香港荃湾远景花园
钟新华	副董事长	男	E951572（4）	大学	
廖金花	董事	女	C449112（0）	大学	

2. 主要经营者简介。

　　姓　　名：万维刚

　　性　　别：男

　　年　　龄：61 岁

　　证件号码：E182680（1）

　　学　　历：大学

　　职　　务：董事长

　　户籍地址：香港荃湾远景花园

　　职　　责：负责企业的整体运营与管理

　　行业经验：38 年

　　管理经验：33 年

　　升迁原因：委派

　　不良记录：无

　　工作经历：1970～1976 年大学毕业后在香港工作

　　　　　　　1976 年 11 月至 1994 年在香港创办贝特利企业有限公司任董事长

　　　　　　　1994 年 1 月至今在东莞贝特利电子有限公司任董事

3. 人员状况。

	数量（人）
员工总数	900
其中：管理人员	25
技术人员	60
其他人员	815

4. 经营场所。

	生产场所
地　　址	广东省东莞市长平镇冈田第五工业区
地理位置	较好

	生产场所
建筑面积	40 000 平方米
产权所有	自有
房屋条件	一般

5. 主要产品。

主要产品	电子表、电子玩具、计算器等电子产品及配件
产品品牌	—
2008 年销售收入	6 800 万元

6. 采购情况。

国内	20%
主要区域	珠三角区域
主要付款方式	月结、电汇
国外	80%
主要区域	日本、东南亚地区
主要付款方式	月结、电汇、信用证
主要设备和材料供应商	公司：东莞连之新金属检测设备有限公司 地址：东莞市寮步镇横坑工业区金湖 电话：0769 - 83228612 产品：玩具金属探测设备
对供应商付款情况	正常

7. 销售情况。

国内	5%
主要区域	全国
主要付款方式	现金、电汇、月结
国外	95%
主要区域	日本、欧美
主要付款方式	电汇、信用证
销售/服务对象	玩具制造销售商
销售渠道	通过母公司及网络进行销售
主要客户	公司：日本万代株式会社
客户付款情况	—

三、往来银行

1. 往来银行。目标公司未在政府相关部门中留有账户信息。
2. 抵押担保情况：无。

四、公共记录

1. 海关处罚记录：目标公司未有进出口处罚记录。
2. 法律诉讼记录：截至调查之日，未发现目标公司已有重大法律诉讼记录。
3. 获得资质：已通过 ISO9001：2000 版质量体系认证。

五、财务状况

1. 资产表。

单位：千元

项　　目	2007 年 12 月 31 日	2008 年 12 月 31 日
流动资产		
货币资金	98.30	113.68
应收票据	—	—
应收账款	43 594.56	40 237.77
预付账款	20.60	31.60
其他应收账款	3 484.42	3 352.01
存货	32 995.10	32 401.18
待摊费用	56.74	76.10
其他流动资产	—	—
流动资产合计	**80 249.72**	**76 212.34**
长期投资	—	—
长期投资合计	**0**	**0**
固定资产	—	—
固定资产原值	88 475.13	89 426.04
减：累计折旧	38 405.87	41 705.23
固定资产净值	50 069.26	47 720.81
在建工程	—	—
固定资产合计	**50 069.26**	**47 720.81**
无形资产及递延资产		
递延资产	777.75	923.56
无形资产	3 634.85	5 539.53
无形资产及递延资产合计	**4 412.60**	**6 463.09**
资产总计	**134 731.58**	**130 396.24**

2. 负债表。

单位：千元

项 目	2007 年 12 月 31 日	2008 年 12 月 31 日
流动负债		
短期借款	—	—
应付票据	—	—
应付账款	309.16	314.62
预收账款	—	—
应付工资	840	762.88
应付福利费	—	—
应交税金	55.84	48.02
其他应付款	38 587.47	35 989.71
预提费用	—	—
其他流动负债	—	—
流动负债合计	**39 792.47**	**37 115.23**
长期负债		
长期借款	—	—
长期负债合计	**0**	**0**
负债合计	**39 792.47**	**37 115.23**
所有者权益	—	—
实收资本	113 068.68	131 410.59
资本公积	—	—
盈余公积	—	—
其中：公益金	—	—
未分配利润	(18 129.58)	(38 129.58)
所有者权益合计	**94 939.10**	**93 281.01**
负债及所有者权益总计	**134 731.57**	**130 396.24**

3. 损益表。

单位：千元

项 目	2007 年	2008 年
主营业务收入	**61 704.37**	**68 426.17**
减：主营业务成本	50 169.97	60 287.96
主营业务税金及附加		
主营业务利润	**11 534.40**	**8 138.21**
加：其他业务利润	79.41	81.79
减：营业费用		

项 目	2007 年	2008 年
管理费用	9 134.31	10 052.51
财务费用	28.78	62.75
营业利润	2 450.72	(1 895.26)
加：营业外收入	32.89	58.32
减：营业外支出	73.84	120.87
利润总额	2 409.77	(1 957.81)
减：所得税		320.46
税后利润	2 409.77	(2 278.27)

4. 重要财务状况比率表。

偿债能力		2007 年	2008 年
资产负债率（%）	负债总额/资产总额	29.53	28.46
产权比率（%）	负债总额/所有者权益总额	41.91	39.79
流动比率（%）	流动资产/流动负债	2.02	2.05
速动比率（%）	（流动资产 − 库存）/流动负债	1.19	1.18

投资回报能力		2007 年	2008 年
权益收益率（%）	税前利润/所有者权益	2.54	− 2.10
应收账款周转率（%）	营业收入/应收账款	1.42	1.53
资产收益率（%）	税前利润/总资产	1.79	− 1.50

盈利能力		2007 年	2008 年
销售利润率（%）	税后利润/营业收入	3.91	− 3.33
总资产周转率（%）	营业收入/资产总额	45.80	52.48

资金周转时间		2007 年	2008 年
资金周转时间（天）	资产总额/营业收入 ×365	797	771

5. 财务分析。

从目标公司 2008 年的财务报表来看：

目标公司的资产负债比维持在正常运行水平，资金的流动速度较好，其存货的变现能力尚可，目标公司整体的偿债压力较小。

目标公司应收账款周转率为 1.53，应收账款管理能力较弱；资金周转天数为 771 天，资金周转能力处在较低水平，目标公司运营效率有待提升。

目标公司销售利润率为负值，目标公司的盈利能力较差。

与目标公司 2007 年同期财务数据相比较：

目标公司偿债能力、营运状况维持在较平稳水平上略有提高；盈利能力出现一定下滑。

六、信息核查

1. 目标公司经营地址与注册地址一致，均为广东省东莞市长平镇冈田第五工业区，该区交通状况较好。

2. 目标公司建筑面积为 40 000 平方米，包括厂房、宿舍和仓库等建筑。场内基础设施较好，拥有篮球场、电影放映室等休闲场所。

3. 据目标公司员工介绍：

- 目标公司主要从事电子玩具、电子表、计算器、电子钟等电子产品的生产，同时也生产销售塑胶玩具及其零配件，并且贴牌生产多家国内外知名玩具生产企业的产品。

- 目标公司的原材料多为进口，主要采购地为日本以及东南亚。

- 目标公司主要为"万代"、"捷达"等知名品牌做代加工，产品主要通过其香港母公司销售至海外。

- 目标公司员工工资在 1 500 ~ 1 600 元，工作时间为每周 5 天 8 小时制，加班时费用按照 6 元/小时计算。目标公司为员工提供食宿，并购买国家规定的社会保险。

4. 我公司调查了解到：

- 目标公司没有业务部门，其国内销售份额很少，产品多销往香港、日本等地。

- 目标公司近期业务量增加，目前正在进行普工的人事招聘。

- 据目标公司的供应商"东莞连之新金属检测设备有限公司"业务员刘先生介绍，其与目标公司确有业务往来，合作期间目标公司的付款情况较正常。

七、综合信用评价

1. 行业概况及前景。

我国是世界上最大的玩具制造国、出口国，全球近75%的玩具在中国境内制造。随着我国经济的发展，我国城乡居民的消费支出中，玩具类支出始终保持着一个不断增长的良好势头。

尽管国内市场前景乐观，出口量很大，但是中国玩具业作为外国玩具加工基地的特点注定了其利润的微薄，且随着国外市场对玩具安全标准的严格化，玩具出口的门槛越来越高，我国玩具行业的发展迫切需要提高产品质量，加强行业监管，才能适应国内国际形势发展的要求。

2008 年以来受国外经济环境的影响，我国玩具行业受到不小冲击，出口和国内销售都面临较大考验，与此同时，欧美各国的进口标准设定和国内原材料价格上涨，这些都给玩具行业带来了新的挑战。

2. 综合分析。

目标公司成立于1994年1月4日，是由"香港贝特利企业有限公司"出资12 000 万港币注册成立一家港资企业。主要从事电子玩具、电子表、计算器、电子钟、塑胶玩具及其配件的生产和销售。

我司在调查过程中发现：

● 目标公司的注册资本并未全部到账，截至 2008 年 12 月 31 日实收资本为 10 849.54 万港币。

● 目标公司经营规模较大，发展较快，在当地拥有较高的知名度。

● 目标公司主要为"万代"、"捷达"等知名品牌做代加工，产品主要通过其香港母公司销售至海外，内销份额较少。

● 受金融危机影响，目标公司出口额大幅减少，2008 年的经营出现了明显下滑。

综上所述，目标公司近期受各种因素的影响出现亏损情况，但其自身实力较好，存在一定发展空间。建议按正常程序给予信贷，但是由于玩具行业在本次金融风暴中收影响较大，因此要适时的监督资金回笼情况。

八、信用评级

信用评级说明

项 目		分值（分）	实际得分
管理因素	组织结构	5	3
	管理者	5	3
经营因素	经营情况	15	9
	其他因素	5	2
信用因素	购销支付信用	10	5
	往来银行	10	4
	公共记录	5	3
财务因素	偿债能力	10	7
	营运能力	10	5
	盈利能力	10	6
其他因素	行业发展潜力	5	3
	企业行业地位	5	3
	企业发展潜力	5	3
	调研人员综合评价	±10	5
合 计			61

信用等级评定

信用等级	分值（分）	建议信用额度
CR1	80～100	大额
CR2	70～79	中大额
CR3	**60～69**	**中额**
CR4	50～59	小额定期监督
CR5	40～49	小额
CR6	0～39	现金交易
NR	—	不予评估

东莞高森电子有限公司资信报告

目标公司：东莞高森电子有限公司
报告编号：JXL09060102－2
委托日期：2009 年 6 月 17 日
完成日期：2009 年 6 月 30 日
报告类型：☑标准　　　□深度　　　□行业
报告情况：☑普通　　　□加急　　　□特急

报告导读

企业概况	联络信息。目标公司的注册联络信息和对外的联络信息可能不一致，但是相关的法规规定，公司的注册地址应为主营业务所在地且必须登记
	注册信息。是对公司合法性进行验证的重要依据。注册资本是股东必须投入目标公司的资金，法定经营范围可验证自身与目标公司的业务是否符合法律规定
	历史沿革。注册变化情况和历史沿革可以了解目标公司历史及历次变化的可能原因及对信用风险的影响
	股东及股份。通过股东及股份可以了解目标公司的资本结构
	关联企业。母子公司存在关联交易，相互支持的情况较为普遍。股东的背景和实力对目标公司的资信状况有很大的影响，而通过附属机构可以了解目标公司活动的区域范围和业务领域
经营状况	主要经营者。管理人员的背景和从业经历可以一定程度上反映目标公司的经营思路和行为风格
	员工数量。可以真实反映公司的规模，通过与其他规模指标相比可以了解公司的效率和管理水平
	产品采购及销售。了解目标公司所经营的产品及服务的种类，主要的供应商和主要客户及销售区域、销售方式、渠道等。此信息可以帮助客户决定对自己最有利的合作方式，而销售方式及渠道直接影响目标公司的信用风险
往来银行	一般为目标公司向政府部门申报的账号，一个单位多个账号较为常见，且目标公司在银行的贷款抵押担保记录对其评级极具参考价值
公共记录	从各种公开的渠道获取的不良记录将直接影响到目标公司的公众形象
财务状况	是评估企业信用等级较为重要的依据，如果目标公司为分支机构、政府机关、事业单位、成立时间不足一年的企业则没有财务资料。财务指标可以如实地反映企业的财务状况
信息核查	对目标公司内部人员或关联企业人员进行实地访问或电话访问，可以了解到目标公司的办公场所情况、工作氛围以及员工对企业的评价等信息，加深对企业实际运营情况的了解
综合评述	对目标公司目前的整体经营情况、发展趋势、资产结构、经营效率和所处行业的发展情况进行结论性描述，对目标公司作出信用额度和信用等级的评估，且提出信用政策建议

信用风险评级表

信用等级	信用风险评估/评价	建议信用额度
CR1	风险极低/可作优惠条件的信贷安排	大额
CR2	风险低/可作迅速的信贷安排	中大额
CR3	风险普通/可按正常程序安排信贷	中额
CR4	**风险较高/对信贷安排要加倍监察**	**小额定期监督**
CR5	风险颇高/要在担保下才可考虑信贷	小额
CR6	风险极高/暂不考虑信贷安排	现金交易
NR	缺乏足够数据和资料	不予评估

以上信用评分体系作为的工具和指引，评价目标公司的信用状况。信用风险评定和信用额度的测定以报告中每一主要因素所获取的加权数进行合成分析得来。报告中每一重要信息系数所占比重如下：

财务状况（30%）　　　　信用记录（15%）　　　　管理架构（10%）

经营状况（20%）　　　　业务/行业趋势（15%）　　分析师评价（10%）

在我们的信用分析中，如果目标公司是一家新成立的公司或它的财务数据不充足，通常情况下我们会将30%的比重分别分配到管理、付款及追账和法庭记录中。

注：本报告货币单位除特别说明外，均为人民币；本报告中"－"表示"未获取"；"—"表示"无法获取"。

一、企业概况

1. 联络信息。

公司名称	东莞高森电子有限公司
地　　址	广东省东莞市虎门镇北湾第一工业园
邮　　编	523932
电　　话	0769－88600000
传　　真	0769－85500000
网　　址	www.gaoshen.com

2. 注册信息。

中文名称	东莞高森电子有限公司
英文名称	DONGGUAN GAO SHEN ELECTRONICS CO. , LTD.
注　册　号	441900400000000
注册地址	东莞市虎门镇北湾第一工业园

注册登记日期	2008 年 6 月 2 日
注册资本	15 000 万港币
实收资本	15 000 万港币
登记机关	东莞市工商行政管理局
企业类型	有限责任公司（台港澳地区法人独资）
法人代表	王立峰
经营范围	生产和销售新型电子元器件（高密度互连积层板、多层挠性板、刚挠印刷电路板及封装载板）
经营期限	自 2008 年 6 月 2 日至 2014 年 6 月 2 日
登记电话	0769 – 85563502
行业代码	4061（电子元件及组件制造）
进出口权	有
年检情况	2008 年度已年检

3. 历史沿革。

变更时间	变更事项	变更前	变更后
2009 年 5 月 13 日	经营期限	自 2008 年 6 月 2 日至 2009 年 6 月 2 日	自 2008 年 6 月 2 日至 2014 年 6 月 2 日

4. 股东情况。

单位：万元（港币）

股　　东	出资额	股权比例（%）	出资方式
高森电子有限公司	15 000	100	货币
合计	15 000	100	—

主要股东介绍

企业名称	高森电子有限公司
地　　址	香港九龙双塘湖中道 113 号中立大厦 4 楼 401 室
电　　话	（852）23600000
与目标公司关系	投资方
公司介绍	印制线路板制造，硬性线路板，软/硬线路板及软性线路板的制造和销售

5. 分支机构。目标公司未在相关政府部门登记成立分支机构。

二、经营状况

1. 董事成员情况。

姓　名	职　务	性　别	年　龄	学　历	住　址
王立峰	执行董事	男	58 岁	大学	香港九龙红磡德丰街
黄旭朋	总经理	男	46 岁	大学	南京市秦淮区
朱宗	监事	男	45 岁	大学	南京市玄武区

2. 主要经营者简介。

姓　　　名：王立峰

性　　　别：男

年　　　龄：58 岁

证件号码：P893355（7）

学　　　历：大学

职　　　务：执行董事

户籍地址：香港九龙红磡德丰街

职　　　责：负责企业的整体运营与管理

行业经验：25 年以上

管理经验：15 年以上

升迁原因：委派

不良记录：无

工作经历：无

3. 人员状况。

	数量（人）
员工总数	700
其中：管理人员	60
技术人员	60
其他人员	580

4. 经营场所。

	生产场所
地　　　址	东莞市虎门镇北湾第一工业园
地理位置	较好
建筑面积	20 000 平方米
产权所有	租赁
房屋条件	较好

5. 主要产品。

主要产品	电子元器件（高密度互连积层板、多层挠性板、刚挠印刷电路板及封装载板）		
产品品牌	—		
月生产能力	多层板 20 万平方尺		
	双层板 5 万平方尺		
	软性板 6 万平方尺		

6. 采购情况。

国内	40%
主要区域	珠三角区域
主要付款方式	月结、电汇
国外	60%
主要区域	亚太地区
主要付款方式	月结、电汇、信用证
主要设备和材料供应商	公司：台湾协易机械工业股份有限公司（总部） 地址：台湾桃园县龟山乡南上路 446 号 电话：（03）3525466 产品：C 型冲床、门型冲床、深抽成型油压冲床等工业机械
对供应商付款情况	正常

7. 销售情况。

国内	5%
主要区域	全国各地
主要付款方式	现金、电汇、月结
国外	95%
主要区域	欧美、亚太地区
主要付款方式	电汇、信用证
销售/服务对象	电子产品制造厂商
销售渠道	业务推广、通过香港母公司销售

三、往来银行

1. 往来银行。据调查目标公司在中国人民银行东莞支行开有账户。
2. 抵押担保情况：无。

四、公共记录

1. 海关处罚记录：目标公司未有进出口处罚记录。
2. 法律诉讼记录：截至调查之日，未发现目标公司有重大法律诉讼记录。
3. 获得资质：目标公司成立至今已获得 ISO9001：2000 质量管理体系认证；ISO14001：2004 环境管理体系认证；ROHS 绿色产品管理体系认证。

五、财务状况：无

目标公司于 2008 年新近成立，按照相关规定，尚无须参加 2008 年度的年检。

六、信息核查

1. 目标公司经营地址与注册地址一致，均为东莞虎门镇北湾第一工业园，且园区内交通状况较好，工业区内基础设施齐全。
2. 目标公司建筑面积为 20 000 平方米，场地属租赁性质，场地使用年限为 2 年。
3. 据目标公司员工介绍：

- 目标公司主要从事超细、超薄、高精密度的双面及多层印制线路板等印刷线路板的生产和销售；同时在 COB 和 SMT 的高品质线路板上的生产在国内同行中处于较领先地位；生产各种各类金属板、高层数厚铜、盲＼埋孔板、COB 板、CSP 板、BGA 板、刚挠结合板。

- 拥有先进的生产设备和技术支持，目前生产能力可以达到双面板 20 余万平方尺/月，多层板 10 余万平方尺/月，柔性板 10 万平方尺/月；目标公司 95% 以上的产品外销，多销往欧美、亚太地区。目前正在积极扩展国内业务。

- 目标公司于 2008 年年底引进了 SMT 贴装零件生产线，为顾客提供贴张服务。

- 目标公司的股东"高森电子厂"为香港上市公司"航天科技国际集团有限公司"全资子公司。

- 目标公司现拥有员工 700 人左右，员工工资在 1 100 左右。加班有加班费，加班费在 6.5 元/小时到 8.5 元/小时之间。

4. 我司调查了解到：

- "东莞高森电子有限公司"早在 1993 年 11 月 29 日就注册成立了（注册资本 4 000 万港币；注册号企独粤莞总字第 004813 号；法定代表人为秦惠成；注册地址东莞市虎门镇北湾管理区；经营范围生产电子印刷线路板，产品 70% 外销；电子玩具，内外销比例自定；经营期限自 1993 年 11 月 29 日至 2005 年 11 月 28 日），由于该公司未参加 2000 年、2001 年的年检，又未在限期补检公告期内办理年检手续，构成逾期不年检行为。在 2003 年被东莞市工商行政管理局依法吊销营业执照。根据相关法律规定：被吊销营业执照的企业名称在三年内不得再次注册使用。

- 目标公司的投资方"高森电子厂有限公司"于 1995 年就已经全部移至目标公司所处的东莞市虎门镇北湾第一工业园厂房内进行生产经营。而 2003 年被吊销的"东莞高森电子有限公司"和 2008 年新注册成立的"东莞高森电子有限公司"的投资方都为"高森电子厂有限公司"。

七、综合信用评价

1. 行业概况及前景。

中国电子信息产业的发展，为印制电路行业的发展提供了广阔的需求市场。2008 年中国电子信息产业为我国印刷线路板产业提供了约 180 亿美元的需求市场。

但是，这个行业也是高投资、高科技、高污染的行业，客户下了订单才能生产的行业。特别是近年来受金融风暴的影响，印刷板行业面临下滑趋势，厂家订单锐减，行业企业普遍开工不足，甚至许多企业只能开工 30% ~ 50%，企业人员减少；由于银行信贷规模收紧，加大了各类企业在资金方面的难度，使企业在资金方面将面临更大的压力和风险。

不过，由于该行业受电子信息产业发展的影响，加上该行业在中国本身的成本优势、中国经济的发展环境，以及中国在发展过程中巨大的电子信息产品需求市场，印刷板行业将持续发展。

2. 综合分析。

目标公司是由高森电子厂有限公司于 2008 年 6 月 2 日投资 15 000 万港币成立的有限公司，主要从事新型电子元器件（高密度互连积层板、多层挠性板、刚挠印刷电路板及封装载板）的生产和销售。

在我司的调查过程中发现：

- 从目标公司的注册时间来看，目标公司成立时间刚近一年。
- 目标公司的前身早于 1993 年就已经开始了运营，但是由于 2001 年、2002 年连续两年未参加年检，于 2003 年被吊销营业执照。
- 目标公司对外宣传目标公司的股东"高森电子厂"为香港上市公司"航天科技国际集团有限公司"全资子公司，此事有待进一步核实。

综上所述，目标公司为一家 2008 年新近注册成立的港资企业，其前身曾因为未按时参加年检等原因被工商部门吊销，虽然目前经营情况尚可，并对外以香港上市公司"航天科技国际集团有限公司"全资子公司自居，但是鉴于其以往存在不良的经营记录以及与香港上市公司"航天科技国际集团有限公司"关系的不确定性，建议贵司对其股东进行另案调查，以确定其股东和航天科技国际集团有限公司的关系。

八、信用评级

信用评级说明

项　　目		分值（分）	实际得分
管理因素	组织结构	10	6
	管理者	10	6
经营因素	经营情况	20	12
	其他因素	5	3
信用因素	购销支付信用	15	8
	往来银行	10	5
	公共记录	10	2
财务因素	偿债能力	—	—
	营运能力	—	—
	盈利能力	—	—
其他因素	行业发展潜力	5	3
	企业行业地位	5	3
	企业发展潜力	5	3
	调研人员综合评价	±15	5
合　　计			56

信用等级评定

信用等级	分值	建议信用额度
CR1	80～100	大额
CR2	70～79	中大额
CR3	60～69	中额
CR4	**50～59**	**小额定期监督**
CR5	40～49	小额
CR6	0～39	现金交易
NR	—	不予评估